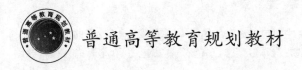
普通高等教育规划教材

汽车文化概论

(第 2 版)

陈 燕　姚 琛　主　编
曲明皓　任广育　副主编
　　　郭广沛　主　审

人民交通出版社股份有限公司
China Communications Press Co.,Ltd.

内 容 提 要

本书为普通高等教育规划教材,全书共十二章,主要包括汽车的作用、汽车的发展史、汽车的使用性能、世界著名汽车公司及其商标、世界汽车业界著名人物、汽车造型、汽车色彩、赛车运动、汽车时尚、汽车与社会、新能源汽车与汽车新技术、汽车花絮。

本书可以作为高等学校汽车类专业和交通运输工程等专业的本科教材,还可作为高等学校公共选修课的教材,同时可作为汽车爱好者学习汽车知识的参考资料。

图书在版编目(CIP)数据

汽车文化概论 / 陈燕,姚琛主编. —2 版. —北京:
人民交通出版社股份有限公司,2018.10
ISBN 978-7-114-14983-2

Ⅰ.①汽… Ⅱ.①陈… ②姚… Ⅲ.①汽车—文化—高等学校—教材 Ⅳ.①U46-05

中国版本图书馆 CIP 数据核字(2018)第 203303 号

书　　名:	汽车文化概论(第 2 版)
著 作 者:	陈　燕　姚　琛
责任编辑:	时　旭
责任校对:	刘　芹
责任印制:	张　凯
出版发行:	人民交通出版社股份有限公司
地　　址:	(100011)北京市朝阳区安定门外外馆斜街 3 号
网　　址:	http://www.ccpress.com.cn
销售电话:	(010)59757973
总 经 销:	人民交通出版社股份有限公司发行部
经　　销:	各地新华书店
印　　刷:	北京市密东印刷有限公司
开　　本:	787×1092　1/16
印　　张:	13.25
字　　数:	309 千
版　　次:	2010 年 8 月　第 1 版 2018 年 10 月　第 2 版
印　　次:	2018 年 10 月　第 2 版　第 1 次印刷　总第 4 次印刷
书　　号:	ISBN 978-7-114-14983-2
定　　价:	32.00 元

(有印刷、装订质量问题的图书由本公司负责调换)

PREFACE 第2版前言

在由公路、铁路、水路、航空和管道五种运输方式共同构成的现代综合运输体系中,公路运输以其良好的方便性、快捷性等其他运输方式所不具备的优势在整个运输体系中起着举足轻重的作用,它是现代综合运输体系的基础,汽车是公路运输的现代工具。

汽车的诞生和发展是人类智慧的结晶、工业文明的产物和社会进步的标志。预计到2020年,全世界的汽车保有量将突破15亿辆。根据我国公安部交通管理局发布的信息,至2017年底,我国机动车保有量为3.10亿辆。其中,汽车(含三轮汽车和低速载货汽车)2.17亿辆,摩托车0.83亿辆。如此巨大的保有量使汽车成为大众的汽车,并从各个层面影响着人们的物质生活和精神生活。汽车在其100多年的历史发展进程中,为人类创造和积累了丰富的物质财富和精神财富,构成了自身的汽车文化。汽车文化涉及数学、物理、化学、美学、历史、人文、地理等诸多学科领域,涵盖了技术文化、色彩文化、造型文化、历史文化、车标文化、名人名车文化、赛车文化等内容。

早在全国高等院校交通运输工程教学指导委员会第二届六次会议上,就将《汽车文化概论》列入"十五"教材出版规划,当时作为推荐教材。在"十一五"期间,许多综合性大学面向所有专业的学生将《汽车文化概论》作为公共选修课开设;学生选修《汽车文化概论》可以丰富汽车专业知识,扩大知识面,培养和提高自身的综合素质。

除绪论外,本教材共包括十二章:第一章,汽车的作用;第二章,汽车的发展史;第三章,汽车的使用性能;第四章,世界著名汽车公司及其商标;第五章,世界汽车业界著名人物;第六章,汽车造型;第七章,汽车色彩;第八章,赛车运动;第九章,汽车时尚;第十章,汽车与社会;第十一章,新能源汽车与汽车新技术;第十二章,汽车花絮。本教材是作者根据多年的教学实践、科学研究经验,并参阅了大量的资料和专著编写而成。该教材内容全、实用性强、图文并茂、通俗易懂,具有知识的系统性、完整性、科学性及趣味性,可作为高校汽车类、交通运输工程等专业的本科教材,还可作为普通高等学校进行素质教育的公共选修课的教材,同时也可作为汽车爱好者学习汽车知识的参考资料。

本教材由鲁东大学陈燕编写绪论、第三章，鲁东大学姚琛编写第二章、第四章、第五章、第六章、第九章，山东方正公路工程监理咨询有限公司任广育编写第八章、第十二章，烟台市交通运输管理处曲明皓编写第一章、第七章、第十章、第十一章。陈燕、姚琛担任主编，青岛市道路运输管理局郭广沛担任主审。

鲁东大学李克旭、张嘉辉、穆霄倩、张海涛、刘淑明、韩宇、王芳为本教材出版做了许多工作，在此表示感谢！

在此我们还要对支持本教材出版的人民交通出版社股份有限公司、鲁东大学交通学院、烟台市交通运输管理处、青岛市道路运输管理局表示衷心的感谢。

受编者水平所限，书中难免有不足和疏漏之处，敬请专家和读者批评指正。

编　者
2018 年 4 月

CONTENTS 目　录

- 绪论 ··· 1
- 第一章　汽车的作用 ·· 3
  - 第一节　汽车的定义 ·· 3
  - 第二节　汽车文化 ··· 4
  - 第三节　汽车的民族性 ·· 5
  - 第四节　汽车工业在国民经济中的地位和作用 ························ 6
- 第二章　汽车的发展史 ··· 9
  - 第一节　汽车的萌芽 ·· 9
  - 第二节　内燃机的诞生 ··· 12
  - 第三节　汽车的发明 ·· 13
  - 第四节　汽车的发展完善 ·· 15
  - 第五节　汽车史上的三次重大变革 ······································· 17
  - 第六节　汽车新技术 ·· 19
- 第三章　汽车的使用性能 ·· 22
  - 第一节　汽车的动力性 ··· 22
  - 第二节　汽车的制动性 ··· 28
  - 第三节　汽车的燃油经济性 ··· 29
  - 第四节　汽车的操纵稳定性 ··· 35
  - 第五节　汽车的舒适性 ··· 37
  - 第六节　汽车的通过性 ··· 41
- 第四章　世界著名汽车公司及其商标 ·· 45
  - 第一节　德国的著名汽车公司及其商标 ································· 45
  - 第二节　美国的著名汽车公司及其商标 ································· 48
  - 第三节　日本的著名汽车公司及其商标 ································· 53
  - 第四节　意大利的著名汽车公司及其商标 ······························ 57
  - 第五节　法国的著名汽车公司及其商标 ································· 59
  - 第六节　英国的著名汽车公司及其商标 ································· 60
  - 第七节　中国的著名汽车公司及其商标 ································· 61

| 第八节 其他国家的著名汽车公司及其商标 | 66 |

第五章 世界汽车业界著名人物 ... 69
- 第一节 卡尔·本茨 ... 69
- 第二节 戈特利布·戴姆勒 ... 70
- 第三节 亨利·福特 ... 71
- 第四节 费迪南德·波尔舍 ... 71
- 第五节 威廉·杜兰特 ... 72
- 第六节 阿尔弗雷德·斯隆 ... 73
- 第七节 沃尔特·克莱斯勒 ... 73
- 第八节 丰田喜一郎 ... 74
- 第九节 安德烈·雪铁龙 ... 75
- 第十节 恩佐·法拉利 ... 75
- 第十一节 查尔斯·劳斯 ... 77
- 第十二节 亨利·莱斯 ... 77
- 第十三节 路易·雷诺 ... 77
- 第十四节 弗力斯·汪克尔 ... 78
- 第十五节 尼古拉斯·奥托 ... 78

第六章 汽车造型 ... 79
- 第一节 汽车造型的演变 ... 79
- 第二节 梅赛德斯—奔驰公司汽车的造型 ... 80
- 第三节 福特公司汽车的造型 ... 89
- 第四节 通用公司汽车的造型 ... 94
- 第五节 克莱斯勒公司汽车的造型 ... 106
- 第六节 大众集团汽车的造型 ... 110
- 第七节 宝马公司汽车的造型 ... 121
- 第八节 劳斯莱斯公司汽车的造型 ... 126
- 第九节 捷豹公司汽车的造型 ... 130
- 第十节 路虎公司汽车的造型 ... 133
- 第十一节 法拉利公司汽车的造型 ... 134
- 第十二节 菲亚特公司汽车的造型 ... 137
- 第十三节 PAS集团—雪铁龙公司汽车的造型 ... 140

第七章 汽车色彩 ... 142
- 第一节 汽车颜色的含义 ... 142
- 第二节 汽车的流行色彩 ... 142
- 第三节 颜色与安全 ... 144

| 第四节 | 汽车色彩的应用 | 145 |

第八章　赛车运动　147
第一节	赛车运动的起源	147
第二节	赛车运动的种类	148
第三节	赛车运动车手、赛车和车队	154
第四节	赛车运动的魅力	165

第九章　汽车时尚　167
第一节	汽车俱乐部	167
第二节	汽车展览会	167
第三节	世界十大汽车城	171

第十章　汽车与社会　173
第一节	汽车与环境	173
第二节	汽车与交通	178
第三节	汽车与能源	180

第十一章　新能源汽车与汽车新技术　183
第一节	新能源汽车	183
第二节	汽车电子化、智能化	186
第三节	汽车轻量化	188

第十二章　汽车花絮　192
第一节	汽车史传说	192
第二节	汽车分类续谈	193
第三节	汽车命名典故	197
第四节	道路交通管理趣事	199

参考文献　204

绪　论

　　一种文化，当它具有现代性时，便呈现出生机和活力，便会时时刻刻跟上时代的脚步而魅力四射。

　　要研究汽车文化，首先得从"什么是文化"开始讲起。现代汉语词典的定义，"文化是人类在社会历史发展过程中所创造的物质财富和精神财富的总和；特指精神财富，如文学、艺术、教育、科学等"。根据文化的定义，汽车文化应该是人类在社会历史发展过程中所创造的与汽车相关的物质财富和精神财富的总和，这是毫无异议的；而且汽车文化也是随着科技进步、汽车需求和生产的发展而发展的。

　　无论如何汽车定义，汽车作为人类的交通工具，得到世界不同人种、不同文化的高度认同是不争的事实。它正在迅速深入到这个星球的各个角落，辐射至各个阶层。汽车是世界上唯一兼有零部件以万计、产量以千万计、保有量以万万计的综合性、高科技、大批量生产的产品。20世纪40年代美国人福斯特在《文明》一书中指出：汽车是工业文明截止到他那个时代认同率最高的符号，它意味着人驾驭自然和延伸自我的成就感。福斯特的看法是：人们透过对汽车的热爱，表达的是自身对以效率为核心的工业文明价值观的认同。福斯特生活的那个年代还没有真正进入所谓"汽车时代"。那时候，驰骋全球的汽车还不到3000万辆。当时美国最大汽车制造商福特公司的年产量，也不过是60万~80万辆。如今，全世界汽车已有近十多亿辆。其中，我国汽车保有量突破2.17亿辆，更在2017年以近2887.9万辆的销售量成为全球第一大汽车消费国家。

　　汽车文化凝聚着一百多年来人类物质文明及精神文明的成果，和谐地将科技和艺术相统一，积淀成现代社会特有的文化底蕴。汽车文化正像人类其他文化一样，经过百年发展，以汽车产品及其产业为载体，渗透到经济社会各个层面并构成互为关联的价值链，演绎人类社会的行为、习俗、法规、准则、观念，形成独立而完善的价值观，它深深植根于人类的精神生活，并在相当程度上影响着人们的价值取向，演变成为一种社会宗教，正在用它特有的逻辑来强化这一机械物件对人们生活至高无上的重要性，它不断诱惑和激活人自身的种种欲望，并利用各种方式来赋予这些欲望以合理性。

　　然而，汽车从诞生那一刻就充满了矛盾和争论：汽车发明的本意是提高生活速率，可是在汽车日益普及的今天，恰恰是因为汽车的出现导致了交通的堵塞，反而使人们生活速率直线降低；汽车一直是品质生活的重要标志，但汽车的出现和使用导致了环境污染，影响了人类生活的质量；汽车工业化生产带来了汽车产业的空前繁荣，但消费者逐渐显现的个性化需求又抑制汽车产业毫无限制的扩张。

　　汽车的出现代表着人类的进步，然而在一定程度上又引发了一些问题。汽车产业因为全球人类的日益喜好而发展壮大，而同时也将随着人类对它的日益依赖而带给人类社会越来越多的困难和麻烦。更为显现的是汽车产业经过百年发展逐渐衍生出的汽车文化深刻地影响着现代生活中每一个人。汽车文化中对等级的界定和划分,可以增进和显现人们的成就感和认同感;汽车文化对机械性能和速度效能的膜拜可以促进和固化人们的迷狂心态;汽车文化对生活模式的塑造和强化可以改变和修正人们生活行为等。技术升级、配置换代、新车发布、市场推广、汽车改装、自驾、赛车、汽车摄影……我们每天都沉浸在汽车文化的汪洋大海,每时每刻都受到汽车文化的影响。汽车文化早已成为当今社会生活和现代价值取向的重要组成。无论我们是否愿意也不管我们是否有意,我们都在受到汽车文化的影响。

汽车对于中国,算是标准的舶来品;由汽车带来的现代文化,与中国的传统文化相碰撞、相融合,创造出了独具特色的中国汽车文化。汽车文化具有丰富的现代性,汽车与当代人的发展紧密相关。据不完全统计,围绕汽车相关产业,提供的工作岗位占到就业人口的1/5。如此比例,显证了我们已经确实离不开汽车。汽车的生产、销售、维修、保险、广告、驾驶培训、考试、交通管理、车辆管理以及汽车方程式比赛、拉力赛等,无不需要人的参与,汽车给我们带来工作、带来机会、带来速度、带来欢乐。

汽车还给我们提供了一种崭新的生活方式,把我们的生活半径,从步行的半径5km、自行车的半径15km,一下子延伸到100km,让我们的交流范围、旅行范围、娱乐范围成倍数扩大。有了汽车,生活不再冷清,距离不再遥远,它加快了人们的生活速率,使人类生活节奏明显加快。人类生活因汽车的广泛使用和不断升级而变得更快捷、更省力、更广阔、更深远。

一辆汽车让我们与整个世界紧密相连。汽车,不仅每年都在发布最新的款式与趋势,它还集中了最新的创意,最新的技术,最新的概念。因为汽车,我们更加关注生命;因为汽车,我们更加关注环境;因为汽车,我们更加关注油价;因为汽车,让我们的眼睛更加关注世界。

汽车本无生命,更无思想。然而一旦当人驾驭汽车,便开始进入新的文明、进入现代的世界,这就是汽车文化的魅力所在。汽车,让生活流动,也让天南海北的各种文化得到交流。

第一章　汽车的作用

1886年1月29日,德国人卡尔·本茨(1844—1929年)获得了第一件内燃机汽车制造专利证,从此,人类社会开始进入现代汽车时代。作为公路运输的汽车和以汽车为产品的汽车工业,深刻地影响和改变了人们的生活。

第一节　汽车的定义

什么是汽车?"汽车"英文原意为"自动车"(Automobile)。在日本也称为"自动车",日本汉字中的"汽車"则是我们所说的"火车"。我国的叫法为"汽车",这是由于早期的汽车是由蒸汽机驱动的。

一、广义的汽车概念

汽车的概念与科学技术发展有着密切的联系,在不同的时期和国家其含义不同。

世界上最早的汽车是蒸汽汽车、电动汽车。以内燃机作动力源,装备齐全、性能较高的现代汽车的出现至今才100多年,但其所表现出来的优良性能淘汰了蒸汽汽车和蓄电池汽车。因此,通常人们所说的汽车一般都是指内燃机汽车。但从广义上讲,汽车应包括蒸汽汽车、电动汽车、内燃机汽车和其他燃料汽车。

美国汽车工程师学会标准SAEJ687C中对汽车的定义是:由本身动力驱动,装有驾驶装置,能在固定轨道以外的道路或地域上运送客货或牵引车辆的车辆。日本工业标准JISK0101中对汽车的定义是:自身装有发动机和操纵装置,不依靠固定轨道和架线能在陆上行驶的车辆。以上两种定义的汽车范围都较我国的广泛,它们可以包括二轮摩托车和三轮摩托车,接近于我国道路机动车所指范围。

二、我国的汽车定义

我国国家标准《汽车和挂车类型的术语和定义》(GB/T 3730.1—2001)中对汽车的定义是:由动力驱动,具有四个和四个以上车轮的非轨道承载的车辆。该标准指出,汽车主要用于:载运人员和或货物;牵引载运人员和或货物的车辆;特殊用途。汽车还包括:与电力线相连的车辆,如无轨电车;整车整备质量超过400kg的三轮车辆。

根据上述的汽车定义,我国汽车产品应具有以下特征。

(1)车辆自身带有动力装置并依靠动力驱动运行。

(2)具有四个或四个以上车轮,但车轮不得依靠轨道运行。

(3)动力能源应随车携带,不得在运行途中依靠地面轨道取得。

(4)车辆的主要用途是载运人员或货物,或者牵引载运人员和货物的车辆,或其他特殊用途。但一般不包括自行式作业机械。

按照汽车的上述定义,我国二轮摩托车不属于汽车的范畴,不带动力装置的全挂车和半挂车不能算汽车,但当它们与牵引车组合成汽车列车后应属于汽车。至于一些从事特别作业的自走式轮式机械(如轮式推土机等)和主要从事农田作业的轮式拖拉机等,虽然也具有汽车的某些特征,但由于主要用途不是运输,因此,我国将它们分别列入工程机械和农业机械范畴。

第二节 汽车文化

当一种消费品已经达到一定数量时,它自然就会在人们生活中发挥其"使用价值"以外的作用,从而也就形成了其自身的一种文化,汽车也不例外。近年来,"汽车文化""汽车时尚"等概念已不断被人们所提及。然而,究竟什么是"汽车文化"?又有多少人能够真正地理解它呢?

屈指可数,中国的汽车工业发展已经走过了60多年的历程。从公务专用到走入寻常百姓家,从多年前的"老三样"到现在的"百花齐放",中国已经从一个"汽车沙漠"转变为全球汽车产销大国。百姓们的购车热情被充分地激发了出来,汽车迅速从"奢侈品"转变为了"生活必需品",发展之快令人咂舌。

当前,人们对汽车的认知有两种声音。一种认为,汽车延伸了私人生活的半径,是必须要有的;而另外一种则认为,私人汽车的拥有会带来很多的烦恼,甚至列出了例如"新手太多,总堵车"等"七宗罪"。在法国,那里的公路很多没有北京的宽,车密度也不比北京的小,但是那里的车流看上去井然有序,堵车现象没有北京严重,为什么呢?在法国,驾驶人的驾驶习惯很好,非常遵守道路上的礼仪和规则,特别尊重路权,不会有"频繁地变换车道""长期占据超车道"以及"见缝插针"的驾驶行为。在法国,要行驶上主路,无论是左转还是右转,驾驶人都会在主路入口处先把车停下来,细心查看主路上的车辆行驶状况,在确信不会影响主路车辆的情况下,他们才会驶入主路。这样做,无疑会大大提高驾驶的安全性,而且有序地行车也使得堵车的现象大大减少。相比较而言,中国现在的交通环境的确不太乐观,抢道、频繁变道、变道不打转向灯等情况比比皆是。表面上看这是驾驶人的素质问题,实质上是对汽车文化普及不够,因为文明用车是汽车文化的核心内容之一。

随着专业汽车杂志的出现,中国开始有了属于自己的汽车文明传播载体。最早的汽车杂志是《汽车之友》。那时候,汽车还是普通消费者可望而不可即的绝对奢侈品。所以,当时汽车类杂志最主要的功能是普及汽车知识,这些媒体也被看作是科普类杂志。进入21世纪的汽车销售井喷时代,这种情况越演越烈。市场上,汽车类媒体多达四十余种,大家都热衷地进行着0~100km的加速评测,集中进行发动机和防抱死制动系统(ABS)等技术的介绍,乐此不疲地进行着一辆接一辆的路试。

现在我们的汽车使用者们到底关心着什么呢?据相关调查显示,有78%的受访者关心什么车省油,有56%的受访者关心什么车便宜,有35%的受访者关心什么车耐用,多达95%的受访者关心他们如何能用好车,汽车可以给他的生活带来什么样的影响和变化。

目前人们对汽车的兴趣已经不仅仅是一种知识的谈资,更看重它能够给生活带来怎样的变化。而这种变化也正是人们对汽车需求的原动力,是汽车产业发展的原动力。这个时候,对汽车文化的介绍,对汽车生活的渲染就更为重要。

第三节　汽车的民族性

汽车也是一个民族性格的载体,在汽车上也集中体现了一个国家的民族性格,从中可以发现这个民族的生活状况。

一、意大利

意大利是一个充满艺术气息的国度。意大利人总是带有浓烈的艺术气质。在汽车造型设计上排除了其他客观条件的限制,以奔放、性感、洒脱、超性能的表现吸引顾客,这种风格充分反映了意大利人的热情、浪漫、灵活和机敏的个性。20世纪30年代,意大利人开始设计具有自己特色的汽车。这些汽车因为在设计中使用了充满想象力的、优雅的线条而不同凡响。

意大利是汽车造型设计圣地。意大利有被誉为"世纪设计大师"的乔治亚罗,有以设计法拉利而闻名于世的平尼法瑞那(Pininfarina)设计公司以及博通(Bertone)汽车设计公司等。

二、英国

英国汽车造型优雅脱俗,充满了绅士贵族风度,表现为复古保守、精贵稀少。

知名度最高的精品汽车为"劳斯莱斯""阿斯顿·马丁"和"美洲虎"等。其中,美洲虎的造型总是充满尊贵气质,汽车的圆灯、C柱和后翼子板的结合是最精彩的设计。

英国有两所汽车界赫赫有名的设计院校——皇家艺术学院和考文垂大学。

三、法国

法国人浪漫、热情的性格孕育出了富有法兰西特色的汽车造型。法国的"雪铁龙"具有紧凑式的楔形,幽雅别致,线条简练,令人叹为观止。浪漫的法国人领导了世界汽车造型的潮流。

法国知名的汽车有"雷诺""标致""雪铁龙"等。

四、德国

德国设计追求完美,科技含量较高,讲究严谨传统,线条挺拔而有力度,给人一种坚固耐用,体现了德国人严谨、务实的作风。

德国知名的汽车有"奔驰""宝马""大众""奥迪""保时捷"等。

其中,最能体现德国汽车造型特色的是奔驰。奔驰汽车线条挺拔有力,设计追求完美,显示出其雄厚的实力。大众的造型观念则以实用风格为主,简洁明了的线条和大曲面微棱角的处理是大众的特色。

五、美国

美国汽车的特点,既长又宽,似一只扁铁箱。它较欧洲轿车更宽、更长,车前部是华丽的栅格,车窗周围镶有镀铬亮条,宽大的货仓乃至有点显得粗壮的体型极易使人辨认,美国人的自由与霸气个性在汽车上显露无遗。此外,美国汽车耗油量大。

美国知名的汽车有"凯迪拉克""林肯""别克""道奇""雪佛兰""福特""克莱斯勒"等。通用汽车造型上十分落伍,体型宽大却臃肿迟钝,内饰豪华却做工粗糙,讲排场不实用。福特和克莱斯勒显得出色很多。

六、日本

日本汽车则兼收并蓄。但从外形来看,很难发现日本汽车的民族属性。日本汽车兼具了欧美汽车的很多优点,同时随着车身设计的日益成熟及高科技的广泛应用,日本汽车越来越显示出自身的个性:轻巧、简洁、善变。

日本知名的汽车有"三菱""本田""日产"等。

七、韩国

韩国汽车的特点基本可以归结为简洁、善变。随着发展,韩国汽车越来越显示出其独创性和轻巧、简洁、善变的个性。

韩国知名的汽车有"现代""大宇"等。

八、中国

1956年,中国建成第一汽车制造厂,诞生了自己的汽车工业,开始在汽车造型方面起步。从最初的红旗,到现在的东风、江淮、北京汽车、奇瑞、吉利等,中国汽车逐渐告别了模仿与追逐国外车型的阶段,开启了研发自主品牌汽车的时代。

中国汽车设计,应该把中国传统文化融入汽车设计当中。

第四节 汽车工业在国民经济中的地位和作用

随着世界汽车工业的不断发展壮大,汽车工业在世界经济发展中的地位越来越突出,汽车工业逐渐成为各主要汽车生产国的支柱产业,并对世界经济的发展和社会的进步,产生巨大的作用和深远的影响。

一、优化交通结构的产业

现代交通结构由火车、汽车、飞机、船舶等现代交通工具组成,各自在交通结构中发挥着重要作用。其中汽车所具有的普遍性和灵活性则是其他现代交通工具无法相比的。

1. 普遍性

火车、飞机、轮船只适于作为公共交通工具,并要求有与之相适应的容货运输量。而汽车既适于作为公共交通工具,又适于作为家庭和个人的交通工具,既适于大批量客货运输,也适于小批量客货运输。

2. 灵活性

火车、飞机、轮船均属于线性交通工具,火车只能沿铁路运行,飞机只能沿航线飞行,船舶只能沿江河、湖海航行。而汽车属于地面交通工具,只要有道路就能行驶,它既可通向各个城市,又可通向广大农村,实现"门对门"的服务。

由于汽车所具有的普遍性和灵活性,才使得现代交通结构实现了公共交通与个人或家庭相结合,大批量客货运输与小批量客货运输相结合。火车、飞机、船舶运输也需要与汽车运输相结合,以汽车作为其终端运输工具,才能实现现代化运输的全过程,从而使现代交通结构达到完美的地步。

汽车运输在全社会运输量所占比重越来越大,已占据主导地位。1952—2017年,我国汽车在客运总周转量中所占比重,从9.14%提高到32.9%。

二、创造巨大产值的产业

汽车既是高价值产品,又是大批量的产品,因而它能够创造巨大的产值。

汽车工业产业链长、覆盖面广、上下游关联产业多,在我国国民经济发展中发挥着十分重要的作用。随着中国汽车产业持续快速发展,汽车产业在国民经济中的重要地位也在不断加强,并成为支撑和拉动中国经济持续快速增长的主导产业之一。2016年,我国汽车商品零售总额为40372亿元,占全国社会消费品零售总额的12.20%。

三、波及范围广和效果大的产业

汽车工业对相关产业的影响,不仅表现在生产过程中,也表现在使用过程中。它波及原材料工业、设备制造业、配套产品业、公路建设业、能源工业、销售业、服务业和交通运输业等,而且波及范围广。据联合国工业发展署的研究资料分析,其效益比例为:上游产业与汽车工业及下游产业的比值大约为7∶1∶10。

四、提供广阔就业机会的产业

近年来,中国汽车年产量和保有量快速增长。国家信息中心分析认为,汽车产业和相关产业的就业比例关系是1∶7,即汽车产业每增加1个就业岗位,就会带动相关产业增加7个就业岗位。

五、技术密集型产业

汽车是高新技术的结晶,汽车工业所涉及的新技术范围之广、数量之多,是其他产业难以相比的。

为发展新材料、新设备、新型配套产品,均需要应用和发展新技术。电子技术、信息技术在汽车上越来越获得广泛的应用,汽车电子产品占整车价值的比重从1989年的16%提高到现在的30%~45%。

六、强大的出口产业

汽车工业是资金和技术密集的大批量生产产业,不是任何国家都有条件发展汽车工业的。但是,世界上所有国家都需要汽车,这就决定了汽车工业成为强大的出口产业的地位。

2016年中国汽车商品累计出口金额达到197亿美元。其中,客车共出口14.24万辆,同比增长20.26%;轿车共出口33.41万辆,同比增长8.47%;载货车出口18.59万辆,同比下降15.05%;汽车零部件出口金额602.5亿美元,同比下降2.69%。汽车工业是世界制造业中创汇最高的产业之一。

七、获得巨额税收的产业

汽车不仅在生产过程中有巨额税收,在销售、使用过程中也有巨额税收,而且后者显著高于前者。

根据中国汽车工业协会统计,2016年,汽车行业整体经济运行平稳,主营业务收入、利润明显提高,汽车行业累计实现主营业务收入83345.25亿元,同比增长13.79%;累计实现利润总额6886.24亿元,同比增长10.66%;累计实现利税总额5309.5亿元,同比增长7.4%

八、推进社会进步的产业

汽车是一部改变世界的机器,它既改变了生产,也改变了生活。汽车工业对推进社会进步,发挥了显著的作用,它促进了城市发展,缩小了城乡差别,改善了人们生活质量。

纵观历史,20世纪20年代美国经济的兴起,20世纪50年代德国、意大利、法国等经济的起飞,20世纪60年代日本经济的发达,无不以汽车工业的高速增长为前导。汽车已经成为一些国家经济的支柱产业。

第二章　汽车的发展史

第一节　汽车的萌芽

人类经历了漫长的、靠双足跋涉的时代后,发明了车轮。车轮改变了人类在陆地上的运动方式,使人类步入两轮和四轮马车的黄金时代。一直到19世纪,马车仍然是城市中十分重要的交通工具,它也是人类历史上使用时间极长和最有影响力的陆地交通运输工具。然而,人类永远不会满足现状,坐在马车上的人们期望着比马更具耐力、跑得更快的移动工具,于是人们发明了机器动力。蒸汽机和内燃机的发明为汽车的发明开辟了道路。

1886年1月29日,德国人卡尔·本茨发明了世界上第一辆三轮汽车。然而,汽车的发明并不是偶然的,更不是一人之功,汽车的发明和发展是集体智慧和劳动的结晶。

一、车轮和车

很早以前,人们无论是狩猎、耕种,还是搬运东西,只能靠手拉肩扛或众人搬抬。

后来,人们开始学着把东西放在木制的架子上,用马或牛在前面拖拉,发明了最初的运输工具——橇,如狗拉雪橇、牛拉托橇、马拉托橇。就这样,人们用滑动实现了运输方式的第一次飞跃。

据说,人们从野草被风吹得在地上滚动的现象得到启发,便在拖拉重物时,把圆木、滚石等放在重物的下面,使拖运重物变得轻松了许多,于是人们发明了原始的轮。轮子的直径越来越大,后来人们又对实心轮加以改进,轮子逐步演变为用辐条支撑轮辋的车轮。轮子的发明不仅是创造了一种器具,它还带给人类一种新的运动方式,这就是从滑动到滚动的第二次飞跃。

到了罗马帝国时代,西欧的塞尔人造出了第一辆前轴可以旋转的车,还发明并安装了硬木的滚筒轴承,车轮在轴上滚动,细长的轮辐用榫眼连接在轮辋上,用长铁片做成的轮箍套在轮辋的外圈上,使轮更加耐磨。最初的车辆都是肩拉手推的。

随着动物的驯化,人们在牛颈上加上牛轭,让牛拉车,便出现了牛车。到公元9世纪,法兰克人发明了一种硬性颈圈,套在马的肩胛骨一带,让马拉车。后来,人们给四轮马车又加上制动、椭圆弹簧,真正的实用马车诞生了。

中华民族具有悠久的古代文明。相传在夏初大禹时代,有一个叫奚仲的车正(夏朝初期,专门设立的管理和制造车辆的官员)造出了两个轮子的车辆。春秋战国时期,由于各国战争频繁,马车用来当战车使用,使造车技术进一步提高。秦始皇统一中国后,为了更好地实现全国政治、经济、文化的统一,大力发展国家车马大道(称驿道),形成了以咸阳为中心的陆路交通网,当时的造车水平已达到了相当高的程度,秦始皇陵发掘出的铜马车,造型精巧,华贵富丽,代表 2000 年前我国造车的水平。公元 230 年,诸葛亮为了北伐曹魏,亲率大军出祁山而北上,为了便于在崎岖的山路上运送粮草,他创造了"木牛流马"。所谓"木牛",据传就是一种装了闸的人推独轮小车;所谓"流马",则是装了闸的四轮小车。在中国历史上,这种形式的车子曾经得到过极为广泛的应用。在隋朝,官府曾用独轮小车 30 万辆运送军粮。我国解放战争时期,仅山东省烟台地区就动员了 10 万辆独轮小车支援淮海战役。就是在今天,许多农村仍可见到独轮小车。在三国时期,马钧发明了指南车(图 2-1),这种车无论朝向任何方向行驶,车上站立的小木人的手总是指向南方。记里鼓车(图 2-2)又有"记里车""司里车""大章车"等别名,有关文字记载最早见于《晋书·舆明志》:"记里鼓车,驾曰。形制如司南。其中有木人执车追向鼓,行一里则打一槌。"由此可见,记里鼓车在晋成晋以前即以发明了。

图 2-1 马钧发明的指南车

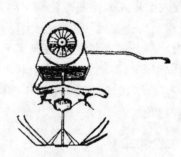
图 2-2 记里鼓车

无论是人力车还是畜力车,由于受动力的限制,都无法满足人们的使用要求。在 1250 年的英国,现代实验科学的鼻祖、著名的哲学家培根预言:"我们大概能造出比用一群水手使船航行得更快,而且只要一名舵手操纵的机器;我们似乎也可以造出不借用任何畜力就能以惊人的速度奔跑的车辆;进而我们也可以造出用翅膀像鸟一样飞翔的那种机器。"多么美妙的大胆的预言,轮船、汽车、飞机都让他想到了。人们渴望着能制造出多拉快跑的"自动车"。

茫茫宇宙,何处寻找动力源呢?1420 年,英国人发明了滑轮车(图 2-3);1465 年,意大利人罗伯特·巴尔丘里奥设计了风力推进车;1600 年,荷兰人西蒙·斯蒂芬发明了双桅风帆车(图 2-4);1630 年,法国人汉斯·赫丘发明了发条车(图 2-5)。

图 2-3 英国人发明的滑轮车

图 2-4 西蒙·斯蒂芬发明的双桅风帆车

图 2-5 汉斯·赫丘发明的发条车

以上所谓的自动车的尝试,都存在着先天不足,均以失败而告终。但车的出现是人类的福音,假如没有当初的车,也不会诞生汽车。

二、真正意义的第一台蒸汽机

1712年,英国人托马斯·纽科门等发明了蒸汽机,这种蒸汽机被称为纽科门蒸汽机。

英国人詹姆斯·瓦特(1736—1819年)早年在格拉斯哥大学做仪器修理工,他对纽科门蒸汽机产生了兴趣。有一天,他在修理蒸汽机模型中发现,纽科门蒸汽机只利用了气压差,没有利用蒸汽的张力,因此热效率低、燃料消耗量大。他下决心对纽科门蒸汽机进行改进。1763年5月的一个早晨,正在散步的瓦特突然产生一个想法:将汽缸里的蒸汽送到另外一个容器里去单独冷凝,既可以获得能做功的真空,又使汽缸里的温度下降不多,可大大提高热效率。他又设想:为防止空气冷却汽缸,必须使用蒸汽的张力作为动力。他立即把这个看似简单的想法付诸实践。1769年,瓦特与博尔顿合作,发明了装有冷凝器的蒸汽机。1774年11月,发明家瓦特对前人研制的蒸汽机作了重大的改进,研制出世界上第一台具有真正意义的动力机械——蒸汽机(图2-6)。这一成果轰动了整个欧洲,掀起了轰轰烈烈的世界第一次工业革命,为实用汽车的发明创造了必要的条件,并为汽轮机和内燃机的发展奠定了基础。

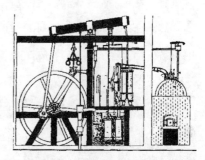

图2-6　瓦特发明的蒸汽机

三、第一台蒸汽汽车

1769年,法国陆军工程师、炮兵大尉尼古拉斯·古诺(1725—1804年)经过6年的苦心研究,将一台蒸汽机装在了一辆木制三轮车上,这是世界上第一辆完全凭借自身的动力实现行走的蒸汽汽车(汽车由此而得名)。这辆汽车(图2-7)被命名为"卡布奥雷",车长7.32m,车高2.2m,车架上放置着一个像梨一样的大锅炉,前轮直径为1.28m,后轮直径为1.50m,前进时靠前轮控制方向,每前进12～15min,需停车加热15min,运行速度为3.5～3.9km/h。后来这辆汽车在试车途中撞到石头墙上损坏了。虽然世界上第一辆蒸汽汽车落得如此结局,但它作为汽车发展史上的一座重要里程碑的地位是无可非议的,它的出现为车辆自动行驶迈出了可喜的一步。

图2-7　法国尼古拉斯·古诺研制的蒸汽汽车

1801年,英国工程师理查德·特雷蒂克(1771—1833年)研制成了一辆能够乘坐8人、车速为9.6km/h的蒸汽汽车(图2-8)。但试车时锅炉烧毁。

1825年,英国人哥尔斯瓦底·嘉内公爵(1793—1873年)研制了一辆蒸汽公共汽车(图2-9),共有18座,车速为19km/h,并开始了世界上最初的公共汽车营运。

图 2-8　英国理查德·特雷蒂克研制的蒸汽汽车　　　　图 2-9　嘉内研制的蒸汽公共汽车

尽管蒸汽汽车没能成为一种理想的运输工具,但蒸汽汽车在汽车发展史上占有重要位置。

第二节　内燃机的诞生

内燃机的发明是从往复活塞式内燃机开始的。这种内燃机的工作过程是:吸入空气和燃料—压缩并点燃混合气—燃烧做功—排出燃烧后生成的废气。这些是按照一定的行程顺序连续进行的。内燃机使用煤气、汽油、柴油等作为燃料。

1794 年,英国人斯垂特首次提出把燃料和空气混合形成可燃混合气以供燃烧的设想。

1801 年,法国人勒本提出了煤气机原理。

1824 年,法国热力工程师萨迪·卡诺在《关于火力动力及其发生的内燃机考察》一书里,揭示了"卡诺循环"的学说。

1860 年,法国籍比利时出生的技师勒诺瓦赫用他 1859 年制成的以照明煤气为燃料的二冲程发动机,取得法国第 43624 号专利。

1861 年,法国的铁路工程师罗夏发表了进气、压缩、作功、排气等容燃烧的四冲程发动机理论。这一理论成为后来内燃机发展的基础。他于 1862 年 1 月 16 日被法国当局授予了专利,但因罗夏拖欠专利费,使其专利失效。

1866 年,德国工程师尼古拉斯·奥托(1832—1891 年)偶然在报纸上看到了一篇关于勒诺瓦赫内燃机的报道,下决心对勒诺瓦赫内燃机进行改进,并研究了罗夏的四冲程内燃机论文,成功地试制出在动力史上有划时代意义的立式四冲程煤气内燃机。1876 年,他又试制成功了第一台实用的活塞式四冲程内燃机(图 2-10)。这是一台单缸卧式的煤气机,功率为 2.9kW,压缩比为 2.5,转速为 250r/min。这台内燃机被称作奥托内燃机而闻名于世。奥托于 1877 年 8 月 4 日取得四冲程内燃机的专利。后来,人们一直将四冲程循环称为奥托循环。奥托以"内燃机奠基人"被载入史册,奥托内燃机的发明为汽车的诞生奠定了基础。

图 2-10　德国工程师尼古拉斯·奥托研制的卧式内燃机

第三节　汽车的发明

依照大多数人的观点,最早的实用汽车是由德国的两个工程师同时宣布制成的。戈特利布·戴姆勒(Gottlieb Daimler)制造的是四轮汽车(图2-11),卡尔·本茨(Karl Benz)发明了三轮汽车(图2-12),他们二人都被世人尊称为"汽车之父"。戴姆勒与本茨的成功是"站在巨人的肩膀上取得的"。早在这两个"第一辆汽车"发明之前,与汽车相关的许多发明就已经出现了,如充气轮胎、弹簧悬架、内燃机点火装置等。所以汽车是许多发明或技术的综合运用。

图2-11　戈特利布·戴姆勒发明的四轮汽车　　　图2-12　卡尔·本茨发明的三轮汽车

四轮汽车的发明者戴姆勒是马车商人的儿子。他的父亲曾经因为被蒸汽机汽车抢了生意而大为气愤。在一次马车与蒸汽机汽车比赛的打赌中,他的父亲大丢脸面,这给小戴姆勒留下了极深的印象,他发誓要发明一种超过蒸汽机汽车的车辆。戴姆勒是一个机器迷,他做过铁匠和车工,也上过几年技术学校。后来他长期在内燃机发明者奥托领导下的奥托—朗根公司从事技术工作,对奥托内燃机(固定式煤气发动机)的研制做出了重要贡献。戴姆勒对汽油发动机更感兴趣,他认为奥托内燃机虽然质量大、转速低,但只要稍加改动就可装在汽车上使用。然而奥托本人却目光短浅、墨守成规,他看到当时制造的煤气发动机销路比较好,所以不同意改进。1881年,戴姆勒辞去奥托厂的一切职务,转而与威廉·迈巴赫合作开办了当时的第一家所谓的汽车工厂,开始研究一种轻便快捷的发动机。1883年8月15日,戴姆勒的发明成功了:世界上第一台轻便快速运转的内燃机诞生了。这台发动机所装配的汽车单位千瓦载质量为109kg/kW(80kg/PS),达到了相当高的转速。此时,戴姆勒并没有就此满足,他想创造一种"所有车辆都能使用的自动推进器"。在1885年,他又研制出第二台立式单缸内燃机,功率达到了809W(1.1PS),他立刻将自己的发明装到一辆骑士自行车上。1886年,戴姆勒又将马车加以改善,增添了传动、转向等必备机构,安装了一台1.1kW(1.5PS)的汽油发动机,使其成为世界上第一辆没有马拉的"马车"——汽车,这台汽车以14.4km/h的车速从斯图加特驶向了康斯塔特。第一辆实用汽车终于诞生了。

三轮汽车的发明者本茨生于1844年,是一个火车司机的儿子。本茨从小跟父亲生活在火车上,因此他对蒸汽机火车非常感兴趣,每一次火车狂风般的怒吼都强烈地震撼着小本茨。本茨后来对汽车内燃机产生了浓厚的兴趣,梦想着"公路上行驶着一种无轨的、不需马拉的车子"。1878年,34岁的本茨曾试制过二行程煤气发动机,但是没有成功。本茨有着那种典型的百折不挠的精神,屡遭失败而毫不动摇。1879年,本茨终于首次试验成功了一台二冲程发动机。从1884年初到次年10月,本茨研制出了单缸汽油发动机,并将此发动机装到一辆三轮车上改装成一辆三轮汽车,它是德国梅赛德斯—奔驰汽车的"祖宗"(1994年北京国际汽车工业展览会上,奔驰公司曾展出此车)。这辆三轮汽车打破了传统马车的木架结构,首次用钢管焊成车架,用了三个辐条式的轮子作车轮。车架上装有一台小型单缸汽油机,有效工作容积1687mL,转速为200r/min,功率为1.1kW(1.5PS),用高压线圈点火,化油器是带浮子阀的,用水进行冷却。汽油机发动以后,动力经齿轮和链条传到后轴,后轴由两个半轴组成,中间装有差速器,以便车辆转弯;前轮架在一个叉子上,类似自行车的前轮装置,上面有转向手柄,可用来操作车辆转弯。这辆汽车上还装有变速和制动装置。车的最高速度可达18km/h。另外,为了使人坐在上面感到舒服,在车架和车轴之间,首次装上了钢板弹簧悬架。由上述特征可以看出,这辆汽车已具备了现代汽车的一些基本特点。

本茨在1886年1月29日向德国专利局申请了发明汽车的专利,同年11月2日专利局正式批准发布。因此,1886年1月29日被认为是世界汽车诞生日。本茨的专利证书也成了世界上第一张汽车专利证书(图2-13)。这张专利证书的证号为7435,类别属于46类,即空气及气态动力机械类。可以说这张历史性的文件开创了世界汽车发展的历史。

戴姆勒和本茨是世界上大多数人公认的以内燃机为动力的现代汽车的发明者。他们的发明创造,成为汽车发展史上最重要的里程碑。其中,本茨在1887年的展览会上展出了他的三轮汽车,并在会上进行了订货交易,开创了内燃机汽车商品化的先河。

戴姆勒和本茨所发明的汽车都采用汽油机作为动力装置。汽油是由石油精炼而成的,极易蒸发和燃烧,对发动机的起动、加速都十分有利,使发动机具有较好的工作稳定性。石油的另一种产品——柴油同样具有优良性能,而且柴油价格低廉(柴油问世时,其价格仅为汽油的1/2),引起了汽车研究者们极大的兴趣,他们都曾试验让发动机使用柴油工作。

1890年1月,一位叫狄塞尔的德国人成功地试制出世界上第一台柴油机,从而摘取了"柴油机发明者"的桂冠。

狄塞尔1858年3月生于巴黎,由于父母是德国移民而遭到法国当局的驱逐,家中的生活相当窘迫,但是年少的狄塞尔不畏穷困,在学校学习非常勤奋,成绩一直是名列前茅。毕业时,他以全校最高分获得一笔奖学金,从而进入德国慕尼黑工业大学学习,这为他以后的研究工作创造了很好的条件。

1879年,21岁的狄塞尔大学毕业,成为一名制冷冷藏工程师。早在大学时代,他就喜欢物理和热力学,当他知道那时蒸汽机的最高效率只有13%

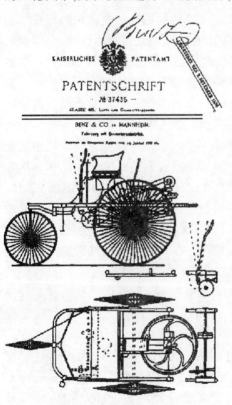

图2-13 第一张汽车专利证书

时,深感非常惊讶。他决心攻克蒸汽机的致命弱点,探索研制一种高效率的发动机。

狄塞尔不仅富于想象,而且坚毅果敢。他首先研究发动机的历史,并为此查阅了大量的资料。为了实现自己的愿望和抱负,他辞去了制冷机工程师兼销售经理的职务,自己成立了一个发动机实验室。

经过大量的试验,狄塞尔发现将柴油作为发动机的燃料是可行的,尽管当时已经有人发明了汽油发动机。狄塞尔制造了一台柴油发动机的样机。当此机在工厂台架上试验运转时,随着燃料的喷入,汽缸盖顶部的零件突然像炮弹一样飞射出来。现场顿时乱成一片,火花四溅,排气管浓烟弥漫,吓得在场的人四处逃避。

面对失败,狄塞尔毫不气馁,他不断地总结经验教训,终于使这台柴油机成为比蒸汽机消耗燃料更少、热效率更高、可靠性更强的发动机。

1898年,在慕尼黑展览会上,这台柴油机引起了美国人阿尔道夫·布什的浓厚兴趣,他将它成功地装在汽车上使用,油耗比汽油机低了1/3。

柴油机是动力工程方面的又一项伟大的发明,它比汽油机的油耗低,是汽车的又一颗性能良好的"心脏"。后人为了纪念狄塞尔的功绩,将柴油机称为"狄塞尔"(英语的Diesel即为柴油机的意思)。现在你可以在许多柴油发动机汽车前面看到DIESEL的字样。

第四节 汽车的发展完善

汽车刚被发明时,并没有立即在各种路面车辆中显示出很强的竞争力。蒸汽机有较长的发展历史,比发展初期的汽车要完善得多。20世纪初,美国销量最大的还是蒸汽机汽车。当时的蒸汽机造型小巧,车架用管型钢,整车总质量只有350kg,行驶车速可达40km/h,运转比当时的内燃机汽车平稳得多。在当时的多次汽车大赛中,都是蒸汽机汽车夺了第一,以致很多人认为蒸汽机汽车会和汽车有一样的发展前途。但蒸汽机汽车最大的缺点就是起动困难,起动一次需要45min。

20世纪初,电动汽车也比汽车发展得顺利。当时的电动汽车有两种,一种是电池驱动车,另一种是有线电车。1900年,在美国各大城市总共有300多辆电池车在行驶,但是电池车也有其缺点,一是用电成本太高,当时一年的充电费相当于购买一部新车的价格;二是电池充电一次只能行驶80km,故而只适于在距离短、更换电池方便的市区行驶。有轨电车1882年首先出现在德国,1901年第一条公共有轨电车线路在德国的萨克森建立,1923年在英国的沃尔弗汉普顿造出了第一辆无轨电车。不管有轨无轨,这种电车都要通过车顶上面的"辫子"与供电线相接,只能走固定线路并且不能超车,所以最适于城市公共交通。

当时,由于内燃机技术的大幅提高和石油的大规模开采,汽车市场迅速被内燃机车占领,电动汽车因电池质量大、能量密度低、充电时间长、续驶里程和使用寿命短以及制造成本高等原因逐渐淡出大众视野。20世纪80年代末,节能与环保成为世界各国关注的主要社会问题。随着科技的发展,电动汽车又进入了一个新的发展阶段(步入实用化阶段)。如今,世界各国大力发展电动汽车,投入大量人力、物力和财力用于电动汽车的开发,制定一系列电动汽车购置优惠政策,大大促进了电动汽车的发展。

经过几十年的发展与完善,汽车才在路面车辆中占据了主导地位。车用汽油机也逐渐完善起来。汽油汽化与点火问题得到了有效的解决。内燃机的冷却最初是用一根长而弯的管子让水循环流动来实现的,1901年,迈巴赫发明了蜂窝状的冷却水箱,为高效率的冷却打下了基础。本茨的汽车从发动机到驱动车轮是用皮带传动的,后来又出现了链条传动。在挠性连接部件出现以后,即传动力的两部件之间允许有位置和距离的变动,才普遍采用了传动轴连接锥齿轮的传动方式。

早期的汽车是靠手摇转动曲轴来起动发动机的。这种方式既费力又不方便,需要有两个人配合。最初消除手摇起动的设想是将压缩空气按点火顺序依次送进各缸以使曲轴转动。压缩空气是靠发动机以前工作时带动一个气泵而储存的,除了用于起动发动机外,还可给轮胎充气及带动千斤顶工作,但是这种起动方法并不成功。1917年,美国凯迪拉克公司研制了第一个电起动器,它是用一个小电动机带动与曲轴相连的飞轮转动来起动发动机的。这项发明成功的关键在于认识到了电动机能在瞬时超负荷运转,所以一个小电动机就可以带动曲轴转动,从而使发动机点火起动。这是由凯特林(Kettering, Charles Franklin)研究发现的。到了1930年,虽然摇动手柄仍然是汽车的一个附件,但是摇动曲轴起动发动机,除极偶然的情况外,已经不常见了。

汽车靠传动轴传递动力后,在传动轴与发动机之间安置了变速器,使发动机在一定的转速内工作,而汽车可以有不同的行驶速度以适应不同的道路条件。变速器是靠齿轮传动的,主动齿轮与发动机连接,从动齿轮与驱动轴连接,行驶中换挡由于两个齿轮转速不同而啮合困难,强行啮合就有打齿的危险。开始人们在变速器的前后各装一个离合器,换挡时,用这两个离合器将变速器中的齿轮轴与发动机和驱动轴都脱开。但是由于惯性,两齿轮转速达到同步还得有一段时间,再加上两个离合器配合操纵很复杂,使行驶中换挡非常困难。1929年,凯迪拉克公司再次首先研制出同步器,它是通过同步器中锥面相互摩擦使两个齿轮转速相同时才允许啮合。这样只要有一个离合器就行了,换挡时既轻便又不打齿,换挡时间也大大缩短了。

汽车制动器开始是照搬马车上的制动结构,即用驻车制动带动一个单支点的摩擦片来抱住后轮。但是汽车所需的制动力要比马车大得多,而且汽车倒退时这种制动器常常失灵。当时一些汽车在底部安装一根拖针,当汽车在坡路上下滑时,拖针会扎入地下使车停住。后来在车上增加了行车制动器(俗称"脚刹"),控制传动轴的转动。1914年开始出现轮内鼓式制动器。1919年,法国海斯柏诺—索扎公司制成用脚踏板统一控制的四轮鼓式制动器,并由变速器驱动一个机械伺服机构控制动力,使制动效果大为改善。1921年,美国的杜森伯格公司推出了液压助力器,由一个主液压缸来放大制动力;后又出现了气动助力的制动器。制动装置逐渐形成了行车制动控制车轮制动、驻车制动控制传动轴制动的结构形式。

影响汽车舒适性的因素主要是车轮和道路。初期的汽车采用的是自行车所用的辐条式铁制车轮,外套实心橡胶轮。当车速超过16km/h时,这种实心轮会引起车辆上下跳动,使驾驶员和乘客颠簸得无法忍受。1895年,法国的米其林兄弟(Andre and Edouard Mchelin)制造出了用于汽车的充气轮胎。这种轮胎虽然改善了汽车的舒适性,但漏气问题却成了驾驶人最头痛的事。因为当时汽车轮子还是不可拆卸的,所以补胎和换胎都要费很多时间。辅助轮缘(Stepney)的出现解决了这一问题。当轮胎漏气后,靠这个轮缘行驶到最近的修车场去更换轮胎;后来出现了可拆卸的车轮,轮胎也分为内胎外胎两层,外胎中用金属丝予以加强,从而使轮胎寿命大大增长,更换轮子也成了一件比较容易的事。到了20世纪20年代后期,一般女士都能完成换车轮的工作。

当汽车已经发展起来后,公路却还是由碎石和土填成的,汽车行驶时不仅颠簸,而且扬起了大量尘土,后来人们发现沥青既可以消除尘土又可使路面平坦。1910年,英国成立了"公路署",专门负责修筑沥青公路。1914年又开始出现水泥公路。1942年,为了战时的需要,德国修筑了符合现代标准的高速公路。第二次世界大战之后,欧美各国都相继修筑大量的高速公路,其中美国的高速公路最长,共达7万多km。高速公路的特点是每个行驶方向都有两条以上的行车道,相反方向的行车道之间有草地或灌木等隔离带,行车道之间没有平面交叉,也没有陡坡、急弯和其他不利于汽车行驶的障碍。在高速公路上行驶的汽车车速一般都在80km/h以上,欧洲一些国家车速可超过120km/h,这就使得汽车的运行效率大为提高。

汽车技术的日益成熟使生产销售成为可能。为了使汽车能大量销售,在1927年以前,汽车技术集中于解决经济性(包括购置、使用和维修费用)、可靠性和耐久性这类的基本要求。为了提高燃油经济性,这一时期汽油机的压缩比有了提高,一些载货汽车上采用了更省油的柴油发动机。1905年,在美国的圣·路易斯发生了第一件汽车被盗事件,于是出现了带钥匙的点火开关。刮水器、制动灯、反光镜等也逐一在这一时期被开发和使用。1922年,在仪表板上出现燃油表。1929年出现了车用收音机。现代汽车的基本要素渐渐地均已具备。

在解决汽车存在的问题以后,人们开始追求汽车外形、色彩的多样化以及乘坐的舒适性、操纵的便利性。车身变得越来越长、越来越低,车体的整体性和刚度增强,其振动和噪声水平不断下降。车型变化越来越快,各种变形车和选用款式相继出现。最初的汽车是"无马马车",汽车车身亦即马车车身,没有考虑对驾驶人的过多保护。随着车速的提高,首先是迎面风使驾驶人难以忍受,为此考虑到改变汽车的外形。1903年,美国福特公司制造的A型车在座席前设一块挡风板,使迎面风经过挡板导流,吹向上方。但若汽车行驶速度达到50~60km/h,则驾驶人受着相当于七级风的风力,根本无法睁开眼驾驶,于是开始产生了带篷的汽车。这种马车造型的汽车,从整体上看是四方形的,形似箱子,故称箱型汽车。箱型汽车在造型中没有引进空气动力学原理,可以说是技术尚未成熟时代的产物。

随着对空气动力学原理研究的不断深入,以及人们对车型美观多样化的追求,从19世纪30年代起,汽车外形开始向流线型发展。但开始的流线型车过分强调了车身外形的"高速感",而忽视了降低空气阻力的真正目的,存在着乘员空间过分狭小、车身过长过矮、对横向风的稳定性差等问题。1949年起,无论是美国还是欧亚大陆均风靡船型车身,这种车身是福特汽车公司首先推出的,既考虑了机械工程学、流体力学等诸多因素,又强调了以人为本的思想,成为注重舒适性和操纵性的新车型。

为了操纵方便,1937年的福特车上提供了转向柱换挡机构,1946年动力操纵的车窗升降机问世,1951年别克(Buick)等车上安装了动力转向装置,1955年在克莱斯勒公司(Chrysler)的汽车上,按键式自动变速选择器代替了原有的变速杆。

第五节 汽车史上的三次重大变革

一百多年的汽车发展史表明:汽车诞生于德国,成长于法国,成熟于美国,兴旺于欧洲,挑战于日本。

1886年，德国人本茨和戴姆勒发明了汽车，接着欧洲出现了生产汽车的公司。最早成立的汽车公司有：德国的奔驰公司、戴姆勒公司，法国的标致公司、雷诺公司，英国的奥斯汀公司、罗孚公司，意大利的菲亚特公司等。欧洲是世界汽车工业的摇篮。德国人发明了汽车，而促进汽车最初发展的是法国人。1891年，法国人阿尔芒·标致首次采用前置发动机后驱动形式，奠定了汽车传动系统的基本构造。1898年，法国人路易斯·雷诺将万向节首先应用在汽车传动系统中，并发明了锥齿轮式主减速器。

不过尽管以法国为主的欧洲汽车公司占据了当时世界汽车工业的统治地位，但都是以手工方式生产汽车，讲究豪华，价格昂贵，从而限制了汽车工业的发展。

在百余年的汽车发展史中，世界汽车工业经历了三次巨大变革。第一次变革是美国福特汽车公司推出了T型车，发明了汽车装配流水线，使世界汽车工业的发展从欧洲转向美国。第二次变革是欧洲通过多品种的生产方式，打破了美国汽车公司在世界车坛上的长期垄断地位，使世界汽车工业的发展从美国又转回欧洲。第三次变革是日本通过完善生产管理体系，形成精益的生产方式，全力发展物美价廉的经济型轿车，日本成了继美国、欧洲之后世界第三个汽车工业发展中心，使世界汽车工业的发展从欧洲转到日本。

一、第一次变革——流水线大批量生产

1892年，美国查尔斯·杜里埃和弗兰克·杜里埃兄弟制造出美国第一辆以汽油机为动力的汽车。

1903年，福特汽车公司成立；1908年，通用汽车公司成立，推动了世界汽车工业的发展。

提到福特汽车公司，自然想到T型车。由于这种汽车的外形像"T"字，则称为T型车。T型车可以说是将家庭轿车神话变为现实的第一种车型。

在T型车出现以前，汽车是为少数人生产的奢侈品。为制造理想的大众化汽车，1908年福特公司推出T型车。T型车的出现，使汽车从有钱人的专利品变成为大众化的商品，在长达20年的T型车生产期间，T型车被称为"运载整个世界的工具"。

1913年，福特公司在汽车城底特律市建成了世界上第一条汽车装配流水线，使T型车成为大批量生产的开端，汽车装配时间从12.5h/辆缩短到1.5h/辆。从1908年到1927年，T型车共生产了1500多万辆，这一车型累计产量记录直到1972年才被德国甲壳虫型汽车打破。售价从开始的一辆850美元，降到最后的360美元。1915年，福特一个公司的汽车年产量就占美国汽车公司总产量的70%，而当时生产汽车历史较长的德、英、法等欧洲各国的汽车总产量也不过是美国产量的5%。

由于亨利·福特仅注重生产成本，不重视产品改进，使已生产多年的T型车显得单调、简陋。到1927年，带有豪华饰件的通用公司的雪佛兰汽车赢得了用户的普遍欢迎，终于击败了垄断汽车市场20年的福特T型车，使它最终退出了汽车的历史舞台。

二、第二次变革——汽车产品多样化

第二次世界大战以前，欧洲人就已经开始对美国汽车的"一统天下"不满。但是，由于当时欧洲的汽车公司尚不能以大批量生产、降低售价与美国汽车公司竞争。于是，欧洲的汽车公司推出了新颖的汽车产品，例如发动机前置前驱动、发动机后置后驱动、承载式车身、微型节油车等，尽量适应不同的道路条件、国民爱好等要求，与美国汽车公司抗衡，从而实现了由

汽车产品单一化到多样化的变革。针对美国车型单一、体积庞大、油耗高等弱点，欧洲开发了多姿多彩的新车型。严谨规范的奔驰、宝马，轻盈典雅的法拉利、雪铁龙，雍容华贵的劳斯莱斯、美洲虎，神奇的甲壳虫，风靡全球的"迷你"等车型纷纷亮相。多样化的产品成为欧洲汽车公司最大的优势，规模效益也得以实现。

到1966年，欧洲汽车产量突破1000万辆，较1955年产量增长5倍，年均增长率为10.6%，超过北美汽车产量，成为世界第二个汽车工业发展中心。到1973年，欧洲汽车产量又提高到1500万辆。世界汽车工业又由美国转回欧洲。

三、第三次变革——精益的生产方式

世界汽车工业的第三次变革发生在日本。日本汽车工业起步较晚，日本第一大汽车公司即丰田汽车公司和第二大汽车公司即日产汽车公司均创建于1933年。第二次世界大战前夕，日本政府颁布了《汽车制造业企业法》，表明对发展汽车工业给予支持。第二次世界大战期间，日本政府关闭了美国在日本所建立的汽车制造厂。第二次世界大战结束后，日本不允许其他国家到日本建厂造车。尽管如此，在20世纪50年代，日本的汽车工业仍然发展缓慢。进入20世纪60年代以后，经济型轿车的生产在日本逐年增加。1960年，日本人均国民生产总值为500美元，1966年人均国民生产总值突破了1000美元，为汽车普及创造了条件。同时，日本各汽车公司及时推出物美价廉的汽车，其售价与20世纪50年代中期相比下降了30%～50%，于是日本出现了普及汽车的高潮。日本称1966年为普及私人汽车的元年。

同时，以丰田汽车公司为代表的几家汽车公司，将"全面质量管理"和"及时生产系统"两种新型的管理机制应用于汽车生产。前者要求工人承担更多的责任，把产品质量放在首要位置。后者要求做好技术服务，推行精益生产方式。两者紧密结合，相辅相成，推动了日本汽车工业的高速发展。

1973年，因中东战争引发了全球石油危机，各国对汽车的需求立即由豪华、气派型转向轻小节油型。这给日本汽车工业带来好运，他们生产的小型节油车成为全世界的畅销产品。

1973年，日本汽车出口量达到200万辆；1977年，日本汽车出口量达到400万辆；1980年，日本汽车出口量猛增到600万辆。

由于实现了汽车国内销售量和出口量双高速增长，日本迎来了其汽车工业的发展时代，并创造了世界汽车工业发展的奇迹，"车到山前必有路，有路必有丰田车"和"古有千里马，今有日产车"两则广告语中的美好愿望也得到了实现。1960年，日本汽车产量仅为16万辆，远远低于当时美国和西欧各主要汽车生产国的水平。但到1967年，日本汽车产量达到300万辆，超过欧洲各主要汽车生产国的产量，居世界第二位。到1980年，日本汽车产量达到1100万辆，超过美国汽车产量，跃居世界第一位。日本成为继美国、欧洲之后的世界上第三个汽车工业发展中心，即世界汽车工业又发生了从欧洲到日本的第三次转移。

第六节　汽车新技术

一、汽车电子化

汽车电子化被认为是汽车技术发展进程中的一次革命。汽车电子化的程度，被看作是

衡量现代汽车水平的重要标志。汽车电子化是用来开发新车型、改进汽车性能最重要的技术措施。汽车制造商认为,增加汽车电子设备的数量、促进汽车电子化是夺取未来汽车市场重要的有效手段。

20世纪90年代,电子技术取得了巨大的进步,电子元器件的体积变得很小,质量减小,电能的消耗进一步降低。由于微处理器功能的增强,计算速度提高了几倍,价格也变得非常便宜,特别是可靠性得到了极大的提高,为利用电子技术改造传统的汽车创造了条件。进入21世纪,汽车设计主要解决的问题是安全和环保。电子技术的快速发展,为汽车向电子化、智能化、网络化、多媒体化的方向发展创造了条件。汽车已不再仅仅是一个代步工具,它已同时具有了交通、娱乐、办公和通信的多种功能。

电子装置的应用改善了排气污染,节省了燃料消耗,提高了驾车、乘车的舒适性。许多操作和控制均可由电子器件自动完成。在高速公路上使用定速巡航系统;行驶中自动报警器会给驾驶人以提示;在车内可享受与家里一样的高仿真音响;当道路堵塞时,车上的电脑可指示如何避开堵塞路段;停车时,自动进入泊车位置;修车可由车内的故障自动诊断系统和维修站的功能齐全的智能化检测设备完成。总之,电子技术的应用已成为衡量汽车水平高低的重要标志之一。

目前电子技术的应用几乎已经深入到汽车所有的系统。据统计,从1989—2016年,平均每辆车上电子装置在整个汽车制造成本中所占的比例由30%增至45%以上。一些豪华轿车上,使用单片微型计算机的数量已经达到50个,电子产品成本占到整车成本的50%以上。

二、新能源汽车

新能源汽车是指采用新型动力系统,完全或主要依靠新型能源驱动的汽车。包括混合动力电动汽车(HEV)、纯电动汽车(BEV,包括太阳能汽车)、燃料电池电动汽车(FCEV)。

随着能源紧缺和环境问题的日益突出,开发汽车代用燃料,改善能源结构成为汽车发展的必然趋势。虽然石油依然是汽车的基本能源,但由于天然气汽车、醇类汽车以及电动汽车的迅速发展,石油燃料汽车必将走下坡路。如今,呈现在人们面前的是汽油汽车、柴油汽车、天然气汽车、液化石油气汽车、醇类汽车、电动汽车等多种能源汽车活跃的多极化模式。

中国新能源汽车产业始于21世纪初。自2010年以来,我国加大新能源汽车扶持力度,新能源汽车技术水平得到提升。续驶里程、百千米能耗等整车性能不断提升,动力电池能量密度、驱动电机效率等关键技术进步显著。我国纯电动汽车的整车控制、动力系统匹配与集成设计等关键技术快速提升。

根据国际能源署IEA的预测,从2020年开始,传统汽柴油汽车的市场份额将开始进入到下降的通道,新能源汽车,包括普通的混合动力汽车在未来将是市场份额持续扩大的趋势。

三、轻量化技术

汽车轻量化,是在保证汽车的强度和安全性能的前提下,尽可能地降低汽车的整备质量,从而提高汽车的动力性,减少燃料消耗,降低排气污染。目前,节能环保是汽车行业发展的热点之一,轻量化技术也广泛应用于汽车领域。车身变轻对整车的燃油经济性、车辆控制稳定性、碰撞安全性都大有裨益,在提高操控性的同时还能有出色的节油表现。在全球环保标准不断强化的背景下,汽车厂商为了提高燃效性能,都在加快推进汽车轻量化。

轻量化的主要途径有结构轻量化、材料轻量化和生产工艺轻量化。当前,汽车轻量化主要是采用轻质材料。2016年,材料轻量化方面明显的趋势是铝材和复合材料越来越多地取代高强钢用来制造汽车,生产工艺的改进也伴随着材料的更替而出现。

在钢材和铝材方面,虽然高强钢已经广泛应用于车身制造,但铝合金则正在很多部位取代高强钢来进一步减重。以2016年3月上市的本田新款燃料电池车"CLARITY FUEL CELL"为例,其大量采用高张力钢板和铝合金等轻质材料,铝合金约占15%,包含GFRP(玻璃纤维强化树脂)在内的树脂材料约为5%,它与尺寸相近的中型轿车"雅阁"相比,车身质量减轻约15%。

在复合材料方面,目前应用的主流为碳纤维复合材料和玻璃纤维复合材料。此外,新能源汽车电池也开始有了轻量化的尝试,沃尔沃研发了一种创新的轻质电池结构,由一种新型纳米材料组成,它包括由碳纤维、聚合树脂组成的纳米结构以及植入其间的超级电容器。这种新电池材料成本更低,也更加环保。

第三章 汽车的使用性能

汽车的使用性能是指汽车能适应各种使用条件而发挥最大工作效率的能力。使用性能包括汽车的动力性、制动性、燃油经济性、操纵稳定性、通过性及行驶平顺性。

第一节 汽车的动力性

汽车的动力性是汽车各种性能中最基本、最重要的一种使用性能。汽车的动力性指汽车在水平良好的路面上直线行驶时由汽车所受到的纵向外力决定的、所能达到的平均行驶速度。它直接影响汽车的运输生产率。

一、汽车动力性的评价指标

1. 汽车的最高车速

汽车的最高车速是指汽车满载时在水平良好的路面（混凝土或沥青）上所能达到的最高行驶速度。它对于长途运输车辆的平均行驶速度的影响较大。

2. 汽车的加速能力

汽车的加速能力是指汽车在各种使用条件下迅速增加行驶速度的能力。它对市区运输车辆的平均行驶速度有很大影响，特别是轿车对加速时间尤为重视。加速能力在理论分析中用加速度或加速时间来评定，一般用原地起步加速时间和超车加速时间来表示汽车的加速能力。

原地起步加速时间是指汽车由低挡起步，并以最大的加速强度且选择恰当的换挡时刻，逐步换至最高挡后加速到某一高速（$80\% v_{max}$ 以上）所需的时间。

超车加速时间是汽车用最高挡或次高挡由某一预定的中速全力加速至另一预定的高速（$80\% v_{max}$ 以上）时所经过的时间。

3. 汽车的上坡能力

汽车的上坡能力对在山区行驶的车辆的平均行驶速度有很大影响，通常用最大爬坡度来评定。

最大爬坡度 i_{max} 是指汽车满载时，用变速器最低挡位在良好路面上等速行驶所能克服的最大道路纵向坡度。在坡度不长的道路上，利用汽车加速惯性能通过的坡度称极限爬坡度。在各车型中，越野车的 i_{max} 最大，货车次之，轿车一般不强调爬坡度。

有些国家规定在常遇到的坡道上，以汽车必须保证的行驶车速来表明它的爬坡能力。

二、作用于汽车的各种外力

汽车在行驶过程中受到各种外力的作用。沿汽车行驶方向作用于汽车的外力有驱动力和行驶阻力;在垂直于地面方向作用于汽车的外力,有重力垂直于地面方向的分力和地面对车轮的法向反作用力。此外,还有在汽车横向平面内水平方向上的侧向力。

汽车的运动状态取决于作用在汽车上的各种外力之间的关系。汽车的动力性就决定于汽车的驱动力、行驶阻力以及附着力之间的关系。

1. 汽车的驱动力

1) 驱动力的产生

汽车发动机产生的转矩经传动系统传至驱动轮,驱动轮对路面便产生一个圆周力 F_0,路面则提供给驱动轮一个反作用力 F_t。F_t 与 F_0 大小相等,方向相反,如图3-1所示(图3-1中,v_a 为车辆行驶速度,M_t 为作用于驱动轮上的转矩)。

F_t 即为驱动汽车前进的外力,称为汽车的驱动力。其数值为

$$F_t = \frac{M_t}{r}$$

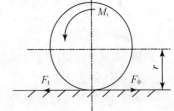

图 3-1 汽车的驱动力示意图

式中:M_t——作用于驱动轮上的转矩,N·m;
　　　r——车轮半径,m。

2) M_t 与发动机转矩 M_e 之间的关系

M_t 是由发动机产生经传动系统传至驱动轮的转矩,由传动过程可知

$$M_t = M_e i_g i_0 \eta_T$$

式中:M_t——作用于驱动轮上的转矩,N·m;
　　　M_e——发动机输出转矩,N·m;
　　　i_g——变速器传动比;
　　　i_0——主减速器传动比;
　　　η_T——传动系统的机械效率。

由上述两式可得

$$F_t = \frac{M_e i_g i_0 \eta_T}{r}$$

对装有分动器、轮边减速器、液力传动等其他传动装置的汽车,应考虑相应的传动比和机械效率。

由上式可知,汽车的驱动力与发动机的输出转矩、传动系统的各传动比以及传动系统的机械效率成正比,与车轮半径成反比。

2. 汽车的行驶阻力

汽车行驶时需要克服所遇到的各种阻力。汽车在水平道路上等速行驶时必须克服来自地面的滚动阻力 F_f 和来自汽车周围空气的空气阻力 F_w。当汽车上坡行驶时,还必须克服汽车重力沿坡道方向的分力,称为坡道阻力 F_i。汽车加速行驶时需要克服的惯性力,称为加速阻力 F_j。汽车行驶的总阻力为:

$$\sum F = F_f + F_w + F_i + F_j$$

在上述各阻力中,滚动阻力 F_f 和空气阻力 F_w 在任何行驶条件下都是存在的,但坡道阻力 F_i 仅在上坡行驶时存在,加速阻力 F_j 仅在汽车加速行驶时存在。克服滚动阻力 F_f 和空气阻力 F_w 所消耗的能量是纯消耗,不能回收利用;克服坡道阻力 F_i 和加速阻力 F_j 所消耗的能量可分别在下坡和滑行时重新利用。

1)滚动阻力 F_f

滚动阻力 F_f 是当车轮在路面上滚动时,由于两者间的相互作用力和相应变形所引起的能量损失的总称。

滚动阻力的计算公式为

$$F_f = Wf$$

式中:W——车轮负荷,N;
f——滚动阻力系数。

即:车轮滚动时的滚动阻力等于滚动阻力系数与车轮负荷的乘积。

2)空气阻力 F_w

汽车是在空气介质中行驶的,空气介质本身也有运动,这均将对汽车的运动产生阻力。汽车相对于空气运动时,空气作用力在行驶方向上的分力称为空气阻力,用符号 F_w 表示。

汽车行驶时,围绕汽车的空气形成空气流。空气流沿车身表面流过,在汽车后面并不终止,而是形成涡流。地面附近的空气必须从车身底部和路面之间强制通过,因而产生阻力。汽车车身的流线型越好,环绕汽车的空气流线越匀顺,产生的阻力也就越小。

空气阻力可分为摩擦阻力和压力阻力两大部分。摩擦阻力是由于空气的黏性在车身表面产生的切向力的合力在行驶方向的分力。摩擦阻力与车身表面质量及表面积有关,约占空气阻力的8%~10%。压力阻力是作用在汽车外形表面上的法向压力的合力在行驶方向上的分力。

压力阻力包括下列4个部分。

(1)形状阻力:汽车行驶时,空气流经车身,在汽车前方空气相对被压缩,压力升高,车身尾部和圆角处空气稀薄形成涡流,引起负压,由汽车前后部压力差所引起的阻力称为形状阻力。其值与车身外形有关,约占空气阻力的55%~60%。形状阻力与车身主体形状有很大关系。例如,车头、车尾的形状及风窗玻璃的倾角等是影响形状阻力的主要因素。

(2)干扰阻力:突出于车身表面的部分所引起的空气阻力。例如,门把手、后视镜、翼子板、悬架导向杆、驱动轴等是影响干扰阻力的主要因素。干扰阻力约占空气阻力的12%~18%。

(3)诱导阻力:汽车上下部压力差(即升力)在水平方向的分力,约占空气阻力的5%~8%。

(4)内循环阻力:发动机冷却系统以及车身内通风等所需空气流经车体内部时形成的阻力,约占空气阻力的10%~15%。

上述各种阻力各占比例的数值,是以轿车为例给出的。由此可见,形状阻力所占比例最大,车身外形是影响空气阻力诸多因素中的主要因素。因此,改进车身的形状设计,是减小空气阻力的主要措施。由于车速不断提高,人们不仅对轿车而且对货车的形状也越来越重视。

以上 4 种阻力的合力在汽车行驶方向上的分力即为空气阻力。常将空气阻力的作用点称为风压中心。一般它与汽车的重心不重合。风压中心离地高度 h_w 对汽车高速行驶的稳定性有很大影响。当汽车高速行驶时，h_w 越高，汽车前轴负荷越轻，严重时可能导致汽车失去操纵性。

在汽车行驶速度范围内，根据空气动力学原理，空气阻力的数值通常由下式确定。

$$F_w = \frac{1}{2}C_D A \rho v_r^2$$

式中：C_D——空气阻力系数，无因次系数，主要取决于车身形状；

ρ——空气密度，一般取 1.2258kg/m³；

A——汽车迎风面积，m²；

v_r——汽车与空气的相对速度，m/s。

无风时，v_r = 汽车行驶速度；

顺风时，v_r = 汽车行驶速度 − 风速；

逆风时，v_r = 汽车行驶速度 + 风速。

如果汽车行驶速度 v_a 以 km/h 为单位，则空气阻力为

$$F_w = \frac{C_D A v_a^2}{21.15}$$

上式表明，空气阻力与空气阻力系数 C_D 及迎风面积 A 成正比。汽车迎风面积 A 值指汽车在其纵轴的垂直平面上投影的面积，此面积可直接在投影面上测得，常用汽车的轮距与汽车高度的乘积近似地表示。由于受到汽车运输效率及乘坐使用空间的限制，汽车迎风面积不易进一步降低，因此从结构上降低空气阻力主要应从降低 C_D 入手。空气阻力又与速度的平方成正比，汽车行驶的速度越高，空气阻力越大，空气阻力相对于滚动阻力的比率就显著的增加。现代汽车的行驶速度很高，因而空气阻力对汽车的动力性和燃油经济性的影响日益受到重视。所以降低高速汽车的 C_D 值就成为试验与研究的重要课题。

3）坡道阻力 F_i

当汽车上坡行驶时，汽车重力沿坡道方向的分力称为汽车的坡道阻力，以 F_i 表示，如图 3-2 所示。

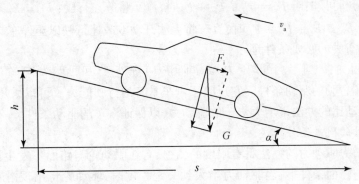

图 3-2　汽车的坡道阻力示意图

坡道阻力 F_i 与汽车重力及坡度角 α 之间的关系为

$$F_i = G\sin\alpha$$

道路坡度是以坡高与底长之比来表示的，即

$$i = \frac{h}{s} = \tan\alpha$$

根据我国公路路线的设计规范，一般道路的坡度角均较小，此时

$$\sin\alpha \approx \tan\alpha = i$$

所以

$$F_i = G\sin\alpha \approx G\tan\alpha = Gi$$

当坡度较大时，按 $F_i \approx Gi$ 近似计算坡道阻力 F_i 值的误差较大。因此，仍需按照 $F_i = G\sin\alpha$ 进行坡道阻力 F_i 的计算。

4）加速阻力 F_j

汽车加速行驶时，需要克服加速运动时其质量产生的惯性力，就是加速阻力 F_j。汽车的质量分为平移质量和旋转质量两部分。加速时，不仅平移质量产生惯性力，旋转质量也要产生惯性力偶矩。为了便于计算，一般把旋转质量的惯性力偶矩转化为平移质量的惯性力，对于固定传动比的汽车，常以系数 δ 作为计入旋转质量惯性力偶矩后的汽车旋转质量换算系数，因而汽车加速时的阻力 F_j 可写作

$$F_j = \delta m \frac{dv}{dt}$$

式中：δ——汽车旋转质量换算系数，$\delta > 1$；

m——汽车质量，kg；

$\dfrac{dv}{dt}$——行驶加速度，m/s²。

三、汽车行驶的驱动与附着条件

汽车行驶过程中，受到各种行驶阻力的作用。因此，为保证汽车正常行驶，必须有一定的驱动力，以克服各种行驶阻力。

1. 汽车行驶的驱动条件

由前面的分析可知：若 $F_t = F_f + F_w + F_i$ 时，汽车将等速行驶；$F_t = F_f + F_w + F_i$ 时，汽车将加速行驶；$F_t < F_f + F_w + F_i$ 时，汽车将无法开动或减速行驶以至停车。

可见，汽车行驶的必要条件是

$$F_t \geqslant F_f + F_w + F_i$$

上式即汽车行驶的驱动条件。它反映了汽车本身的行驶能力。可以采用增加发动机输出转矩、加大传动比的办法来增大汽车的驱动力，以保证汽车的驱动条件。

2. 汽车行驶的附着条件

上面所述增大驱动力的办法是有限度的，它只有在驱动轮与路面不发生滑转时才有效。在一定的轮胎与路面条件下，当驱动力增大到一定程度时，驱动轮将出现滑转现象，增大驱动轮的转矩，只能使驱动轮加速旋转，地面切向反作用力并不增加。这表明汽车行驶还要受轮胎与路面附着条件的限制。

1) 附着力

在无侧向力作用时,地面对轮胎切向反作用力的极限值称为附着力,用 F_φ 表示。在坚硬路面上,它与地面对驱动轮的法向反作用力 F_z 成正比,即

$$F_\varphi = F_z \varphi$$

比例常数 φ 称为附着系数,它表示轮胎与路面的接触强度。在坚硬路面上它主要反映了轮胎与路面的摩擦作用,在松软路面上则与轮胎和路面的摩擦作用及土壤的抗剪强度有关。

在坚硬路面上,附着系数 φ 反映了轮胎与路面的摩擦作用。但是,附着系数 φ 与光滑表面间的摩擦系数不同。在坚硬路面上,路面的坚硬微小凸起能嵌入变形的胎面中,增加了轮胎与地面的接触强度(或称结合强度),对轮胎在接地面积内的相对滑动有较大的阻碍作用,轮胎与地面间的上述作用,通常称为附着作用。

在松软路面上,例如车轮在比较松软的干土路面上滚动时,土壤的变形比轮胎的变形大,轮胎胎面花纹的凸起部分嵌入土壤,这时附着系数的数值,不仅取决于轮胎与土壤间的摩擦作用,同时还取决于土壤的抗剪强度。因为,只有当嵌入轮胎花纹沟槽的土壤被剪切脱开基层时,轮胎在接地面积内才产生相对滑动,车轮从而发生滑转。

显而易见,如果驱动轮产生滑转,汽车将不能行驶。为了避免驱动轮产生滑转现象,汽车行驶还必须满足附着条件。

2) 附着条件

汽车行驶的附着条件可近似地写成

$$F_t \leq F_\varphi$$

或

$$F_t \leq F_z \varphi$$

式中:F_z——作用于所有驱动轮的地面法向反作用力。

双轴汽车后轮驱动时,F_z 是后轮的地面法向反作用力,$F_z = F_{z2}$,故附着条件为

$$F_t \leq F_{z2} \varphi$$

全轮驱动的汽车(如 4×4、6×6 型汽车),F_z 是作用于所有驱动轮的地面法向反作用力。因此,全轮驱动的附着力较大。

3. 汽车的驱动与附着条件

将汽车的驱动条件与附着条件连写,则得

$$F_f + F_w + F_i \leq F_t \leq F_z \varphi$$

上式即汽车行驶的驱动与附着条件,也是汽车行驶的充分与必要条件。

汽车行驶首先要满足驱动条件,即汽车本身具有产生足够驱动力的必要条件。这就要求汽车发动机能产生足够大的转矩或功率,汽车传动系统有一定的传动比,以保证驱动力 F_t 足够大,足以克服各种行驶阻力,即 $F_t \geq F_f + F_w + F_i$。但是,上面的条件只是汽车行驶的必要条件,并不充分,也就是说,汽车行驶只满足驱动条件是不够的。

推动汽车行驶的驱动力 F_t,是地面对驱动轮的切向反作用力,是地面作用于汽车的外力。人们可以观察到,驱动轮被架空而离开地面时,无论发动机产生多大转矩,汽车都是不能行驶的。汽车行驶必须有外力作用。路面对汽车作用的驱动力的最大值,要受附着力的

限制。驱动力 F_t 不能超过附着力 F_φ,只能小于或等于附着力 F_φ。因此,为了保证汽车正常行驶,轮胎与地面必须有良好的附着性能,即附着力足够大,地面才能在附着力的限制以下对驱动轮作用足够的切向反作用力。换言之,附着力并不是地面对车轮作用的一个力,而是限制驱动力大小的一个界限。在附着力的限制之内,驱动力的作用才能真正发挥出来。

第二节 汽车的制动性

汽车的制动性是指汽车迅速减速和强制停车的能力。它直接影响行车安全。汽车的制动性良好,汽车的行驶速度才有可能提高,汽车的动力性才能充分发挥出来。

一、汽车制动性的评价指标

汽车的制动性主要有下列三方面的评价指标。

1. 制动效能

制动效能指汽车迅速减速直至停车的能力,即在良好路面上,汽车以一定的初速度制动到停车的制动距离或制动时汽车的减速度。它是制动效能最基本的评价指标。

2. 制动效能的恒定性

制动效能的恒定性主要指抗热衰退性,即汽车在高速行驶时制动或下长坡连续制动时制动效能的稳定程度。

汽车连续地较长时间制动时,制动器由于吸收汽车行驶的动能转化为热能而使制动器自身温度升高,导致制动力矩下降,制动减速度减小,制动距离增大,称为制动器的热衰退。

3. 制动时汽车的方向稳定性

制动时汽车的方向稳定性,是指汽车在制动时能按驾驶人给定轨迹行驶的能力,即不发生跑偏、侧滑或丧失转向的能力。它对交通安全影响极大。

制动跑偏:制动时汽车偏驶,但后轮沿前轮的轨迹运动。

制动侧滑:制动时汽车一轴或双轴发生横向滑动,前、后轮轨迹不重合。

制动时汽车丧失转向能力:前轮抱死拖滑,汽车将失去转向能力。

二、汽车的制动效能及其恒定性

汽车的制动效能是指汽车迅速减速直至停车的能力。制动效能的评价指标为制动距离和制动减速度。

1. 制动距离和制动减速度

制动距离是指汽车速度为 μ_0(空挡)时,从驾驶人踩着制动踏板开始到汽车停止为止汽车所驶过的距离。

制动距离不仅与制动踏板力、路面附着条件、车辆载荷、发动机是否结合等因素有关,而且还与制动器的热状况有关。所以在测试制动距离时,通常要对踏板力或制动系压力及路面附着系数作出一定的规定,并且一般是在冷试验条件下进行。

制动减速度反映了地面制动力,与制动器制动力(车轮滚动时)及附着力(车轮抱死拖滑时)有关。

制动减速度一般控制在 $a_{bmax} < (0.4 \sim 0.5)g$ 范围内,点制动时 $a_b = 0.2g$。当 $a_{bmax} = (0.7 \sim 0.9)g$ 时,将对汽车上的人员和货物的安全构成危害。因此,在保证行车安全的前提下,应尽量避免紧急制动。

2. 制动效能的恒定性

热衰退指制动器温度升高后,摩擦系数减小,摩擦力矩显著下降的现象。制动效能的恒定性主要是指制动器的抗热衰退性。影响制动器热衰退的主要因素是制动器摩擦副的材料及制动器的结构形式。

三、制动时汽车的方向稳定性

制动时汽车的方向稳定性是指在制动过程中,汽车按驾驶人给定的轨迹行驶的能力,即维持直线行驶或按预定弯道行驶的能力。

1. 汽车的制动跑偏

制动跑偏是指制动时原期望按直线方向减速停车的汽车自动向左或向右偏驶。

制动时引起汽车跑偏的原因为:

(1) 汽车左、右车轮,特别是左、右转向轮制动器制动力不相等。

(2) 悬架导向杆系和转向系拉杆的运动不协调(跑偏的方向不变)。

2. 汽车的制动侧滑

制动侧滑是指制动时汽车的某一轴或两轴发生横向移动。侧滑与跑偏是有联系的,严重的跑偏有时会引起后轴侧滑,易于发生侧滑的汽车也有加剧跑偏的趋势。

制动时发生侧滑,特别是后轴侧滑,将引起汽车剧烈的回转运动,严重时可使汽车掉头。由试验与理论分析得知,制动时若后轴车轮比前轴车轮先抱死拖滑,就可能发生后轴侧滑。若能使前、后轴车轮同时抱死或前轴车轮先抱死,后轴车轮再抱死或不抱死,则能防止后轴侧滑。不过前轴车轮抱死后将失去转向能力。

制动侧滑试验表明:

(1) 制动过程中,若只有前轮抱死拖滑,汽车基本上沿直线向前减速行驶,汽车处于稳定状态,但汽车丧失转向能力。

(2) 若后轮比前轮提前一定时间(如对实验中的汽车为 0.5s 以上)先抱死拖滑,且车速超过某一数值(如试验中的汽车为 48km/h)时,只要有轻微的侧向力作用,汽车就会发生后轴侧滑而急剧转动,甚至掉头。侧滑的程度与地面的平滑程度、制动距离及制动时间成正比。

3. 制动时汽车丧失转向能力

丧失转向能力是指弯道制动时,汽车不再按原来的弯道行驶而是沿弯道切线方向驶出,或直线行驶时转动转向盘汽车仍按直线方向行驶的现象。

只有前轮抱死或前轮先抱死时,因侧向力系数为零,不能产生任何地面侧向反作用力,汽车才会丧失转向能力。

第三节　汽车的燃油经济性

汽车的燃油经济性是指在保证动力性的前提下,汽车以最小的燃料消耗量完成单位运输工作量的能力。

汽车的燃油经济性是汽车的主要性能之一。在汽车运输成本中,燃料消耗费用约占总成本的20%~30%。因而,提高汽车的燃油经济性,不仅是提高汽车运输经济效益的需要,而且是当前世界性节能和节省资源的需要。在提高汽车燃油经济性的同时也降低了发动机产生的CO_2的排放量,起到防止地球变暖的作用。因此,今后各主要汽车生产国家对于降低汽车油耗的研究不会放松,在全世界范围内提高汽车的燃油经济性始终是汽车技术的奋斗目标。展望未来,汽车的燃料将进一步得到节省。

一、汽车燃油经济性的评价指标

汽车的燃油经济性常用一定运行工况下汽车行驶百千米的燃油消耗量或一定燃油量能使汽车行驶的里程来衡量。

1. 单位行驶里程(100km)的燃料消耗量 Q_t

在我国及欧洲国家,燃油经济性评价指标的单位是 L/100km,即汽车行驶 100km 所消耗的燃油升数。其数值越小,汽车的燃油经济性越好。

这种指标只能用于比较同类型汽车或同一辆汽车的燃油经济性。例如用于分析不同部件(发动机或传动系统等)装在同一汽车上对燃油经济性的影响。

在美国,燃油经济性评价指标的单位是 MPG(Miles Per Gallon)或 mile/USgal,指的是每加仑燃油能行驶的英里数。这个数值越大,汽车的燃油经济性越好。

单位行驶里程(100km)的燃料消耗量分为等速行驶百千米燃料消耗量和循环工况行驶百千米燃料消耗量。

1)等速行驶百千米燃料消耗量

这是常用的一种评价指标,指汽车在一定荷载(我国标准规定轿车为半载、货车为满载)下,以最高挡在水平良好路面上等速行驶 100km 的燃油消耗量。我们常测出每隔 10km/h 或 20km/h 速度间隔的等速百千米燃料消耗量,然后标注在以行驶速度为横坐标,百千米燃料消耗量为纵坐标的坐标系中,即可得到等速百千米燃油消耗量曲线,并用它来评价汽车的燃油经济性,如图3-3所示。

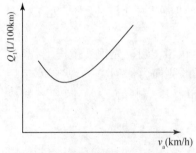

图3-3 汽车等速百千米燃油消耗量曲线

由图3-3可以看出,在汽车的等速油耗曲线上,通常能找到一个相当于最低燃料消耗量的行驶速度,该速度称为经济车速。当车速高于或低于经济车速时,其耗油量均增加。

虽然汽车以经济车速行驶,每100km的燃料消耗量是最低的,但是,有时由于经济车速较低,不利于提高运输生产率。在这种情况下,若适当地提高车速,既可以提高运输生产率,又不使单位运输工作量的燃料消耗量增加许多,而其他成本费用却有所降低,因此适当提高车速是有利的。

为了使汽车在实际使用中具有良好的燃油经济性,要求汽车的等速行驶 100km 油耗曲线的最低燃料消耗量值尽可能小,它对应的经济车速接近常用车速,同时曲线的变化越平缓越好,以保证车速变化时汽车耗油量的变化较小,经济性较好。

2)循环工况行驶百千米油耗

由于等速行驶工况没有全面反映汽车的实际运行情况,如汽车在市区行驶频繁的加速、减速、怠速停车等行驶工况并没有体现出来,所以在对实际行驶车辆进行跟踪测试统计的基础上,各国都制定了一些典型的循环行驶试验工况来模拟实际汽车运行状况,并以其百千米油耗来评定相应行驶工况的燃油经济性。

2. 单位运输工作量的燃料消耗量

为了评价不同类型、不同载质量汽车的燃油经济性,引入了单位运输工作量的燃料消耗量,其单位为 $L/(100t \cdot km)$。

二、影响汽车燃油经济性的因素

为了改善汽车燃油经济性,必须对影响燃油经济性的有关因素进行研究。影响燃油经济性的因素主要有两个方面:汽车结构因素和汽车使用因素。

1. 汽车结构因素的影响

影响汽车燃油经济性的结构因素有下列几点。

1)汽车的质量和尺寸及外形

汽车尺寸和质量增加,都会加大滚动阻力、空气阻力、坡道阻力和加速阻力,为了保证汽车具有较好的动力性能,需装用大排量发动机,导致行驶中负荷率较低。所以,又大又重的豪华型轿车比小而轻的轻型、微型轿车的油耗要大得多,因此,广泛采用轻型、微型轿车是节约燃油的有效措施。

当汽车的载质量或拖挂总质量增加时,汽车单位行驶里程的燃油消耗量增加;但装载质量增加使发动机的负荷率提高,因而有效燃料消耗率减少,汽车单位运输工作量的燃料消耗量减少。所以,减轻汽车的自身质量和增大汽车的载质量或拖带挂车,均能改善汽车的燃油经济性。

货车的装载质量 m_e 与整车整备质量 m_0 之比,即 m_e/m_0 称为汽车的质量利用系数。质量利用系数 m_e/m_0 越大,有效运输质量比重增加,运输中的单位油耗与成本都将降低,经济性越好。随着汽车生产技术水平的提高,轿车向轻量化、小型化发展。采用全轮驱动,使用高强度钢、铝合金、树脂、塑料等轻质材料制造汽车零部件,可以减轻汽车自身质量,提高质量利用系数,从而达到提高汽车燃油经济性的目的。

汽车的外形主要影响汽车的空气阻力。空气阻力分别与汽车的迎风面积、空气阻力系数、车速的平方成正比。车速越高,空气阻力占整个行驶阻力的比重越大。因此,用降低空气阻力的方法来提高燃油经济性,在高速行车时,效果尤为显著。

降低空气阻力的方法主要是改善汽车的外形,使车身形状近于流线型,并去掉车身表面的凸起部分。但在城市,由于行驶车速低,改善汽车的外形对油耗影响较小。

汽车轮胎对燃油经济性也有影响。现在公认子午线轮胎的耐磨性、动力性、经济性等综合性能最好,与一般斜交轮胎相比,燃油经济性较好。

2)发动机

发动机是影响汽车燃油经济性最重要的部件之一。发动机的热效率直接影响发动机的有效燃油消耗率,从而影响汽车的燃油消耗量。而发动机的热效率又取决于发动机的种类、设计与制造水平、负荷率的大小及对发动机的使用方法。

发动机种类:柴油发动机比汽油发动机的热效率高,特别是在部分负荷时柴油发动机的有效燃料消耗率较低,这一点对车用发动机尤为有利。现在柴油车的燃油消耗比汽油车要低20%~45%;而且柴油价格低廉。因此,在柴油机的性能不断改进之后,扩大柴油机的使用范围是当前发动机的发展趋势。

发动机的压缩比:发动机压缩比愈大,则其有效热效率愈高。因此,在容许范围内提高压缩比,汽车的燃油经济性可以得到改善。但是压缩比过大会引起汽油机的爆震燃烧和表面点火,特别是会造成严重的排气污染。因此,在设计与制造过程中,只能适当提高压缩比,以改善发动机的燃油经济性。

发动机的负荷率:由发动机的负荷特性可知,在转速一定的条件下,负荷率较高时,汽油发动机在加浓装置起作用之前,有效燃料消耗率较低,发动机在中等转速较高负荷率下工作时,其燃油经济性较好。根据试验可知,一般汽车在水平良好的路面上以常用速度行驶时,只利用到相应转速下最大功率的50%~60%,等于发动机最大功率的20%左右。由此可见,在汽车实际使用中的大部分时间内,发动机的负荷率都是较低的。因此,在保证动力性的前提下,汽车上不宜装用功率过大的发动机,目的是提高发动机的功率利用率,降低汽车的耗油量。同时在使用中,应该力求提高发动机的负荷率。

改善发动机的燃烧过程:燃料的汽化、雾化及其与空气的混合,对促进燃烧、提高热效率关系很大。因此,改进燃料喷射系统、燃烧室、进排气系统等的设计,可以保证燃料良好的雾化与汽化以及与空气良好而均匀的混合。此外,采用电子计算机控制技术、稀薄混合气分层燃烧技术,将使燃油经济性得到进一步的提高。

3)传动系统

汽车传动系统对燃油经济性的影响,取决于传动系统效率、变速器挡数与传动比。

传动系统的机械效率:传动系统的机械效率越高,则传动过程中损失于传动系统的能量越少,因而燃油经济性也越好。

变速器挡位数:变速器的挡位与传动比对燃油经济性也有影响。虽然汽车行驶时所需的发动机功率与变速器挡位无关,但发动机转速则随所接合的挡位的改变而变化。在汽车行驶速度不变的情况下,接合高挡时,传动比小,发动机的转速低;而接合低挡时,由于传动比加大,发动机转速将增高。在发动机负荷相同的情况下,转速愈低,发动机的单位燃油消耗量愈少。因此,在一定行驶条件下,传动系统的传动比愈小,则汽车的燃油经济性愈好。现代汽车常采用超速挡,可以减小传动系统的总传动比,在良好的道路条件下采用超速挡,可以更好地利用发动机功率,提高汽车燃油经济性。

变速器的挡数增加,使发动机经常保持在经济工况下工作,挡位数越多,越容易选择保证发动机以最经济工况工作的转速,汽车的经济性越好。当变速器的挡数为无限时,即为无级变速器。当采用无级变速器时,在任何条件下都提供了使发动机在最经济工况下工作的可能性。

若无级变速器能维持与机械式有级变速器同样高的机械效率,则汽车的燃油经济性将显著提高。但现有的液力变矩器等无级变速器,由于采用液力传动,效率较低,经济性不一定能够得到改善。

2. 使用因素的影响

对于一定的车型而言,汽车燃料消耗量的多少,将取决于汽车的技术状况、驾驶操作技术水平以及相关的运行条件。

1) 汽车的技术状况

为了保持汽车的技术状况良好,必须正确执行汽车保修规范。正确的技术维护与调整可以提高发动机性能并降低汽车的行驶阻力,改善汽车的燃油经济性。

首先发动机要保持良好的技术状况。要定期对供油系统进行维护与检查,防止漏油,清除滤清器中的沉淀及杂质。空气滤清器不畅通时,油耗将增加3%左右。

要正确地维护和检查点火系统,保持火花塞的清洁及正确的电极间隙和断电器触点间隙。火花塞电极间隙一般情况下应适当偏大,这样可提高点火系统电极电压,增加点火能量,对提高发动机的经济性是有利的。要根据燃油品种与工作地区,选择点火提前角。要正确调整点火正时,它不仅影响燃烧压力、速度,对热效率也有明显影响,点火正时的调整是与发动机混合气的浓度有关的,混合气越稀,越需要将点火时刻适当提前。分电器真空点火提前装置失效、离心提前装置失灵等故障都会使油耗大大增加。要检查和防止汽缸漏气,保持正常的汽缸压力,汽缸压缩压力越大,表明汽缸、活塞环、气门、气门座、汽缸垫等状况愈好,则发动机做功行程瞬时产生有效压力越大,混合气点火燃烧速度越快,热损失越小,可使发动机得到较高的动力性和经济性。以上几点都对节约燃油有较大的作用。

在汽车底盘方面,要加强对各总成的维护与调整,以保持适当的滑行能力,减少燃油消耗量。汽车的滑行能力常用滑行距离来评价,滑行距离的长短可以用来检查底盘的技术状况。汽车的前轮定位、制动器的间隙调整、轮胎气压,各部分轴承的紧度,运动摩擦部分间隙以及润滑质量都会对汽车的运动阻力有很大影响,必须按着规定进行调整和维护。前轮前束失调时,轮胎在滚动时产生滑移,增加滚动阻力,引起前轮摆振,使油耗增大。当轮胎气压低于标准时,轮胎变形增大,滚动阻力增加,也会增加燃油消耗。轮毂轴承过紧,制动器发热,都会增加行驶阻力,使油耗增加。底盘传动系统各配合副配合不良,都将消耗发动机的有效功率,使传动效率降低。润滑油使用不当,油耗也会增加,冬季使用夏季油,油耗将增加4%。底盘的行驶阻力减小,滑行距离便增加,油耗下降;反之,滑行距离减少,燃油消耗则将增加。此外,离合器打滑,会引起发热,增加发动机转速,使油耗增加。变速器跳挡,会增加换挡次数与中间挡的使用时间,也会增加燃油消耗。这些都是必须及时排除的故障,应及时进行正确的调整。

2) 驾驶操作技术水平

驾驶技术是影响汽车运行燃料消耗的主要因素之一。正确的驾驶操作可大大降低汽车的燃油消耗量。在其他条件相同时,如果能够经济合理的驾驶,可以减少油耗10%左右,其原因在于驾驶人是否能够根据汽车运行条件采用相适应的驾驶操作,使人机配合得当,从而使汽车达到最佳的运行状态。因此,提高驾驶人的操作技术水平,掌握合理运作工况是改善汽车燃油经济性的有效途径。

首先应该正确选用行车速度,采用中速行驶是最经济的,汽车中速行驶时燃油消耗量最低,速度过高或过低都会使燃油消耗量增加。低速行驶时,尽管阻力小,但发动机负荷率低,有效燃油消耗率上升,百千米油耗也有所增加。高速行驶时,由于行驶阻力增加很快而使百千米油耗增加,故应中速行驶。

其次,在一定道路上行驶,汽车用不同挡位行驶,燃油消耗量是不一样的。在同一道路条件与车速下,发动机发出的功率相同,在低挡位,后备功率较大,发动机的负荷率低,燃油消耗率高;高挡时则相反。因此,要尽可能用高挡行驶。最经济的驾驶方法是高挡的行驶可能性未用尽前,不应换低挡。换挡时要快,动作要迅速准确。

还有就是在保证行车安全的前提下,利用汽车的惯性滑行,使汽车的动能得以充分地利用,这是减少汽车油耗的一种驾驶方法。

驾驶汽车时要注意,踩加速踏板要轻,缓慢加油。因为猛踩加速踏板,会使化油器加速泵和省油装置都起作用,增加了不必要的燃料消耗,同时也难保持发动机的速度稳定,一般猛加速比缓慢加速要多耗油30%左右。

以上这些,都是正确驾驶汽车以节约燃油时所应加以注意的。

3)合理组织运输

在使用汽车时,要充分发挥运输工作人员的主观积极性,采取一切先进措施以减少单位运输工作的燃油消耗量。运输企业中普遍拖带挂车,这是提高运输生产率和降低成本、降低燃油消耗量的一项有效措施。拖带挂车后,阻力增加,发动机负荷率增加,使燃油消耗率下降,虽然汽车总的燃油消耗量增加了,但由于运货量增加,汽车列车的装载质量与整车装备质量之比较大,所以分摊到每吨货物上的油耗下降了,运输成本降低,生产率提高。此外,合理组织运输,减少空车往返,也能提高燃油经济性。

3. 改善燃油经济性的途径

改善汽车的燃油经济性主要是改善发动机性能、变速器传动比的合理选择、降低空气阻力、降低滚动阻力及提高辅助装置的效率等。近年来,发动机、变速器采用了微电子技术,从而实现了更精确的控制,满足了排放要求,提高了经济性和行驶性能。电子控制主要有空燃比控制、点火时刻控制、排气再循环(ECR)控制、涡轮增压控制、怠速控制、自动变速器的换挡位置控制及锁止控制等。

1)电子控制多点喷射发动机

电子控制多点喷射发动机是一个根据各种传感器获得的发动机工况的信息,用微型计算机控制各汽缸中所必需的燃油量,然后从喷油器中喷射燃油的系统。汽油喷射取消了进气道中的化油器节流喉管,减少了进气阻力,改善了发动机充气状况。同时,采用定时定量喷射燃油的方法供油,解决了燃油雾化及混合气在进气歧管中的分配等问题,并能按不同工况较为精确地供给发动机最佳比例的混合气,大大改善了发动机的动力性、经济性和排放性能。

2)多气门化(三气门、四气门)

对于两气门发动机来说,由于提高充气效率可以改善输出特性,所以可在更小排量情况下得到要求的输出功率。采用三气门(或更多气门)能提高充气效率,可使发动机进一步轻量化,并降低泵气损失,这是改善经济性的有效技术。

3)挡位指示系统(挡位指示器)

挡位指示系统适用于机械式换挡的汽车。它是一个对于驾驶人来说在确保行驶性能的基础上,能从仪表上的指示灯知道最经济的行驶挡位的系统。换挡时机要根据车速、发动机转速、加速踏板位置、水温、目前挡位等信息来作出最合理地决定。挡位指示系统在美国应用较多,其效果在 LA4 工况下经济性可提高 5%～15%。

4) 汽缸数自动可调机构

卡迪拉克·赛维尔汽车 1981 年装上了带有汽缸数可变机构的发动机,该发动机称为可调节排量发动机。它可以用多个传感器检验车速及工作状态,用电磁绕组控制进排气门,工作缸数可从 V8 到 V6 到 V4 变化,其结果是工况经济性提高了 5%。车速以 8.9～26.8m/s(20～60mile/h) 的中速行驶时(四缸工作),经济性提高了 15%。

2007 年第五次蝉联《华德汽车世界》全球年度十佳发动机奖的克莱斯勒 5.7L HemiV8 发动机的一大亮点是通过可变排量控制技术(MDS)实现了显著地节油效果。在发动机不需要全功率运转时,MDS 可以瞬间关闭四个汽缸,而在需要时,MDS 又可以迅速恢复汽缸工作以释放发动机的全部功率,这项技术可以保证车辆的综合油耗降低 20%。

第四节　汽车的操纵稳定性

通常认为汽车的操纵稳定性包含互相联系的两个部分:一个是操纵性,另一个是稳定性。操纵性是指汽车能够确切地响应驾驶人指令的能力;稳定性是指汽车受到外界干扰(路面扰动或突然阵风扰动)后,恢复原来运动状态、保持稳定行驶的能力,两者很难断然分开。稳定性的好坏直接影响操纵性的好坏,因此通常笼统地称为操纵稳定性。

汽车的操纵稳定性直接影响汽车的行驶安全性。如果汽车操纵稳定性不好,汽车行驶速度的提高就受到限制,汽车动力性就不能充分发挥,因而汽车的运输生产率也难以提高。此外,操纵稳定性还对驾驶人的劳动强度有很大影响。由于汽车行驶速度不断提高,汽车保有量日益增加,汽车的行驶安全性就越来越重要。

汽车的操纵稳定性包含汽车的极限稳定性、转向稳定性、直线行驶稳定性和操纵轻便性几个方面。

一、汽车的极限稳定性

汽车的极限稳定性是指汽车抵抗外界干扰而不发生翻车事故的能力。汽车的倾翻可分为纵向倾翻和横向倾翻,汽车的极限稳定性也分为纵向极限稳定性和横向极限稳定性。汽车的纵向倾翻最容易发生在上坡或下坡时。当汽车在行驶过程中,受到侧向力(如离心力、重力的侧向分力等)作用时,如果侧向力足够大,使某一侧车轮的地面法向反作用力为零,汽车就可能发生横向倾翻,而失去横向极限稳定性。

二、汽车的转向稳定性

汽车上装用的轮胎都是有弹性的充气轮胎,当车轮受到侧向力作用时,轮胎就会发生侧向变形,从而使车轮的滚动轨迹偏离其直线行驶方向,这种现象称为弹性轮胎的侧偏现象,轮胎侧偏的角度称为轮胎的侧偏角。

对一定汽车而言,当前轮转角(或转向盘转角)一定时,前、后轴车轮的侧偏角度影响汽车的转向半径。当前、后轴车轮的侧偏角度相等时,有侧偏时的转向半径与无侧偏时的转向半径也相等,称汽车具有中性转向特性;当后轴车轮的侧偏角度大于前轴车轮的侧偏角度时,有侧偏时的转向半径小于无侧偏时的转向半径,称汽车具有过多转向特性;当后轴车轮的侧偏角度小于前轴车轮的侧偏角度时,有侧偏时的转向半径大于无侧偏时的转向半径,称汽车具有不足转向特性。

在汽车实际转向行驶过程中,车速是影响前、后轴车轮侧偏角度的关键因素。当汽车沿给定的弯道转向行驶时,具有中性转向特性的汽车,转向所需的前轮转角是固定的,与车速无关;具有过多转向特性的汽车,随车速提高,转向所需的前轮转角必须减小;具有不足转向特性的汽车,随车速提高,转向所需的前轮转角必须增大。

具有过多转向特性的汽车在给定的弯道上转向时,所需的前轮转角必须随车速的提高减小,当车速达到某一临界车速时,所需的前轮转角就会减小到零,这意味着汽车以临界车速行驶时,前轮只要有微小的转角,汽车就会以很小的半径绕瞬时转向中心高速转向,而且如果前轮不能及时回正,转向半径会越来越小,将导致汽车失去稳定性。具有中性转向特性的汽车转向时对车速不敏感,具有适度不足转向特性的汽车才有良好的操纵稳定性。

三、汽车直线行驶的稳定性

影响汽车直线行驶操纵稳定性的因素主要有转向轮的振动、转向轮的定位和轮胎侧偏。

转向轮振动的产生原因主要是路面不平和车轮不平衡等,改造道路条件、保持车轮动平衡是防止车轮振动的有效措施。在使用中,应特别注意车轮的平衡问题,必要时应对车轮进行动平衡试验,消除不平衡因素。

合理选择转向轮定位参数,在充分考虑转向轻便和轮胎侧偏影响的前提下,保证转向轮有足够的自动回正能力。

适当减小转向轮的侧偏刚度,不仅可以增强转向轮的自动回正能力,而且有利于使汽车具有适度的不足转向特性,对提高汽车直线行驶时的操纵稳定性具有积极的意义。

四、汽车的操纵轻便性

汽车的操纵轻便性主要影响驾驶人在工作中的疲劳强度,它取决于单位行驶里程内的操纵作业次数、所需的操纵力和操纵行程。

驾驶人在工作中的主要操纵作业包括离合器踏板操纵、制动踏板和手柄操纵、加速踏板操纵、换挡操纵和转向盘操纵。

驾驶人在单位行驶里程(100km)内完成各项操纵作业的次数,受汽车结构、道路条件、行驶环境等因素的影响很大,难以用统计数字进行比较,一般根据汽车相关装置的结构进行分析评价,如带同步器的变速器比无同步器的变速器换挡时踩离合器的次数少等。

驾驶人完成各项操纵作业所需的操纵力和操纵行程主要取决于操纵机构的结构,具体的操纵力和操纵行程可用仪器测量。

1. 对离合器踏板操纵、制动踏板和手柄操纵、转向盘操纵一般要求

(1)离合器踏板操纵:轿车离合器踏板操纵力一般不大于150N,其他车辆操纵力不大于250N;离合器踏板行程一般为80~150mm,最大不超过180mm。

（2）制动踏板和手柄操纵：紧急制动的次数约占制动总次数的5%~10%，所以紧急制动时所需的最大操纵力允许值较大，各国法规规定的最大操纵力一般为500~700N；实际车辆紧急制动时的最大操纵力，轿车一般为200~350N，其他车辆一般为350~550N；制动踏板行程，轿车一般不大于100~150mm，其他车辆一般不大于150mm；驻车制动手柄的最大操纵力一般为400N，最大行程一般不大于160mm。

（3）转向盘操纵：汽车转向时，施加在转向盘上的手力，轿车一般不大于200N，中型载货汽车和客车一般不大于360N，重型载货汽车一般不大于450N；转向盘转动总圈数，轿车一般不大于3.6圈，不装动力转向的重型载货汽车一般不大于7圈。

2. 提高汽车操纵轻便性的措施主要是改进汽车结构

（1）提高汽车动力性，完善传动系统结构。

通过对发动机和传动系统的改进和优化，提高汽车的动力性，从而提高汽车的通过能力和克服各种行驶阻力的能力，在机械变速器上装用同步器，用自动变速器取代机械变速器，均可在相同的使用条件下，有效减少对离合器和换挡的操纵次数，从而减轻驾驶人的疲劳强度。

（2）用液压或气压传动取代机械传动。

用液压传动或气压传动代替机械传动，不仅可以减少传动损失，而且在转向、制动和离合器传动机构中采用的液压或气压传动装置，均有助力作用，可使驾驶人能轻松地完成各项操纵作业。

（3）电子控制技术的应用。

近年来，电子控制技术在汽车上的广泛应用，对提高汽车的操纵轻便性也起到了积极作用，如巡航控制系统、电控节气门系统的应用，使驾驶人在长途行驶中，只要道路条件和交通条件允许，即可通过简单的操纵使汽车进入巡航控制模式，驾驶人只需控制汽车的行驶方向，而不需操纵加速踏板和制动踏板，汽车就能以设定的车速自动行驶。此外防抱死制动系统在汽车上的应用，不仅提高了汽车的制动性，同时使相同条件下的制动距离和时间缩短，从而减轻了驾驶人制动操纵的疲劳强度。

应当注意：不能为了提高汽车的操纵轻便性，过分减小驾驶操纵所需的力，否则，会使驾驶人失去踏板感，又称路感。

第五节　汽车的舒适性

汽车的舒适性是指汽车行驶中，保证货物不受损坏或乘客乘坐舒适的能力。它是汽车的综合使用性能。

一、汽车行驶的平顺性

汽车是一个复杂的振动系统。在汽车行驶过程中，由于路面不平引起的冲击、加速或减速时的惯性力，发动机和传动轴的振动等，都会引起汽车振动。当汽车的振动达到一定程度时，将对乘客或货物的安全带来不利的影响，还会使汽车的使用寿命降低、操纵稳定性下降、行驶速度的发挥受到限制。

汽车行驶的平顺性是指汽车行驶时的隔振能力,主要研究汽车振动对人的生理反应(疲劳和舒适)和所载货物完整性的影响。

汽车行驶平顺性的评价,一般是根据人体对振动的生理反应来制定的。常用汽车车身振动的固有频率和振动加速度均方根值,评价汽车行驶的平顺性。

试验表明,为了保持汽车具有良好的行驶平顺性,车身振动的固有频率应为人体所习惯的步行时,身体上、下运动的频率,它约为 60~80 次/min(1~1.6Hz),振动加速度的极限值在 $(0.2~0.3)g$ 的范围内。对载货汽车,为了保证运输货物的完整性,车身振动加速度也不宜过大,其极限值一般在 $(0.6~0.7)g$ 范围内;如果车身振动加速度达到 $1g$,未经固定的货物,就有可能离开车厢底板。

汽车行驶平顺性的另外一种评价是感觉评价,感觉评价是指根据乘客的主观感觉,对汽车行驶的平顺性进行评价。平顺性的评价指标与感觉评价结果存在误差,由于汽车行驶平顺性的好坏最终是反映在人的感觉上,所以感觉评价是平顺性的最终评价。

二、汽车的噪声

噪声指人们不希望听到的声音。各种调查和测量结果表明,汽车噪声是目前城市环境中最主要的噪声源。因此,控制汽车的噪声污染越来越引起人们的重视。

噪声通常不会对人的身体健康立即产生直接影响,但噪声高于 70dB(A) 时,会使人心情不安、烦躁、疲倦、工作效率下降和语言、通信困难等,从而严重影响人们的正常学习、工作和生活;长时期处于噪声环境的人,还会引发心脏病、胃病和神经官能症,甚至出现听力下降或损伤等。

汽车噪声主要来源于发动机、传动系统、轮胎和车身。此外,汽车噪声还包括制动噪声、储气筒放气声、喇叭声以及各种专用车辆上动力装置噪声等,但由于这些噪声是不连续的,因此不是汽车的主要噪声源。

汽车噪声的强弱不仅与汽车的结构类型密切相关,还受使用过程中的技术状况、行驶车速、发动机转速、荷载以及道路条件的影响。

1. 发动机噪声及控制

发动机噪声是汽车的主要噪声源。我国轿车车外加速噪声中,发动机噪声约占 55%;在大、中型汽车车外加速噪声中,发动机噪声约占 65%。发动机噪声包括燃烧噪声、机械噪声、进气噪声、排气噪声、风扇噪声等。

(1) 燃烧噪声。

燃烧噪声是因可燃混合气在汽缸内燃烧时,缸内压力急剧变化而产生的。

在汽油发动机正常燃烧时的燃烧噪声比较小,但发生爆震或表面点火不正常燃烧时,就会产生很大噪声。因此,汽油机燃烧噪声的控制措施主要是:选择合适牌号的汽油,适当推迟点火正时,及时清除燃烧室积炭等,以防止不正常燃烧现象的产生。

燃烧噪声是柴油发动机的主要噪声源。柴油发动机燃烧噪声比汽油发动机大,主要原因是燃烧时压力增长率高,而压力增长率取决于着火延迟期内形成的混合气数量。因此,控制柴油发动机着火延迟期内形成的混合气数量,以降低燃烧时的压力增长率是控制柴油发动机燃烧噪声的根本措施,具体包括适当延迟喷油正时、提高压缩比、选用十六烷值高的柴油、改进燃烧室结构、采用增压技术和提高废气再循环率等。

(2) 机械噪声。

机械噪声主要是在发动机运转过程中,相对运动零件之间相互摩擦或相互撞击所发出的声响。

机械噪声在很大程度上取决于发动机转速,是汽油发动机的主要噪声源。控制发动机的机械噪声的结构措施主要是:尽量减轻运动件的质量,以减小惯性力,并在满足装配和使用要求的前提下,尽量减少零件间的配合间隙;在使用中,定期维护和及时修理,保证配合零件之间的间隙正常和润滑可靠。

(3) 进、排气噪声。

进、排气噪声是发动机在进、排气过程中,由于气体流动和气体压力波动引起振动而产生的噪声。

进、排气噪声随发动机负荷和转速的不同而变化,是发动机的主要噪声源,也是易于采取降噪措施的对象。控制进气噪声主要有两方面的措施:一是改进空气滤清器结构,尽量加大空气滤清器的长度和断面,以增大空气滤清器的容积,并保持空气滤清器清洁;二是采用进气消声器。发动机排气噪声的控制也可从两方面采取措施:一是改进排气系统的结构,如减少断面突变、弯道处采用较大的过渡圆角、降低管内壁面粗糙度、减小排气门杆直径等;二是采用排气消声器和减小排气歧管传来的结构振动。

(4) 风扇噪声。

风扇噪声主要是由于叶片切割空气并使周围空气产生涡流,引起周围空气压力的波动而产生的噪声,此外还有因机械振动引起的噪声。

风扇噪声是汽车的最大噪声源之一。尤其是近年来,由于空调系统和排气净化装置等在汽车上的应用,使发动机罩内温度上升,冷却风扇负荷加大,风扇噪声更为严重。风扇噪声主要与发动机的转速有关。

控制风扇噪声的主要措施有:改进风扇结构,包括叶片形状、角度和材料;合理选择风扇与散热器之间的距离;采用电子风扇或装用风扇离合器,以便在不需要风扇工作时,减少发动机的噪声源。

2. 传动系统噪声及控制

传动系统噪声可分为变速器噪声、传动轴噪声和驱动桥噪声。各总成的结构形式、汽车的运行工况(如速度和负荷的大小及变化情况)等都对传动系统噪声有很大影响。变速器噪声是传动系统的主要噪声源,约占传动系统总噪声的 50%~70%。

(1) 变速器噪声。

变速器噪声主要包括齿轮传动噪声、轴承运转噪声,还有发动机通过离合器传递给变速器壳的振动噪声。

齿轮传动噪声主要是轮齿进入啮合时的撞击声和轮齿脱离啮合时的摩擦声。控制齿轮传动噪声的主要措施有:合理设计齿轮传动机构,如选择合适的齿轮结构形式、材料和参数等;改进制造工艺,提高齿轮的加工精度;正确安装,以保证啮合间隙正常;选用合适的润滑油,保证润滑可靠。

轴承运转噪声是由于工作中的振动和摩擦而产生的噪声。控制轴承运转噪声的主要措施有:优先选用球轴承;提高轴承制造精度和座圈刚度,以减小滚动体与滚道之间的摩擦和冲击;正确安装,保证合适的轴承间隙和预紧度;改善润滑条件,以减轻摩擦。

除上述控制齿轮噪声和轴承噪声的措施外,控制变速器噪声还应注意对变速器壳体采取隔振、隔声措施。例如:在结构上保证变速器壳体具有足够的刚度,避免共振;提高变速器壳体的密封性,防止齿轮噪声直接向外传递;变速器壳体选用高内阻材料,或在壳体表面涂阻尼材料,提高变速器壳体的隔声效果。

(2)传动轴噪声。

传动轴噪声主要是转速和转矩变化、变速器或驱动桥的振动、传动轴本身的不平衡等引起的传动轴振动噪声。

控制传动轴噪声的措施主要有:提高传动轴的刚度,保证传动轴的平衡;控制万向节最大允许夹角,最好采用等速万向节,消除传动轴工作时转速和转矩的波动;在使用中,保证传动轴各配合间隙正常,保证各润滑点润滑可靠;在中间支承与吊耳间采取隔振措施,阻止传动轴振动通过中间支承向车身的传播。

(3)驱动桥噪声。

驱动桥主要组成零件是齿轮和轴承,所以驱动桥噪声与变速器噪声有很多相似之处,也包括齿轮传动噪声、轴承运转噪声和机械振动噪声。

由于驱动桥质量为非悬挂质量,受路面不平、驱动力和制动力的影响,会产生强烈的弯曲振动或扭转振动,所以在驱动桥噪声中,机械振动噪声占的比例比变速器大。为控制驱动桥的振动噪声,在结构上应保证驱动桥有足够的弯曲刚度和扭转刚度。

3.轮胎噪声及控制

轮胎直接发出的噪声包括:轮胎花纹噪声、道路噪声、弹性振动噪声和空气噪声。

(1)轮胎花纹噪声是轮胎噪声的主要组成部分。它是指汽车行驶时,因轮胎花纹槽内的空气在接触地面时被挤压,并有规则地排出,从而引起周围空气压力变化而产生的噪声。

(2)道路噪声是指汽车在路面上行驶时,由于路面凹坑内的空气受挤压并排出而产生的噪声,其噪声产生机理与轮胎花纹噪声相同,均是由轮胎和路面相互作用而产生的。

(3)弹性振动噪声是由于轮胎不平衡、胎面花纹刚度变化或路面凹凸不平等原因激发轮胎振动而产生的噪声。

(4)空气噪声是指由于轮胎搅动周围空气而产生的噪声。

影响轮胎噪声的因素很多,最大的影响因素是轮胎花纹和路面状况。控制轮胎噪声的措施主要有:合理设计并合理选用轮胎结构和花纹类型;改善道路条件,使路面保持合适的粗糙度;在使用中,使轮胎保持正常气压,并控制汽车行驶速度和加速度。

4.车身噪声及控制

车身噪声主要由两部分组成:一是车身振动噪声,二是空气与车身之间撞击和摩擦而产生的噪声。

控制车身噪声的措施主要有:提高车身刚度,以降低振动引起的噪声;采用流线型好的车身外形,并保持车身外表光洁,减少车外凸出物的数量和尺寸,以降低空气与车身之间撞击和摩擦而产生的噪声。

三、汽车的内部环境

驾乘人员的乘坐舒适性可由人对车内环境的感觉和反应来评价,汽车的内部环境是影响汽车舒适性的直接因素,也是重要因素。

汽车的内部环境是汽车豪华程度的重要标志之一。改善车内环境,不仅是提高驾乘人员乘坐舒适性的手段,也是提高市场竞争力的重要手段,但同时也会使汽车的成本和价格升高。

汽车的内部环境主要包括空气环境、噪声环境和车内设施。

1. 车内空气环境

保持车内空气适宜的温度、湿度和清新度,是改善汽车内部环境、提高乘坐舒适性重要措施。目前,改善车内空气环境的主要手段就是装用汽车空调。

汽车空调的基本功能就是为改善车内驾乘人员的舒适性,将车内封闭空间的空气环境调整到人体最适宜的状态,具体功能包括以下几个方面。

(1) 利用暖风和冷气装置,使车内保持适宜的温度。

(2) 利用除湿和加湿装置,使车内保持适宜的湿度。

(3) 利用送风装置,使车内保持适宜的气体流动。

(4) 利用通风装置和空气净化装置,保持车内空气的清洁。

(5) 利用除霜(除雾)装置,防止风窗玻璃结霜,保证驾乘人员视野清晰。

近年来,城市雾霾天气频繁出现,人们对空气质量的关注度越来越高。随着私家车的普及,车内空气环境对人体健康的影响日益受到人们的重视。越来越多的汽车制造商注意到这一点,纷纷推出了空气净化系统。沃尔沃是最早关注车内空气质量安全的汽车品牌之一,早在2001年便成立了专门的车内空气管理部门,沃尔沃研发的IAQS车内空气质量控制系统,采用了高效的多重过滤系统,从PM0.1开始过滤,PM2.5颗粒物过滤能力达到95%以上,彻底隔绝尾气颗粒、道路扬尘、花粉孢子等。

2. 车内噪声环境

车内噪声也是影响车内驾乘人员舒适性的重要因素之一。控制车内噪声首先应控制发动机噪声、传动系统噪声、轮胎噪声和车身噪声,此外,采取隔振、隔声和密封等措施隔绝噪声传播途径,选用吸声性能好的汽车内部装饰材料,对降低车身内部噪声、改善汽车内部环境也非常重要。

3. 车内设施

汽车内部设施主要包括座椅、装饰和日常生活设施。

驾乘人员的乘坐舒适性很大程度上取决于座椅的布置和结构。座椅的高度、宽度、深度、倾斜度和座间距等应符合人体工程学的要求,采用可调座椅能满足不同驾乘人员的需求,是提高乘坐舒适性的有效措施。

汽车的内部装饰会影响驾乘人员乘车时的心理反应,颜色协调、布置典雅的内部装饰,给人以美感,对改观车内驾乘人员的感觉评价有积极作用。

齐备的日常生活设施,也是改善汽车内部环境、提高汽车舒适性的重要途径。提高舒适性的日常生活设施主要有:钟表、音响、电视、通信设备、烟灰盒、点烟器、卧具和厕所等。

第六节　汽车的通过性

汽车的通过性又称汽车的越野性,它是指汽车在一定的载质量下能以足够高的平均行驶速度通过坏路或无路地带及克服各种障碍物的能力。无路条件主要指松软的土壤、沙漠、雪地和沼泽等,坏路主要指坎坷不平的路面、纵坡或横坡较大的路面、有台阶或壕沟等障碍物的路面。汽车在无路或坏路条件下行驶时,其运输工作效率越高,说明汽车的通过性越好。

汽车的通过性,对经常越野行驶的军用车辆和矿用车辆等非常重要。

一、通过性的评价指标

汽车通过性的评价指标可分两大类:一是结构参数,二是支承与牵引参数。结构参数主要用于评价汽车在坏路条件下通过各种障碍物的能力,支承与牵引参数主要用于评价汽车在无路条件下的行驶能力。

1. 结构参数

汽车通过各种障碍物时,如果汽车与障碍物之间的间隙不足,会导致汽车被障碍物刮碰而损坏,甚至出现汽车被顶起(汽车下部与障碍物接触)、触头(汽车前部与障碍物接触)、托尾(汽车后部与障碍物接触)、夹住(汽车两侧或上部与障碍物接触)而无法通过的现象,通常将这种现象称为间隙失效。

各种障碍物的特点不同,表征汽车通过这些障碍物的结构参数也不同,主要包括最小离地间隙、接近角、离去角、纵向通过角、最小转弯半径等。

2. 驱动与牵引参数

影响汽车通过性的驱动与牵引参数主要有最大动力因数、轮胎接地压强、驱动轮附着重量、前后轮迹重合系数等。

二、提高通过性的措施

1. 结构措施

影响汽车通过性的结构因素很多,但主要是与驱动力和结构参数有关的结构因素。

1) 合理选择汽车的结构参数

在设计汽车时,必须合理选择汽车的结构参数,如汽车的轴距、总高、总宽、车轮半径等,以保证汽车具有足够大的最小离地间隙、接近角、离去角、纵向通过角和足够小的最小转弯半径、最大通道宽度,从而提高汽车的通过性。

2) 提高最大动力因数

在结构上,可采取选用动力性好的发动机、适当增大传动系统的传动比等措施,来提高汽车的最大动力因数,以提高汽车克服行驶阻力的能力,从而提高汽车的通过性。

3) 采用液力传动

在汽车上装用液力变矩器或液力耦合器,可以提高汽车在松软路面上的通过能力。与装用机械传动装置相比,在汽车起步时,采用液力传动可使驱动轮的转矩增加缓慢且平稳,并使其对路面产生的冲击减轻,可避免因土壤表层被破坏而导致的附着系数下降,也可避免因土壤被破坏而导致的车轮下陷,从而使附着力提高、滚动阻力减小,汽车的通过性提高。此外,采用机械传动的汽车在坏路面上行驶时,由于车速低,惯性力小,常因换挡时动力中断而停车,重新起步又因驱动轮对路面冲击大而起步困难。而采用液力传动的汽车,不需换挡就可自动变速变扭,可在较长时间内以低速稳定行驶,避免了上述问题的发生,从而使汽车的通过性提高。

4) 改进差速器结构

汽车转弯行驶时,为保证左右驱动车轮能以不同的角速度旋转,汽车传动系统中安装了差速器。由于普通齿轮式差速器具有在驱动轮间平均分配转矩的特性,当某一驱动车轮陷入附着系数较小的路面(如泥泞或冰雪路面)上时,为防止该驱动轮滑转,另一侧车轮的驱动力也会受到同样小的附着力限制,因此会大大降低汽车的通过性。

采用差速器强制锁止装置(差速锁),当左右驱动轮上的附着系数相差较大(如一侧打滑)时,可使附着系数较大一侧(不打滑的一侧)的车轮获得更大的转矩,从而提高汽车的通过性。

5) 采用驱动防滑技术

目前,汽车主要运用汽车驱动防滑系统(简称 ASR),确保汽车在驱动过程中保持方向稳定性和转向操纵能力及加速性能等。ASR 是防抱死制动系统(ABS)功能的自然扩展,两者都是用来控制车轮相对地面的滑动。但 ABS 是控制汽车制动时车轮的"拖滑"和保持汽车在制动过程中能够改变行驶方向,主要用来提高制动效果和保证制动时的安全;而 ASR 是控制车轮的"滑转",用于提高汽车起步、加速及在湿滑路面上行驶时的牵引力并确保行驶的稳定性。

车身电子稳定系统(简称 ESP)是汽车防滑的先进装置。ESP 是 ABS、ASR 这两种系统在功能上的延伸,ESP 能够探测和分析车况并纠正驾驶错误,对过度转向或不足转向很敏感。当传感器感觉到不良滑动时,会迅速制动车轮使其恢复附着力,产生相反的转矩而使汽车保持在原来的车道上。ESP 包含转向传感器、车轮传感器、侧滑传感器、横向加速度传感器。控制单元通过传感器信号对车辆的运行状态进行判断,进而发出控制指令。随着计算机技术和现代控制技术的发展,汽车防滑控制技术将向性能更完善的方向发展,以使汽车的安全性、操纵性、经济性和舒适性更佳。

2. 使用措施

行驶车速较高或车速变化时,会加重轮胎对路面的冲击,在松软路面上行驶就存在由于土壤遭破坏,使附着系数下降、滚动阻力增加的可能。因此,在坏路面上行驶时,以较低的车速匀速行驶,可提高汽车的通过性。

1) 正确选用轮胎

轮胎花纹对附着系数有很大影响。正确地选择轮胎花纹,对提高汽车在一定类型地面上的通过性有很大作用。越野汽车的轮胎具有宽而深的花纹,当汽车在湿路面上行驶时,由于只有花纹的凸起部分与地面接触,使轮胎对地面有较高的单位压力,足以挤出水层;而在松软地面上行驶时,轮胎下陷,嵌入土壤的花纹凸起的数目增加,与地面接触面积及土壤剪切面积都增加,故同样能保证有较好的附着性能。

在表面滑溜泥泞而底层坚实的道路上,选用带防滑钉的轮胎或在轮胎上套防滑链,相当于在轮胎上增加了一层高而稀的花纹,可有效提高汽车的通过性。

在松软路面上选用径向刚度较小的轮胎,可减小轮胎接地压强,增大接地面积,使汽车的通过性提高。

2)适当调整轮胎气压

在松软路面上行驶的汽车,应相应降低轮胎的气压,以增大轮胎接地面积,减小轮胎接地压强,有利于提高汽车的通过性。但在硬路面上行驶时降低轮胎气压,轮胎变形引起的滚动阻力会增大,而且会因轮胎变形过大而降低其使用寿命。

为提高汽车通过松软路面的能力,同时在硬路面上行驶时又不致引起过大的滚动阻力和影响轮胎寿命,可装用轮胎中央充气系统,使驾驶人能根据道路情况,随时调节轮胎气压。

3)正确驾驶

正确的驾驶方法也可提高汽车通过性。在通过沙地、泥泞、雪地等松软地面时,应该用低速挡,以保证车辆有较大的驱动力和较低的行驶速度。在行驶中应尽量避免换挡、加速或制动,并保持直线行驶,因为转弯时将引起前后轮辙不重合,增加滚动阻力。

车轮表面的泥土,会使附着系数降低。遇到这种情况,驾驶人应适当提高车速,将车轮上的泥土甩掉。当汽车传动系统装有差速锁时,应在进入有可能使车轮滑转的路面前,就将差速器锁住。因为车轮一旦滑转后,土壤表面就会被破坏,附着系数下降,车轮也会下陷,再锁住差速器,其作用也会降低。

此外,为了提高越野汽车的涉水能力,应注意发动机的分电器总成、火花塞、曲轴箱通气口等的密封问题,并尽量提高空气滤清器和排气管口的位置。

第四章 世界著名汽车公司及其商标

世界五彩缤纷,绚丽多姿,人们的追求目标也是各放异彩的,制造汽车、设计商标的策划者们总是想独领风骚。车标就是随着汽车生产和销售的发展而产生的。车标,顾名思义,就是汽车的标记,也可喻为汽车的身份证或汽车的艺术名片。它装饰在汽车头部和车辆其他明显部位上,不仅对汽车的造型具有装饰美化的作用,还在向人们炫耀着公司和汽车辉煌的历史。它如汽车文化乐章中精彩的音符,伴随着飞转的车轮,谱写着一段段动人的旋律。它将人们带进了汽车发展的知识殿堂。

汽车商标是艺术性和象征性的统一。浏览世界各国的汽车商标,汽车设计大师们那巧夺天工的技艺和那独具匠心的设计令人叹为观止。每个不同的汽车品牌,都有一段传奇的故事,它通常以创始人的姓名、所在地的城徽、象征性的动物或其他不同寓意的图案,在讲述汽车百余年的历史风云,耐人寻味,令人感慨万分。

第一节 德国的著名汽车公司及其商标

一、戴姆勒—奔驰汽车公司及其商标

1883年10月1日,本茨创建了奔驰公司和莱茵煤气发动机厂,这就是后来奔驰汽车公司的前身。1890年11月28日,戴姆勒创建了戴姆勒发动机公司。

戴姆勒—奔驰汽车公司是由本茨和戴姆勒两个人分别创立的两家公司合并而成的,该公司的名称也是由两家公司的创始人戴姆勒和本茨的名字组合而成。戴姆勒—奔驰公司是德国最大的工业集团和跨国公司,所产轿车以戴姆勒朋友的女儿梅塞德斯(Mercedes)的名字命名。载货汽车和客车名叫奔驰。奔驰的技术、工艺和质量是全球最高的。为纪念本茨的功绩,世界上第一辆汽车取名为发明者之名的谐音——奔驰,奔驰是汽车第一品牌。

1898年戴姆勒公司制造出世界上第一辆载货汽车,为汽车走向专业化开创了先例。1926年6月29日,戴姆勒公司与奔驰公司正式合并,成立了戴姆勒—奔驰汽车公司,成为强强联合的首创者,本部设在斯图加特。1998年11月12日,戴姆勒—奔驰汽车公司和克莱斯勒汽车公司联合成立了戴姆勒—克莱斯勒汽车公司。

1909年奔驰汽车公司设计了一个用代表吉祥、胜利的月桂枝围绕着BENZ字样的圆形图徽作为它的汽车商标。1909年戴姆勒公司把表达戴姆勒在陆海空三个领域实现机动化夙愿的三叉星注册为正式商标。1916年戴姆勒汽车公司将艾米尔·耶利内克女儿的名字Mercedes和三叉星合并形成一个新的商标。1926年6月29日戴姆勒与奔驰联手后,将两者的标志结合起来,用本茨的月桂枝围绕着戴姆勒的三叉星,MERCEDES的字样在上面,BENZ的字样在下面(图4-1)。现在该公司标志以及汽车散热器上的立体图案是简化了形似转向

盘的一个环形圆围着三叉星（图 4-2），并以月桂枝包围着 MERCEDES、BENZ 的圆盘为底座。三叉星表示在陆海空领域全方位的机动性，环形图显示其营销全球的发展势头。奔腾飞跃，驰骋千里，充满活人动感，这正是对梅塞德斯—奔驰汽车的最佳写照。

戴姆勒—奔驰——陆海空全方位的三叉星。

图 4-1　早年的戴姆勒—奔驰汽车公司的汽车商标（1926 年）

图 4-2　现在的戴姆勒—奔驰汽车公司的汽车商标

二、大众汽车公司及其商标

德国大众汽车公司建于 1937 年 5 月 28 日，是德国最大的汽车生产集团，目前汽车产量居世界第五位。创建人是费迪南德·波尔舍。集团目前拥有十大著名汽车品牌：大众汽车、奥迪、兰博基尼、宾利、布加迪、西雅特、斯柯达、大众汽车商用车、保时捷，其中既有小型轿车和豪华轿车，也有客车和载货汽车。大众公司包括德国本土的大众汽车公司和设在美国、墨西哥、巴西、阿根廷、南非等地的六个子公司。1937 年 5 月 28 日在柏林成立了大众开发公司，同年 9 月 16 日更名为大众股份有限公司。1938 年大众汽车新厂在沃尔斯堡奠基，由波尔舍主持建设，并于 1939 年落成。1982 年，大众汽车公司与中国签订了在上海合资生产桑塔纳轿车的协议。1985 年，上海大众汽车有限公司成立，开始生产上海桑塔纳轿车。1995 年 4 月，上海大众推出桑塔纳 2000 型轿车。此外，1990 年 11 月，一汽大众汽车有限公司成立。

图 4-3　大众汽车公司汽车商标

1. 大众商标

大众汽车公司汽车商标（图 4-3），图案简洁、大方、明了。Volk 是德语，意思为人民、民族。Wagen 是英语，指车。标志中的 VW 是 Volks Wagenwerk 的缩写，表示人民的车、老百姓的车，这是公司创建时的宗旨，因此，它既是公司标志，也是汽车商标。

大众——圆圈中的 VW。

2. 桑塔纳车名

桑塔纳车名来自美国加利福尼亚州一个盛产名贵葡萄酒的桑塔纳山谷。该山谷中经常刮强劲、凛冽的旋风，人们称之为桑塔纳。大众汽车公司偏爱采用各种风的名称，因此取车名为桑塔纳。这也许是他们希望自己生产的汽车像旋风一样刮遍全球，席卷世界。这种汽车果真如他们所期望的一样，像旋风般风靡世界。

桑塔纳——强劲、凛冽的著名旋风。

三、奥迪汽车公司及其商标

奥迪汽车公司建于 1932 年，由奥迪、霍希、汪达尔、DKW 四家德国汽车公司联合而成，当时叫做汽车联盟公司。

四家公司中,影响最大的是霍希公司和奥迪公司。值得一提的是,这两家公司均由奥古斯特·霍希(Horch)建立。1899年,在科隆与别人合股建立了霍希汽车公司。正当公司日益壮大之时,他却在1909年被排挤出公司。1910年,他又新建了一家霍希汽车公司,遭到原霍希汽车公司的投诉,被法院裁定必须更名。这时霍希想出了一个解决问题的巧妙办法。原来他的名字Horch(霍希)在德语中是"听"的意思,译成拉丁文就是Audi(奥迪),于是他把新公司命名为奥迪汽车公司。

1932年,奥迪、霍希、汪达尔、DKW四家公司联合,组成了汽车联盟公司。1958年,汽车联盟公司被奔驰公司收购;1964年,又被转卖给大众汽车公司;1969年,大众集团买下德国纳苏汽车公司,汽车联盟公司改称为奥迪纳苏汽车联盟公司,1985年又更名为奥迪汽车公司。

1988年10月1日,德国大众汽车公司在中国与一汽合作,开始在中国生产奥迪等型轿车。

奥迪汽车公司的商标采用了Audi字样(图4-4)。

早在汽车联盟公司时,该公司就选择象征着四家汽车公司紧密联合的四连环图案作为汽车的商标,并一直延续了下来。商标由4个半径相等且紧扣着的圆环组成:四圆环表示公司当初由奥迪、霍希、旺达尔、蒸汽动力车辆厂四家公司合并而成;半径相等的四个紧扣连环,象征公司成员平等、互利、协作的亲密关系和奋发向上的敬业精神。

图4-4 奥迪汽车公司的汽车商标

奥迪——兄弟四人紧握手。

四、宝马汽车公司及其商标

1913年德国的佛瑞德·瑞浦在慕尼黑成立了瑞浦发动机公司,专门从事飞机发动机的制造。由于第一次世界大战的原因,公司扩大,1916年改名为巴伐利亚飞机发动机公司。两年后,又改为宝马公司(BMW—Bayerischb Motorbh Werkbag)。从1928年后,转产汽车,其后几十年来几经兴衰。直到1916年后,宝马公司才摆脱了困境,得以顺利发展。宝马公司以豪华车和跑车著名。

宝马汽车公司和汽车商标如图4-5所示。在双圆环的上方标有BMW字样,这是公司全称3个词的首位字母缩写。商标内圆为蓝白两色相间的螺旋桨图案,代表着在蓝天白云和广阔时空旅途中运转不停的螺旋桨。既象征着该公司过去在航空发动机技术方面的领先地位,又象征着公司在广阔的时空旅途中,以先进精湛的科技、最新的观念,满足消费者最大的愿望,反映了宝马公司蓬勃向上的气势与日新月异的面貌。蓝白标记对称图形,同时也是公司所在地德国巴伐利亚州的州徽。

图4-5 宝马汽车公司的汽车商标

此外,宝马为意译,喻义该车犹如骑一匹宝马。世界上有"坐奔驰,开宝马"的说法,表明奔驰的稳重和宝马的豪放。只有驾驶宝马汽车,才能享受到它那痛快淋漓的神奇风采。

宝马——蓝天白云螺旋桨。

五、保时捷汽车公司及其商标(曾译为波尔舍公司 PORSCHE)

保时捷汽车公司成立于1930年,创始人是费迪南德·波尔舍博士。公司总部设在德国斯图加特市。

保时捷汽车公司是一家比较特殊的汽车公司,它既从事保时捷牌超级跑车赛车的设计和生产,也承接其他公司委托的技术研究和设计开发工作。尽管保时捷以其跑车闻名于世,但实际上,保时捷汽车公司的收入大部分来自承接的研究工作。

虽然保时捷汽车公司的主要任务是承接其他公司的设计开发工作,但波尔舍一直把精力集中于大众汽车的开发上,在希特勒上台后,波尔舍的大众汽车终于有了实现的希望。1938年,大众汽车公司建立,专门生产波尔舍博士设计的大众甲壳虫汽车,并由波尔舍博士出任总经理。然而1939年,第二次世界大战爆发,大众汽车公司变成了军工厂,波尔舍博士也被迫转入军用车辆的研制工作。第二次世界大战末期,为逃避盟军的空袭,公司迁往当时已并入德国的奥地利,隐藏在一个山区小镇——格蒙镇。

1945年二战结束后,波尔舍博士被法军逮捕。格蒙镇的保时捷汽车公司由波尔舍之子费利·波尔舍管理。为波尔舍筹集保释金,费利·波尔舍为一个意大利商人设计了西斯塔利亚号赛车。同时,在费利·波尔舍的主持下,公司开始了第一辆波尔舍赛车的设计工作。1947年,波尔舍获释,他对费利·波尔舍的工作给予了赞同和帮助。1948年,第一辆保时捷自己品牌的赛车终于问世了。这就是征服了整个世界达20年之久,为保时捷汽车公司奠定了雄厚的基础的保时捷356赛车。1950年,在费利·波尔舍的主持下,保时捷汽车公司迁回了德国斯图加特市。

1952年,费迪南德·波尔舍去世,但他开创的事业飞速发展。1963年,一种更加诱人的保时捷超级赛车问世了,这就是波尔舍的孙子亚利山大·波尔舍设计的波尔舍911赛车。

图4-6 波尔舍汽车公司的汽车商标

保时捷汽车公司的商标(图4-6)图案最上方是波尔舍的名字(PORSCHE)。由于公司总部设在斯图加特城,所以标志中间部分采用了斯图加特城徽,徽章中间是一匹腾飞的马(表明当地是名马产地)。在历史上,斯图加特早在16世纪就是明马产地。徽章上方是STUTTGART(斯图加特)字样。图案的左上方和右下方是鹿角图案,表明该地曾是狩猎场所。右上方和左下方中红黑相间条纹:黑色代表肥沃的土地,红色象征人们的热情、智慧。右上方和左下方的黄色条纹是成熟麦子的颜色,意味着土地肥沃,年年丰收,勾画了一幅美丽的田园景色。此标志还象征着公司辉煌的过去和美好的未来。

波尔舍——斯图加特城徽。

第二节 美国的著名汽车公司及其商标

一、通用汽车公司及其商标

美国通用汽车公司曾于2009年6月1日进入破产保护程序,进行了为期一个多月的破产重组。2010年11月18日,一年半之前曾被摘牌的美国通用汽车公司重返华尔街。2012年,通用汽车全球汽车销量仅次于丰田汽车集团,排名第二。美国通用汽车公司创建人威廉·杜兰特于1908年9月16日在美国新泽西州以别克汽车公司为核心创建了通用汽车公司,后将公司总部设在底特律市。通用汽车公司不仅是美国三大汽车公司之首,也是世界上最大汽车公司。与福特、克莱斯勒、奔驰等公司创建者不同,杜兰特未用自己的名字命企业名和车名,而以象征性的"通用"品牌为其命名。通用汽车公司在美国拥有凯迪拉克、雪佛兰、别克、旁蒂克、奥兹莫比尔、土星和专门制造载货汽车的GMC 7个部,在欧洲的欧宝、弗克斯豪尔、莲花等公司也是有名的。通用汽车公司的业务遍及世界几十个国家,以其雄厚的实力、跨国的体系、多品种的产品成为世界汽车企业的巨头。通用汽车公司的标志是通用汽车公司(General Motors Corporation)的英文简称,取自其英文名称前两个单词的第一个字母(图4-7)。

图4-7 美国通用汽车公司的标志

1. 凯迪拉克商标

凯迪拉克汽车部的前身是凯迪拉克汽车公司,建立于1902年。创建人是亨利·利兰德。1909年凯迪拉克汽车公司加入了通用汽车公司。

凯迪拉克汽车公司成立时选用凯迪拉克作为公司的名称是为了向法国的皇家贵族、探险家安东尼·门斯·凯迪拉克表示敬意,因为他在1701年建立了底特律城。

凯迪拉克汽车部和汽车商标(图4-8)图形主要有王冠和盾牌组成,上为冠、下为盾,周围为郁金香花瓣构成的花环。王冠象征着凯迪拉克家族的纹章,冠上的7颗珍珠显示出了皇家贵族的尊贵,盾牌象征着凯迪拉克军队的英勇善战。盾牌分为4个等分。第一个和第三个等分是门斯家族的纹章——金底,中间是横穿过的深褐色棒,棒把3只相同的黑鸟分开,两只在上,一只在下。这些没有腿和嘴的黑鸟象征着大胆热情的基督教武士的智慧、富有和完美的品德,鸟为3只代表智慧、富有、品德三位一体。第二个和第四个等分为红色和银色块,也以对角排列,代表凯迪拉克家庭拥有广阔的土地。红色象征着勇猛和大胆;银色表示纯洁、博爱、美德和富有。纵横相接的白杠表示了凯迪拉克家族在十字军战争的遥远战场上更富有骑士般的勇猛。凯迪拉克的盾形纹章表现了底特律城创始人的祖先的勇气和荣誉。商标喻示着凯迪拉克牌汽车的高贵、豪华、气派和潇洒。凯迪拉克骑士们的英勇善战、攻无不克,象征着凯迪拉克汽车具有巨大的市场竞争能力。凯迪拉克汽车部为采用这样一个含义深刻而精制的商标而感到自豪。

图4-8 凯迪拉克汽车部的汽车商标

凯迪拉克——皇家贵族的冠与盾。

2. 雪佛兰商标

雪佛兰汽车部原是密执安雪佛兰汽车公司,建于1911年11月3日,创建人是威廉·杜兰特和瑞士的赛车手、工程师路易斯·雪佛兰。1918年5月雪佛兰公司并入通用汽车公司,雪佛兰汽车部是通用汽车公司的最大分部。雪佛兰汽车部和汽车商标(图4-9)是图案化了的蝴蝶领结,象征着雪佛兰汽车的大方、气派和风度。

3. 别克商标

别克汽车公司建于1903年5月19日，创建人是大卫·别克。但公司建立不久就陷入了困境。詹姆斯·惠廷说服了他在惠林特马车公司的同事们，买下了别克汽车公司，并将其迁往弗林特。后来，很有见识的威廉·杜兰特资助别克汽车50万美元，并于1904年控制了该公司，从此别克汽车公司兴旺起来。1908年9月16日，威廉·杜兰特以别克汽车公司为核心成立了通用汽车公司。别克汽车引以为豪的是在许多方面它居于领先地位，其中包括首创顶置气门发动机、转向信号灯、染色玻璃、自动变速器等。

具有悠久汽车生产史的别克汽车部培育了许多汽车业名人，例如威廉·杜兰特、沃尔特·克莱斯勒、路易斯·雪佛兰等。

别克汽车部和汽车的商标（图4-10）形似三把利剑。三把颜色不同并依次排列不同高度位置上的利剑，给人一种积极进取、不断攀登的感觉；它表示别克部采用顶级技术，刃刃见锋；也表示别克部培养出的人才个个游刃有余，是无坚不摧、勇于登峰的勇士。

别克——三把利剑。

图4-9　雪佛兰汽车部的汽车商标

图4-10　别克汽车部的汽车商标

4. 旁蒂克商标

旁蒂克部原是奥克兰汽车公司，建于1907年8月28日，创建人是爱德华·墨菲。

旁蒂克是一个印第安人酋长的名字，18世纪他曾率部在底特律附近抵抗英法殖民者。为纪念他，把靠近底特律的一座小城命名为旁蒂克市。在这里，有一个年轻的实业家爱德华·墨菲于1893年创办了旁蒂克轻便马车公司。为了生产汽车，墨菲对轻便马车厂进行了改造，并于1907年8月28日建立了奥克兰汽车公司。奥克兰汽车公司的兴旺引起威廉·杜兰特的注意。通过会谈，奥克兰汽车公司于1909年4月9日加入通用汽车公司。自1932年4月6日起正式使用旁蒂克汽车部这一名称，主要生产轿车和跑车。

图4-11　旁蒂克汽车部的汽车商标

旁蒂克商标（图4-11）是带十字标记的箭头。十字形标记表示旁蒂克汽车部是通用汽车公司的成员，也象征着旁蒂克汽车安全可靠。箭头则代表旁蒂克的技术超前和攻关精神。

旁蒂克——带十字标记的箭头。

5. 奥兹莫比尔商标

奥兹莫比尔部原为奥兹汽车公司，由兰塞姆·奥兹于1897年8月21日创建。1904年，奥兹汽车公司成为第一家出口汽车的美国汽车厂商，产品销往18个国家。1908年11月12日奥兹汽车公司并入通用汽车公司，更名为奥兹莫比尔汽车部。

奥兹莫比尔(Oldsmobile)之名是由奥兹(Olds)加上莫比尔(Mobile)得来的。奥兹(Olas)是公司创始人兰塞姆·奥兹的姓,莫比尔(Mobile)在英语中是机动之意,因此奥兹莫比尔代表的意思就是奥兹的机动车。奥兹莫比尔汽车部和汽车商标(图4-12)是:一个红色底面上有一架简化了的飞机,周围绘有白色、黄色花边。飞机图案象征该部积极向上和勇往直前的创新精神,也象征该部的汽车像飞机那样快速而舒适。

图4-12　奥兹莫比尔汽车部的汽车商标

奥兹莫比尔——飞机。

二、福特汽车公司及其商标

1896年6月14日,亨利·福特发明了他的第一辆汽车,1903年6月16日创建了福特汽车公司,总部设在底特律市。它是目前世界上第二大汽车公司,业务遍及世界五大洲。该公司创立初期大量生产普及型轿车。1908年,福特汽车公司生产了著名的T型车,并率先采用了流水线生产方式。福特汽车公司在北美拥有福特和水星—林肯两个分部,还在国外建立了一些分公司和合资公司,其中较大的有英国福特汽车公司、德国福特汽车公司、英国捷豹汽车公司等。福特汽车公司在20世纪90年代收购了英国的阿斯顿·马汀汽车公司和美洲虎汽车公司,1998年购买了瑞典沃尔沃汽车公司的轿车部。

1. 福特商标

福特汽车公司和汽车商标(图4-13)采用福特英文Ford字样,形似小白兔。福特十分喜爱动物,1911年,商标设计者为了迎合福特的嗜好,将英文Ford设计成形似奔跑的小白兔形象。犹如在温馨的大自然中,一只充满活泼可爱的小白兔正在向前飞奔,象征福特汽车飞奔世界各地,令人爱不释手。

2. 林肯商标

林肯汽车公司是由亨利·利兰德于1917年8月创建的,当时他已74岁。于1919年底在林肯汽车公司造出了样车,并以美国第16任总统林肯的名字给汽车命名。1922年2月4日,福特收购了林肯汽车公司,成为福特汽车公司林肯分部。1949年,福特汽车公司把林肯汽车分部和水星汽车分部合并为水星——林肯分部。福特林肯是美国豪华轿车的品牌,它是地位、财富的象征。美国总统柯立芝、胡佛、罗斯福、杜鲁门、艾森豪威尔、肯尼迪、约翰逊、尼克松福特、卡特、里根、布什、克林顿都乘坐林肯牌轿车。

林肯汽车商标(图4-14)是一颗闪闪发光的辰星和一个近似矩形的外框组成的图案,表示林肯总统是美国联邦统一和废除奴隶制度的启明星,也喻示着林肯牌轿车具有光辉灿烂的明天。

林肯——启明之星。

图4-13　福特汽车公司的汽车商标　　图4-14　林肯汽车部的汽车商标

三、克莱斯勒汽车公司及其商标

克莱斯勒汽车公司目前是美国第三大汽车公司,总部设在底特律市。公司名称源于其创始人沃尔特·克莱斯勒。克莱斯勒汽车公司的前身是1907年建立的马克斯威尔汽车公司。1925年,沃尔特·克莱斯勒买下了该公司,更名为克莱斯勒汽车公司;1929年成为美国第三大汽车公司;1933—1949年曾超过福特汽车公司,升至美国第二大汽车公司。从20世纪50年代开始走下坡路,曾两度濒于破产,由于美国政府的干预,克莱斯勒汽车公司才得以生存下来,而后又迅速壮大。克莱斯勒汽车公司拥有顺风、道奇和鹰·吉普部。克莱斯勒汽车公司于1998年11月12日与德国的戴姆勒—奔驰公司合并为戴姆勒—克莱斯勒汽车公司(简称戴克公司)。2007年,克莱斯勒脱离戴姆勒—奔驰单飞。2009年7月24日,欧盟委员会批准意大利菲亚特汽车公司收购美国克莱斯勒汽车公司。

1. 克莱斯勒汽车公司和汽车商标

克莱斯勒汽车公司的汽车商标(图4-15)像一枚五角星勋章,"勋章"的五个黑色部分表示五大洲(亚、非、欧、美、澳)都在使用克莱斯勒汽车公司的汽车,克莱斯勒汽车遍及全世界。当戴姆勒—奔驰集团与克莱斯勒集团合并后,该商标就不再作为克莱斯勒集团的企业标志出现,克莱斯勒品牌产品也全部使用带有飞翼的克莱斯勒品牌标志(图4-16)。

图4-15 克莱斯勒汽车公司旧五角星标志

图4-16 克莱斯勒汽车公司新飞翔标志

2. 鹰·吉普部商标

鹰·吉普部是克莱斯勒汽车公司专门生产轻型越野汽车的分部。它是克莱斯勒汽车公司接收美国汽车公司后,于1980年成立的子公司,是世界上最大的越野汽车制造厂。

鹰·吉普部的商标(图4-17)是一只鹰。"雄鹰展翅,直上云霄""暴风骤雨,鹰击长空",表示该部具有雄鹰的品质,迎风斗险,勇攀技术高峰。

鹰·吉普——雄鹰一般的越野汽车。

3. 吉普汽车商标

1937年,美国画家斯格在他的连环画中,画了一种叫做"吉普尤金"的似犬非犬的奇怪动物,会发出"吉普、吉普"的怪叫。美国士兵对军用车的名字就应用了漫画中这种动物的名字吉普(Jeep)。后来,吉普(图4-18)正式作为一种轻型越野汽车的商标。

图4-17 鹰·吉普部商标

图4-18 吉普商标

第三节　日本的著名汽车公司及其商标

一、丰田汽车公司及其商标

丰田汽车公司是日本最大的汽车公司，总部设在日本东京，创立于1933年，现已发展成为以汽车生产为主，业务涉及机械、电子、金融等行业的庞大工业集团。

丰田公司早期以制造纺织机械为主。1933年，创始人丰田喜一郎在纺织机械制作所设立汽车部，从而开始了制造汽车的历史。1935年，丰田GI型汽车试制成功，第二年即正式成立汽车工业公司。但在20世纪30年代到40年代，该公司发展缓慢，直到第二次世界大战后，丰田汽车公司才加快了发展步伐。他们通过引进欧美技术，在美国汽车技术专家和管理专家的指导下，很快掌握了先进的汽车生产和管理技术，同时根据日本民族的特点，创造了著名的丰田生产管理模式，并不断加以完善，大大提高了工厂生产效率和产量。丰田汽车在20世纪60年代末便大量进入北美市场。

20世纪70年代是丰田汽车公司飞速发展的黄金时期，进入20世纪80年代以后，它开始发展全面走向世界的策略，先后在美国、英国、东南亚国家等地建立独资或合资企业，并在当地建立汽车研究发展中心，实施当地研发、设计、生产的国际化战略。

丰田汽车公司有很强的技术开发能力，同时十分注重研究顾客对汽车的需求，因而在它发展的各个不同历史阶段创出了不同的品牌产品，而且以快速的产品换型击败欧美竞争对手。

丰田是目前全世界排名第一的汽车生产公司。2012年度共售973万辆车，2013年度生产1010万辆汽车，是第一个达到年产量千万台以上的汽车生产公司。而丰田亦是雷克萨斯、斯巴鲁品牌的母公司及富士重工的最大股东。丰田汽车公司2016年位居《财富》世界500强第8位，排"全球100大最有价值品牌"第5名。2017年6月，WPP和Kantar Millward Brown共同发布的"2017年BrandZ全球最具价值品牌100强"榜单，丰田排名第30。

1. 丰田汽车公司商标

20世纪90年代，丰田汽车公司开始使用新商标。新商标(图4-19)是将三个外形近似的椭圆环巧妙地组合在一起(每个椭圆以两点为圆心绘制的曲线组成)，它象征用户的心与汽车厂家的心是连在一起的，具有相互信赖感，同时使图案具有空间感，并将拼音TOYOTA(丰田)字母置于图形商标之中。大椭圆中的两个椭圆垂直交叉恰好组成一个T字，T字代表丰田汽车公司；大椭圆表示地球，中间的T字与外面的椭圆重叠，使T字最大限度地占据了椭圆空间，喻示丰田汽车走向世界。橄榄形底座，厚重而又稳固，外表尽显尊贵，整体做工精良。商标富有动感，表示丰田汽车公司在世界上永远发展。该商标内涵正如该公司所解释的：它象征着丰田立足于未来，对未来的信心和雄心；它象征着丰田置身于顾客，对顾客的保证；它象征着丰田的技术之高和革新的潜力。

图4-19　丰田汽车公司的汽车商标

2. 雷克萨斯商标

雷克萨斯(Lexus)部是1983年丰田汽车公司专门在国外销售豪华轿车的一个分部。雷克萨斯车名是丰田花费3.5万美元请美国一家起名公司命名的，因为雷克萨斯(Lexus)的读音与英文豪华(Luxe)一词相近,使人联想到该车是豪华轿车的印象。雷克萨斯汽车和汽车商标(图4-20)采用车名Lexus第一个字母"L"的大写,"L"的外面用一个椭圆包围着的图案。椭圆代表着地球,表示雷克萨斯轿车遍布全世界。

雷克萨斯(曾名为"凌志")——立足于地球上的豪华轿车。

3. 皇冠商标

皇冠(Crown)是丰田汽车公司元町工厂生产的一款外形美观、线条流畅、性能优越的中级轿车,该车于1955年1月开始销售,行销世界各地。皇冠是丰田汽车公司的代表车型之一,被称为丰田汽车公司的旗舰。皇冠轿车的商标(图4-21)是一顶象征王位的皇冠,它象征着该车是日本国产车的王者。

皇冠——王位的象征。

图4-20 雷克萨斯汽车部的汽车商标

图4-21 皇冠汽车商标

二、日产汽车公司及其商标

日产(NISSAN)汽车公司创立于1933年,其前身是日本产业公司与户田铸造公司联合成立的汽车制造股份公司,鲇川义介为公司首任社长。在1934年5月30日,其正式更名为日产汽车公司,日本产业公司接收了户田铸物持有的"日产汽车公司"的全部股份,其总部设在东京,是日本第二大汽车生产厂家。目前,在约20个国家和地区设有汽车制造基地,并在全球160多个国家和地区提供产品和服务。

公司经营范围包括汽车产品和船舶设备的制造、销售及其相关业务,现任总裁兼首席执行官为卡洛斯·戈恩(Carlos Ghosn)。1999年,雷诺与日产汽车公司结成独立的合作伙伴关系,在广泛的领域中展开战略性的合作,日产汽车公司通过联盟将事业区域拓展至全球,其经济规模大幅增长。

日产,是日本产业公司隶属下的汽车制造公司的简称,也是其汽车产品的品牌。日产的经营战略有两大特色:一是浓厚的技术色彩,热衷于技术的创新和采用;二是国际化的设计、生产方针。日产公司先后建立了美国日产汽车创造公司、牛津大学日产研究所、英国日产汽车制造公司、日产北美公司。

1993年中日合资郑州日产汽车公司成立,日产汽车品牌和日产汽车技术开始进入中国。日产开发产品的方针与丰田不同,往往有一种个性化的风格,外观和内部装饰都带点前卫色彩,甚至溶入某些设计师的主观意念,加上偏重操控性,日产车开起来比较令人愉快。所以,日本汽车界一直有"舒适的丰田,操控的日产"之说法。

图4-22 日产汽车公司的汽车商标

目前的日产商标如图4-22所示：圆心中横穿NISSAN字形；红色圆表示太阳，象征东方的旭日和诚心；蓝色的有字横幅代表着贯穿至诚的太阳；中间的白色字母是日语"日产"两字的拼音形式。整个图案表明了日产汽车公司位于"日出之国"的日本，日产的日语读音近似"尼桑"，所以也被音译为"尼桑"。

日产——日出之国的产品。

三、本田汽车公司及其商标

本田（Honda）汽车公司全称为本田技研工业股份有限公司。其前身是本田技术研究所，建于1948年9月，创建人是本田宗一郎。该公司生产的摩托车闻名世界，于1962年开始生产汽车。本田先后建立本田美国公司、本田亚洲公司、本田英国公司。

"人和车，车和环境的协调一致"是本田公司的发展方向；动感、豪华、流畅是本田公司的一贯风格；设计动力澎湃、低耗油、低公害的发动机是本田公司的技术目标；靠先进而实用的设计、卓越的制造质量和相对低廉的价格，吸引更多顾客是本田公司的宗旨。

"H"商标，这个世界著名商标，是本田公司立业之本，是本田公司成功之魂。

本田车名源自1948年本田宗一郎先生创立的本田摩托车公司。"本田"即本田宗一郎先生的姓氏。本田汽车公司商标（图4-23）图案中的"H"字母是"本田"（Honda）的第一个字母。"H"字母外边用方框围着。

"H"（图4-23）还是"本田"汽车和"本田"摩托车的图形商标。1960年，"H"商标首次在S500跑车上使用，"H"商标伴随本田赛车，在1965年墨西哥举办的世界F1汽车大赛上一举夺冠，并在第二年的F2汽车大赛上取得胜利；更令本田辉煌的是，本田赛车在1967年在意大利大奖赛取得了F1冠军。

图4-23 本田汽车公司的汽车商标

1969年，本田公司为突出鹰的形象，使用了纵长的"H"商标。1980年，为了体现本田公司的年轻、技术先进和设计新颖的特点，决定使用形似三弦音箱的"H"商标，该商标把技术创新、团结向上、经营有力、紧张感和轻松感体现得淋漓尽致。

本田——字母H，公司名称的首字母。

四、马自达汽车公司及其商标

马自达汽车公司的前身是创建于1920年的东京软木工业公司，1927年更名为东洋工业公司，总部设在广岛县安芸郡。1931年，正式开始在广岛生产汽车。1982年，公司正式更名为马自达汽车公司。马自达生产的汽车外形给人一种光滑圆润、不带棱角线条的感觉，因而特别受到广大女车迷的青睐。马自达汽车公司的精神是"顾客第一，尊重人性，与国际社会相协调"。

自2000年开始，马自达公司通过实施"新千年计划"，使公司的发展进入了一个新的阶段。2002年开始，马自达公司先后推出了马自达6（MAZDA6）、马自达3（MAZDA3）、马自达2（MAZDA2）、马自达8（MAZDA8）、RX-8、Roadstar和CX-7等一系列车型，在世界各地都取得了不俗的销售业绩。

马自达车名的来历,源自西亚人传说中的神的名字——阿弗拉·马自达(Afure Mazda),象征古代文明,含有聪明、理智、理性和协调之意,代表着古西亚文明的铁器、车轮和家畜。"马自达"的中文意译具有马上自动到达的快速之意。马自达的文字商标(图4-24)是日本"松田"拼音"Mazda"字样(两者发音相同),松田是马自达公司创始人的姓。马自达汽车公司的图案商标是椭圆和火焰。椭圆象征着无限和崇高的创造力,中间的火焰表示挚诚和激情。

马自达公司与福特公司合作之后,采用了新的车标,椭圆中展翅飞翔的海鸥,同时又组成"M"字样。"M"是"MAZDA"第一个大写字母,预示着公司将展翅高飞,以无穷的创意和真诚的服务,迈向新世纪。

图4-24 马自达汽车公司的汽车商标

马自达——椭圆和火焰。

五、五十铃汽车公司及其商标

1916年,东京石川岛造船公司在制造海运船只的同时,开始酝酿由制造海运产品向陆上运输产品拓展,为此着手研制汽车。1918年,东京煤气电气工业公司开始生产A型载货汽车。1937年,东京石川岛造船公司与东京煤气电气工业公司联合成立了东京汽车工业公司,并于1949年改称为日本五十铃汽车公司,总部设在东京。"五十铃"来源于日本五十铃汽车公司所在地伊斯(ISUZU)的五十铃河。

图4-25 五十铃汽车公司的汽车商标

1974年该公司开始采用两根柱子作为主体的商标(图4-25):一根柱子象征着与用户并肩前进的五十铃;另一根柱子象征着与世界各国协作发展的五十铃。这两个含义的商标充分说明了五十铃汽车公司的全球发展意图。

五十铃——生存与发展的两根顶梁柱。

六、三菱汽车公司及其商标

1970年,从日本三菱汽车重工业公司独立出来的日本三菱汽车公司是日本最年轻的汽车公司。三菱的名字源自1870年成立的九十九商会,后改称为三菱商会。1970年,三菱汽车公司正式成立,翌年宣布与美国克莱斯勒公司合并。1986年,三菱汽车公司与克莱斯勒公司在美国伊利诺依州合资创建钻石星汽车公司。三菱汽车公司目前在日本有10个生产厂,2个轿车技术中心和一个载货汽车及大客车技术中心,在国外拥有13个分公司。1980年,三菱汽车公司与中国柳州微型汽车厂合作,将L100微型汽车引入柳州。

日本三菱汽车公司商标(图4-26)上的三个菱形是从几个世纪前的三片树叶演变来的。三片树叶是最初创建三菱汽车公司的Lwasaki家族的徽号。1873年三菱集团的创始人岩崎弥太郎将九十九商会改称为三菱商会时,开始使用三菱商标,1917年商标注册。红色的三菱商标体现了三菱公司的三个原则:承担对社会的共同责任;诚实与公平;通过贸易促进国际谅解与合作。

图4-26 三菱汽车公司的汽车商标

第四节 意大利的著名汽车公司及其商标

一、菲亚特汽车公司及其商标

菲亚特(FIAT)是意大利都灵汽车制造厂(Fabbrica Italiana di Automobila Torino)的缩写,该厂建于1889年,厂址设在都灵市,其创建人是乔瓦尼·阿涅利。1899年更名为菲亚特汽车公司。

经过一个多世纪的发展,菲亚特汽车公司已成为意大利规模最大的汽车公司,不仅汽车产量占意大利汽车总产量的90%以上,而且还控制着阿尔法·罗密欧、兰西亚、法拉利等汽车公司。

菲亚特汽车公司作为超过百年历史的经典品牌一直被视为完美汽车的缔造者,旗下的著名品牌包括:菲亚特、克莱斯勒、Jeep、道奇、法拉利、玛莎拉蒂、阿尔法·罗密欧、蓝旗亚、道奇RAM、SRT、ABARTH、纽荷兰、FIAT PROFESSIONAL等。菲亚特汽车公司拥有这些著名汽车的品牌,被称为意大利的汽车王国。

1999年4月,南京菲亚特汽车公司成立,菲亚特汽车公司首次以合资企业的形式进入中国。2007年12月,与南汽集团的合作关系正式终止。2010年3月,菲亚特汽车公司与广汽集团共同组建广汽菲亚特汽车公司。现在售车型有菲翔、致悦、菲亚特500、菲跃。

图4-27 菲亚特汽车公司的汽车商标

菲亚特汽车公司及其汽车商标几经变迁。自1899开始使用时,最初是盾型。1906年,采用了该厂名中意文4个单词的首字母F.I.A.T。1918年取消字母中所加的标点,写成FIAT。1921年出现圆形FIAT商标。1931年至今使用矩形商标FIAT(图4-27)。

二、阿尔法·罗密欧汽车公司及其商标

阿尔法·罗密欧汽车公司是意大利高级轿车、跑车和赛车的制造厂,建于1910年,总部设在意大利北部工业城市米兰。1910年,一些米兰商人买下了米兰附近日益衰落的法国达拉克汽车公司的装配厂,开始生产普通轿车。公司当时的名字叫伦巴第汽车公司,缩写为ALFA。第一次世界大战中,工程师尼古拉·罗密欧买下了该公司,用于生产军火。战后改为阿尔法·罗密欧(ALFA ROMEO)汽车公司,用于生产高级跑车和赛车。1923年,阿尔法·罗密欧汽车公司起用著名汽车专家亚诺设计生产了一系列优秀赛车,为公司在赛车界赢得声誉,但1929年的世界经济大萧条使阿尔法·罗密欧汽车公司破产。1931年,国有的意大利工业复兴公司收购了它。

第二次世界大战,阿尔法·罗密欧公司仍生产一些高级赛车(包括F—1赛车),但重点放在了批量生产的高级轿车和跑车上。20世纪80年代后,阿尔法·罗密欧汽车公司经营日益

困难，产量下降，收入不稳定，劳资纠纷不断。为了摆脱困难，1987年，意大利政府决定将其私有化，菲亚特汽车公司收购了它。并入菲亚特汽车公司之后，阿尔法·罗密欧汽车公司提高了技术水平，获得了较大的发展。

1911年，阿尔法·罗密欧汽车公司采用了把"ALFA ROMEO"置于米兰市的圆形市徽（原是维斯康泰家族的徽章）外圆上半部的商标（图4-28）。采用该商标，是为了纪念米兰市的创始人维斯康泰公爵及其家族。商标中的十字部分来源于十字军从米兰向外远征的故事。右边部分原来是米兰大公的徽章，后来正式成为维斯康泰公爵家徽的一部分，是一条蛇正在吞食撒拉逊人的图案。关于该图案有许多传说，其中之一是它象征维斯康泰公爵的祖先曾击退了使该城人们受难的"恶龙"。

图4-28 阿尔法·罗密欧汽车公司的商标

后来被加进去的阿尔法·罗密欧和米兰的字样以及间隔花纹，在百余年的发展历史中也不断发生着细微的变化。1972年，龙形蛇变得简洁抽象，标志的风格也现代化了，阿尔法与罗密欧之间的连字符被取消，最重要的是，"MILANO"字样不见了——这也许意味着，某种排外的本土情结正在信息弱化，取而代之的将是一种更加开放的心态。

就像这个车标一样，阿尔法·罗密欧的风格如此特别，在现代的风格中带有历史的回归，暗示着始终的创新与技术完美，有着诗意的名字，就像一个梦中的精灵。意大利评论家伍波托·依可曾说过："如果其他国家创造了设计理论，那么意大利就创造了设计的哲学，或者说是创造了一种观念。"在这个"设计的国度"中，盛产的是性感的时装、家具、顶级跑车……杰出的设计使汽车不再仅仅是代步工具，而成为梦想象征物、超越平凡世界的入口——阿尔法·罗密欧无疑是其中的佼佼者。

阿尔法·罗密欧——维斯康泰公爵的家徽。

三、法拉利汽车公司及其商标

法拉利汽车公司是意大利超级跑车制造公司，建于1929年，创始人是恩佐·法拉利，公司总部设在意大利赛车之都莫那，现为意大利菲亚特汽车公司的子公司。法拉利既是一个汽车企业家，又是一位著名赛车手，他被誉为赛车之父。

法拉利汽车公司及其汽车商标（图4-29）为一匹跃马。第一次世界大战时，有一位叫康蒂斯·白利查的伯爵夫人。她的儿子佛朗希斯科·巴拉克是一名战斗机驾驶员，他曾用跃马图案作为自己的护身符，把其印在飞机上。白利查夫人是一个车赛迷，在1923年的一次车赛中，白利查夫人对法拉利说："把跃马图案印到你的赛车上，它会给你带来好运的。"法拉利欣然同意了。从此好运频来，跃马成了法拉利赛车上的吉祥物。法拉利在创建他的汽车公司时决定以跃马图案为商标，将马的颜色改为黑色，并以公司所在地莫那的金丝雀的金黄色作为底色。

图4-29 法拉利汽车公司的汽车商标

"法拉利"——一匹跃马。

第五节 法国的著名汽车公司及其商标

一、雪铁龙汽车公司及其商标

雪铁龙（Citroen）汽车公司前身是雪铁龙齿轮公司，1915年由安德烈·雪铁龙创建。1919年，雪铁龙英国汽车公司成立。此后，雪铁龙挪威、科隆、美国汽车公司成立。1975年，雪铁龙汽车公司、标致汽车公司、塔尔伯特汽车公司合并成为标致—雪铁龙集团（PSA 汽车集团）。1990年雪铁龙与中国第二汽车制造厂（东风汽车公司）签订了合资生产雪铁龙 ZX 富康轿车协议。

2009年2月初，雪铁龙在巴黎举行盛大仪式，正式发布其全新品牌标识。新的品牌标识仍以双人字标为基础，同时整体采用富有金属感的色泽，轮廓更立体圆润，极富时尚、现代气息。双人字造型是雪铁龙标识永恒的主题，以此纪念发明了人字形齿轮传动系统的雪铁龙创始人安德烈·雪铁龙。与新标识同期发布的还有雪铁龙全新的品牌口号——Créative Technologie。全新品牌标识和口号的发布，体现了雪铁龙这一拥有90年光辉历史的全球著名品牌迎来了新的发展阶段。

雪铁龙的车名以其创始人安德烈·雪铁龙的姓氏命名。由于雪铁龙的前身是雪铁龙齿轮公司，所以商标（图4-30）以公司前身生产的齿轮为背景，由啮合的人字形齿轮轮齿构成。啮合的人字形齿轮轮齿象征人们密切合作，同心协力，步步高升。

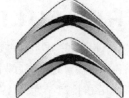

图4-30　雪铁龙汽车公司的汽车商标

雪铁龙——对人字齿轮轮齿。

二、标致汽车公司及其商标

1848年，阿尔芒·标致在巴黎建立了一座工厂，生产锯条、弹簧和齿轮等。1896年，在法国蒙贝利亚尔省创建了标致（Peugeot）汽车公司。

东风标致汽车公司属神龙汽车有限公司旗下品牌。2002年10月，东风汽车公司与法国 PSA 集团（标致雪铁龙集团）签订扩大合作的合资合同，两大集团强强联手，全面展开将标致品牌引入中国的新蓝图，东风标致汽车公司由此诞生。自成立以来，东风标致汽车公司秉承"美感、可靠、活力、创新"的品牌理念，一直致力于将自己打造成中国主流汽车品牌之一。通过差价补偿、"安全行乐天下""蓝色承诺"等一系列活动，东风标致已树立起了良好的诚信品牌形象。

图4-31　标志汽车公司的汽车商标

标致汽车公司和汽车的商标图案（图4-31）是一只站立的雄狮。提起标致汽车公司的狮子商标，还有奇特的文化背景。标致汽车公司所在地弗兰修·昆蒂州的新堡尔，是法国少有的强制推行基督教新教的地方。狮子是弗兰修·昆蒂州的标志，所以标致汽车公司的车型商标也选用了这个图案。

"雄狮"最完整地体现了标致锯条的三大特点：锯齿像"雄狮"的牙齿那样经久耐磨；锯身像"雄狮"的脊梁般有弹性；拉锯的性

能像"雄狮"那样所向无阻。所以,用简洁、明快、刚劲有力的线条勾画出的标致商标,象征着今天标致汽车更为完美、更为成熟。这一造型独特的站立着的"雄狮",既突出了力量,又强调了节奏,富有时代感,喻示着标致汽车像雄狮那样威武、敏捷,永远保持旺盛的生命力。

标致——站立的雄狮。

三、雷诺汽车公司及其商标

雷诺汽车公司(Renault S. A.)是一家法国车辆制造商,生产的车辆种类有赛车、小型车、中型车、休旅车、大型车(包含卡车和工程用车及公共汽车)等。雷诺汽车第一次进入美国市场销售是20世纪50年代到60年代之间,他们在美国市场确定的品牌发音方式是"Ren-ALT"。这个发音方式也是今日最为广泛接受的。

图4-32 雷诺汽车公司的汽车商标

雷诺汽车公司是路易斯·雷诺三兄弟于1898年在法国比扬古创建的,并以创始人的姓氏命名,它是世界上最悠久的汽车公司之一。在第一次世界大战中,雷诺汽车公司得到大发展,第二次世界大战遭到破坏。第二次世界大战后,雷诺汽车公司被法国政府接管,改为国营雷诺汽车公司,并兼并了萨维姆和贝利埃两家汽车公司。

雷诺汽车公司及其汽车的商标(图4-32)是菱形图案,象征雷诺三兄弟与汽车工业融为一体,表示雷诺能在无限的空间中竞争、生存、发展。

雷诺和日产结盟于1999年3月27日。1999年5月28日,雷诺按照每股400日元的价格,以54亿美元收购日产汽车36.8%股权,成为该公司的大股东,组建了雷诺—日产联盟。

雷诺——四重菱形。

第六节 英国的著名汽车公司及其商标

一、劳斯莱斯汽车公司及其商标

劳斯莱斯(Rolls-Royce)汽车公司建立于1906年,是由劳斯汽车销售公司和莱斯汽车制造公司联合而成,并以创始人查尔斯·劳斯和亨利·莱斯的姓氏命名。公司商标(图4-33)采用ROLLS、ROYCE两个单词的开头字母R叠合而成,喻义团结奋进、精诚合作、共同创业的精神。2003年劳斯莱斯汽车公司归入宝马汽车公司旗下。

劳斯莱斯轿车以外形独特、古色古香、性能优良而驰名世界,是当今世界最尊贵、最豪华、最气派的轿车。被喻为帝王之车,在世界车坛上享有崇高的地位。

劳斯莱斯的雕塑车标是一尊金灿灿的飞翔女神像(图4-33b)。1911年,劳斯经朋友蒙塔古的介绍认识了《汽车画报》的画家兼雕刻家查理士·赛克斯,请他为劳斯莱斯汽车设计一尊雕塑商标。赛克斯就以本画报社的莎恩顿小姐为模特,设计了飞翔女神,意为速度之魂。

a)   b)

图4-33 劳斯莱斯汽车公司的汽车商标

劳斯莱斯——飞翔女神。

二、捷豹汽车公司及其商标

捷豹(JAGUAR)汽车公司曾音译为杰戈娃汽车公司,建于1935年,创始人是威廉·莱昂斯。目前捷豹汽车公司是美国福特汽车公司的子公司,1989年,捷豹被美国福特汽车公司并购。2008年3月26日,福特又把捷豹汽车公司连同路虎汽车公司(Landrover)售予印度塔塔汽车公司。捷豹跑车以其雄姿而倾倒众多车迷,受到车迷们的垂青。

捷豹汽车公司和汽车商标以前为一只正在跳跃前扑的美洲虎雕塑(图4-34a),目前多采用美洲虎头像商标(图4-34b)。美洲虎是世界最稀有、名贵的动物,这也体现了公司生产的汽车名贵和公司的勃勃雄心。

捷豹——矫健勇猛。

a)   b)

图4-34 捷豹汽车公司的汽车商标

三、路虎汽车公司及其商标

路虎(ROVER,曾译为罗孚)汽车公司的前身是建于1884年的自行车制造厂。随着汽车的出现,从1904年开始,该公司把主要精力用于汽车生产上,但直到1946年才开发出令其后来闻名遐迩的四轮驱动汽车。1948年4月,兰德·路虎汽车在阿姆斯特丹车展上获得了极大的成功,从此走向世界。1994年路虎汽车公司被德国宝马公司接管。2000年3月,福特汽车公司向宝马集团收购路虎汽车公司。2008年3月26日,印度塔塔集团出资23亿美元,收购福特旗下的捷豹和路虎两大品牌,在国际车坛引起轰动。

路虎标志(图4-35)就是英文LAND-ROVER。

图4-35 路虎汽车公司的汽车商标

第七节 中国的著名汽车公司及其商标

一、第一汽车集团公司及其商标

中国"一汽"是中国汽车工业的摇篮,总部位于吉林省长春市,始建于1953年7月15

日,毛泽东主席亲自命名并题写"第一汽车制造厂奠基纪念",中国汽车工业从这里起步。1956年第一辆国产汽车——解放牌中型载货汽车诞生,"解放"二字由毛泽东主席亲自定名并书写(图4-36)。

60多年来,第一汽车集团肩负中国汽车工业发展重任,经历了建厂创业、产品换型和工厂改造、上轻型车和轿车三次大规模发展阶段,产品生产由单一载货汽车向轻型车和轿车方面发展。第一汽车集团拥有中国汽车行业目前规模最大、核心能力最强,集科学研究、产品开发、工艺材料开发于一身的技术中心。在汽车操纵稳定性、平顺性、制动稳定性、振动、噪声、轮胎力学等方面的性能,以及发动机电喷增压技术、多气门技术、柴油机燃油喷射装置、路面测量及分析等方面的研究都具有中国领先水平,其中有些已达到或接近国际水准。

第一汽车集团公司及其生产的汽车的商标(图4-37)是由阿拉伯数字"1"和汉字"汽"两个字艺术化的组合,阿拉伯数字"1"象征着一种积极进取的拼搏精神。

图4-36　毛泽东主席书写的解放车名　　　　图4-37　第一汽车集团的汽车商标

红旗品牌是由中国一汽集团直接运营的高端品牌。红旗牌轿车诞生于1958年,是我国第一个拥有独立知识产权的汽车品牌产品。红旗轿车在中国备受尊崇,也是国家领导人和国家重大活动的国事用车。

在市场经济不断发展的今天,红旗轿车紧跟世界先进技术,经过技术的不断改进与更新,产品已系列化。红旗轿车已由政治品牌转化为商用品牌,走入老百姓家。

红旗标志由主标与辅标组成,"红旗"(图4-38)为红旗车的主标志。2018年,红旗轿车公布了一个全新的辅标(图4-39)代替原金色向日葵标志,运用于汽车转向盘和轮毂上,其理念来源于迎风飘扬的红旗,象征着奋进向上的红旗精神。

图4-38　红旗主标　　　　图4-39　红旗新辅助标

二、东风汽车公司及其商标

东风汽车公司原名为第二汽车制造厂,1967年在湖北十堰建厂,主要生产装载质量为5t

的东风牌载货汽车。改革开放以来,该厂引进了许多国外先进技术,对原来的东风汽车进行改造,已成为我国最大的载货汽车生产厂家。1990年该厂又与法国雪铁龙公司正式签约,成立神龙汽车有限公司,生产富康牌轿车。1993年,东风汽车公司联合自己的配套厂,成立了东风汽车工业联营公司,成为中国南方实力最强的汽车工业集团。2014年2月东风汽车集团股份有限公司收购PSA集团(标致雪铁龙集团)。东风汽车公司及其商标(图4-40),以艺术变形手法,取燕子凌空飞翔时的剪形尾羽作为图案基础,采用了含蓄的表现手法,含意是双燕舞东风。它格调新颖,寓意深远,使人很自然地就联想到东风送暖、春光明媚以及神州大地生机盎然的景象,给人以启迪、给人以力量。东风汽车公司的原名第二汽车制造厂名字中的"二"字寓意于双燕之中,戏跃翻飞的春燕,外圆代表车轮,象征着东风牌汽车车轮不停地旋转。

图4-40　东风汽车公司的汽车商标

东风——双燕舞东风。

三、上海大众汽车有限公司

上海大众汽车有限公司成立于1985年3月,是第一家轿车合资企业。20世纪70年代末,上海就决定从国外引进先进的汽车制造技术,为选择合适的伙伴历时6年,历经60多次谈判,最终决定引进德国的大众汽车技术,生产桑塔纳牌轿车。1984年10月,中德双方签署合同,合同期限为25年;2002年4月,投资双方将合同延长20年,至2030年。

图4-41　上海大众公司的汽车商标

上海大众汽车有限公司的诞生,结束了中国汽车工业"闭门造车"的低水平徘徊历史。在探索中国轿车工业合资经营的道路上,上海大众汽车有限公司大胆探索,走出了一条利用外资、引进技术、滚动发展的道路,大大推进了中国轿车工业的发展。

上海大众汽车标志(图4-41)采用的是大众汽车公司的商标和中文"上海大众"相结合,带有中西合璧的意味。

2015年12月7日起,上海大众汽车有限公司更名为上汽大众汽车有限公司,简称上汽大众。

四、天津汽车工业(集团)有限公司及其商标

天津汽车工业(集团)有限公司是中国轿车、微型车的生产基地。主要生产夏利轿车、华利微型车、三峰旅行车和雁牌轻型货车等。

1986年,该公司引进日本大发工业株式会社的技术开始生产天津夏利轿车。该引进车型的车名的日本音译为"夏来多",公司初步确定中文名为"夏利得",当时任天津市市长的李瑞环同志提议改成"夏利"两个字,意为对华夏有利,故而取名"夏利"。

天津夏利轿车商标最早是在散热器格栅中央镶嵌"夏利"两个字。1997年开始采用形似高速公路的新商标(图4-42),表示夏利轿车既是受大众欢迎的节油车,又是能在高速公路上与其他汽车竞争

图4-42　天津夏利轿车商标

的优质车。其喻示夏利前程远大。

五、北京吉普汽车有限公司及其商标

新中国成立后,几经变迁后成立了北京汽车制造厂。其当时主要生产北京 BJ212 轻型越野汽车。1984 年 1 月,北京汽车制造厂与美国克莱斯勒公司合资成立了我国汽车业第一个合资企业——北京吉普汽车有限公司。

图 4-43　北京吉普汽车商标

北京吉普汽车有限公司的商标(图 4-43)由图形和文字两部分组成。图形部分突出"北"字,表示"北京";文字部分"BJC"表示北京吉普汽车有限公司。此外,其图案又像一条向前延伸的路,还像高山峻岭,意为北京吉普汽车适合任何道路行驶,路在车下,勇往直前。

六、浙江吉利控股集团有限公司及其商标

李书福 1963 年出生于浙江省台州市,他于 1986 年创建了浙江吉利控股集团有限公司(简称吉利集团)。公司现在已发展成为一家以汽车及汽车零部件生产经营为主要产业的大型民营企业集团。经过 30 多年的建设和发展,吉利集团在汽车、摩托车、汽车发动机、变速器、汽车零部件等方面都取得了辉煌业绩。

2014 年 4 月,吉利汽车发布了新的品牌标志(如图 4-44),在统一的品牌架构下完善产品谱系(图 4-45)。将旗下的帝豪、全球鹰、英伦三个子品牌汇聚为统一的吉利品牌,全新产品则以吉利品牌系列面市,并悬挂统一的新标识。新标识是在帝豪标志的基础上,融入了原吉利标志(如图 4-46)的蓝色,寓意着吉利品牌集聚既往精华,在演进中获得新生。

图 4-44　吉利汽车新标志

图 4-45　吉利产品谱系

图 4-46　原吉利汽车标志

七、奇瑞汽车有限公司及其商标

现奇瑞汽车董事长兼总经理为尹同耀。他生于 1962 年 11 月,安徽巢湖人,1983 年毕业于合肥工业大学汽车工程专业,毕业后在一汽工作 12 年半,曾当选一汽"十大杰出青年"。1997 年,作为奇瑞创业"八大金刚"之一,尹同耀参与奇瑞的经营管理。

奇瑞汽车商标(图 4-47)的整体是英文字母"CAC"的一种艺术化变形;CAC 即英文 Chery Automobile Company 的缩写,中文意思是奇瑞汽车有限公司。标志中间"A"为一变体的"人"字,预示着公司以人为本的经营理念;徽标两边的"C"向上环绕,如同人的两个臂

膀,象征着一种团结和力量,环绕成地球型的椭圆状;中间的"A"在椭圆上方的断开处向上延伸,寓意奇瑞公司发展无穷、潜力无限、追求无限;整个标志又是 W 和 H 两个字母的交叉变形设计,即芜湖一词的拼音的声母,表示公司的生产制造地在芜湖市。

2013 年 4 月,奇瑞发布全新品牌标志(如图 4-48),新标志设计以一个循环椭圆为主题,由三个字母 CAC 组成,中间镶有钻石状立体三角形,主色调银色代表着质感、科技和未来。中间的钻石形构图,代表了奇瑞汽车对品质的苛求,并以打造钻石般的品质为企业坚持的目标。蓬勃向上的人字形支撑,则代表了奇瑞汽车执着创新、积极乐观、乐于分享的向上能量,同时人字形代表字母 A,喻示奇瑞汽车追求卓越和领先的决心和激情。

图 4-47　旧奇瑞汽车商标

图 4-48　新奇瑞汽车商标

八、长安汽车集团有限公司及其商标

长安汽车集团有限公司创建于 1995 年,由原长安机器制造厂和江陵机器厂合并而成,是国内最大的微型汽车生产基地。长安汽车集团有限公司目前拥有七大汽车制造企业:长安汽车股份有限公司、长安福特汽车有限公司、长安铃木汽车有限公司、南京长安汽车有限公司、河北长安胜利有限公司、河北长安汽车有限公司和长安跨越汽车有限公司。长安品牌已成为国内小型车行业最有价值的汽车品牌,并跻身世界汽车品牌前 20 位。

长安具有多年的建厂历史,为我国常规兵器重点科研、试制、生产基地。长安于 1984 年开发生产微型汽车及微型发动机,是全国最大的微型汽车及发动机生产厂家之一。经过多年的发展,长安创立了一代名车——长安牌微型汽车和名机——江陵牌发动机。长安具有机车生产一体化的优势,并于 1991 年引进日本铃木技术,生产奥拓微型轿车。此外,长安还是国家重点扶持的轿车生产基地之一。

2010 年 10 月,长安汽车全新品牌战略在北京发布。四大品牌新标识,包括企业品牌标识(图 4-49)、主流乘用车品牌标识(图 4-50)、商用车品牌标识(图 4-51)以及公益品牌标识,这标志着长安汽车品牌战略国际化。

图 4-49　长安汽车集团标识

图 4-50　长安汽车乘用车标识

图 4-51　长安汽车商用车标识

九、上海华普汽车有限公司及其商标

SMA 是上海华普汽车有限公司"SHANGHAI MAPLE AUTOMOBILE"的英文缩写。华普

图4-52 上海华普汽车商标

的标徽(图4-52)形似枫叶,寓意深远。标徽中心是一片向上的枫叶,象征华普的事业根植于枫泾,从这里出发,走向全国,走向世界;中间最高的主叶,象征华普客户至上的至高理念,左右两片辅叶代表华普汽车以品质为本,以服务为先的经营理念;蓝色边底,象征华普人海一般的胸怀,吸纳国内外的贤人志士与先进科技,以发达华普,光大华普。双圆像车轮,象征华普人励精图治、不断进取,不断追求完美,不断创造新的不朽业绩!

第八节 其他国家的著名汽车公司及其商标

一、俄罗斯伏尔加汽车厂及其商标

伏尔加汽车制造厂,建于1967年,是苏联与意大利菲亚特汽车公司的合资企业(意大利投资4%),也是苏联引进国外投资兴建的第一家汽车厂。该厂轿车全部仿制菲亚特124、菲亚特125制造的拉达(LADA)牌(也称为日古利牌)汽车。日古利是伏尔加河畔一条山脉的名字。该厂是苏联最大的汽车制造厂。

由于日古利读音在英、法语中与"舞男"(gigolo)近似,又像阿拉伯语中的"假货""骗子",所以出口型号改称为拉达。拉达轿车商标(图4-53)为 LADA 中的 L 和 D 两个字母组合成的一条带帆的游船图形。拉达是一种在伏尔加河上航行的古老帆船的名称。该商标喻示拉达汽车像帆船一样游遍世界上各大"江河湖海",使其遍布世界五大洲。

图4-53 拉达汽车商标

拉达——张满风帆的帆船。

二、俄罗斯高尔基汽车厂及其商标

高尔基汽车制造厂于1932年在高尔基建立。最初制造嘎斯(TA3)51型载货汽车。1956年,高尔基汽车制造厂开始生产伏尔加轿车,后又制造吉姆轿车。

伏尔加轿车的商标(图4-54)采用的是在车头上嵌一只银色的奔鹿,昂首扬蹄,非常潇洒,给人一种欲向前跃的动感。1962年伏尔加轿车商标(图4-55)改变,把车头上的奔鹿取消,换成一只悠然自得的鹿作为其商标。

伏尔加——奔鹿。

图4-54 伏尔加轿车商标(改变前)

图4-55 伏尔加轿车商标(改变后)

三、捷克斯柯达汽车制造厂及其商标

斯柯达汽车公司(SKODA)总部位于捷克首都布拉格北部的一个小镇——姆拉达,博雷斯拉夫,是世界上5个最早的轿车生产厂之一。斯柯达汽车公司建于1895年,当时是由商人克莱门特和机械师劳林合办的一家自行车厂,用于生产自行车、摩托车。1925年,该厂更名为斯柯达汽车厂,开始生产斯柯达牌汽车。1946年,该厂被收归国有,更名为国营汽车厂。1991年4月16日,大众集团购买了斯柯达公司70%的股份,并于2000年收购了其余30%股份。进而斯柯达成为德国大众旗下第四个大品牌。

斯柯达汽车以高性价比、坚实耐用、高安全性、优良的操控性及舒适性兼备而成功地打入了欧洲、亚洲、中东、南美洲、非洲等地区,倍受广大消费者的青睐。

斯柯达轿车商标(图4-56)的含义是:巨大的圆环象征着斯柯达为全世界无可挑剔的产品;鸟翼象征着技术进步行销全世界;下方的箭头表明先进的工艺;外环中朱黑的颜色象征着斯柯达公司百余年的传统;中央铺陈的绿色,则表达了斯柯达人对资源再生和环境保护的重视。

图 4-56　斯柯达汽车商标

四、捷克太脱拉汽车制造厂及其商标

图 4-57　太脱拉汽车公司的汽车商标

太脱拉(TATRA)汽车厂是捷克最古老的汽车厂之一,创建于1897年。该厂是捷克汽车工业的开拓者,其设计制造的汽车有独到之处。从20世纪50年代开始,我国开始陆续进口一定数量的太脱拉系列汽车。太脱拉汽车厂现归属于德国大众集团。

太脱拉汽车厂和汽车名称是以捷克最高的山(海拔2633m)太脱拉山命名的。太脱拉汽车商标(图4-57)为外边用圆圈包围着太脱拉的英文字母"TATRA"的图案。

太脱拉——高山的名称。

五、韩国现代汽车公司及其商标

韩国现代汽车公司是韩国最大的汽车公司。该公司建于1967年,建厂初期只是组装美国福特汽车公司的轿车,到1974年才开始生产自己的轿车。该公司自建立就一直受到韩国政府的扶植,发展很快。到20世纪80年代初,韩国政府仍控制着其国内轿车产业的发展,仅允许现代汽车公司一家企业生产轿车,使该企业出现跳跃式发展。

目前,该公司现主要生产轿车、客车、货车、轻型越野车以及其他种车辆。

现代汽车公司及生产的汽车商标图案(图4-58)为现代公司英文拼音"Hyundai"的第一个字母"H"。与日本本田商标的区别在于,它用的"H"为斜花体,且"H"外边用椭圆包围着。椭圆象征现代汽车遍及全球。这枚椭圆形的商标安装在现代汽车公司所有汽车的前部。

图 4-58　现代汽车公司的汽车商标

现代——椭圆中的斜花体 H。

六、瑞典沃尔沃汽车公司及其商标

沃尔沃汽车公司是北欧最大的汽车企业,也是瑞典最大的工业企业集团,创立于1924年,创始人是古斯塔夫·拉森和阿萨尔·加布里尔森。1924年,两人商定设计生产瑞典自己的汽车。

1927年,两人在瑞典哥德堡创建了沃尔沃(VOLVO,曾译为富豪)汽车公司,主要生产轿车、客车、载货汽车和工程机械等。沃尔沃轿车具有卓越的性能、独特的设计且安全舒适,可以为乘员提供一个充满温馨的"可移动的家"。

图4-59 沃尔沃汽车公司和汽车商标

1999年,沃尔沃集团将旗下的沃尔沃轿车业务出售给美国福特汽车公司。2010年3月,浙江吉利控股集团在瑞典哥德堡与福特汽车签署最终股权收购协议,获得沃尔沃轿车100%的股权以及相关资产。

沃尔沃汽车公司及汽车商标(图4-59)是由图案和文字两部分组成,其商标图案为车轮形状,并有指向右上方的箭头。文字"VOLVO"为拉丁语,是滚滚向前的意思,寓意着沃尔沃汽车的车轮滚滚向前和公司兴旺发达、前途无量。

七、瑞典萨博汽车公司及其商标

萨博(SAAB)汽车公司是瑞典汽车制造商,建立于1932年,总部设在瑞典尼库平。萨博本是一家以生产飞机为主的公司,1946年开始生产轿车,并成为这一领域中的后起之秀。1990年,美国通用汽车公司购入萨博汽车公司50%的股份,成为萨博汽车公司最大的控股公司,在此强大的经济与技术支持下,萨博公司更加如虎添翼,设计出的萨博汽车多次荣获世界大奖。2000年,通用汽车公司完全收购萨博汽车公司。

萨博汽车公司是由斯堪尼亚公司和瑞典飞机有限公司合并而成,瑞典飞机公司文缩写为SAAB。后SAAB即为公司轿车的标志(图4-60)。SAAB汽车商标正中是一头戴王冠的狮子头像,王冠象征着轿车的高贵,狮子则为欧洲崇尚的权利象征。

图4-60 萨博汽车公司的汽车商标

第五章 世界汽车业界著名人物

自1886年到现在,汽车走过了130多年的历程。在这期间,有指责、有赞美、有曲折、有辉煌,更有无数汽车名人各显风骚,他们不折不挠、勇于创新,甚至为汽车事业奉献一生。正是这些人们创造了一个神奇的汽车世界。

第一节 卡尔·本茨

卡尔·本茨(1844—1929年)是现代汽车工业的先驱者之一,被称为"汽车之父"。本茨还开创了奔驰汽车公司和戴姆勒汽车公司联合的先河。

1844年,卡尔·本茨出生于德国,他的父亲是一名火车司机,但在他出世前的1843年就因发生事故去世了。从中学时期,卡尔·本茨就对自然科学产生了浓厚的兴趣。1860年,卡尔·本茨进入卡尔斯鲁厄综合科技学校学习。在这所学校中,他较为系统地学习了机械构造、机械原理、发动机制造、机械制造经济核算等课程,这为他日后的发展打下了良好的基础。在有过学徒工、服兵役、娶妻生子等人生经历后,他于1872年组建了奔驰铁器铸造公司和机械工场,专门生产建筑材料。由于当时的建筑业不景气,卡尔·本茨的工厂经营困难,面临倒闭危险,万般无奈之际,他决定制造发动机获取高额利润以摆脱困境。于是,他申领了生产奥托四冲程煤气发动机的营业执照。经过一年多的设计与试制,卡尔·本茨于1879年12月31日制造出第一台单缸煤气发动机(转速为200r/min,功率约为0.7kW)。不过,这台发动机并没有使本茨摆脱经济困境,他依然面临着破产的危险,生活十分艰苦。但是,清贫的生活丝毫没有改变卡尔·本茨投身发动机研究的决心,经过多年努力,他终于研制出单缸汽油发动机,并将其安装在自己设计的三轮车架上,从而取得了世界上第一个汽车制造专利权(1886年1月29日)。

然而,卡尔·本茨的汽车并没有受到人们的青睐,甚至受到人们的讥讽。卡尔·本茨的妻子贝尔塔·本茨试车的奇迹却给予了卡尔·本茨自信和克服困难的勇气,激励他对汽车进行改进,安装了功率更大的发动机。1893年,卡尔·本茨研制成功了维多利亚牌汽车,尽管该车性能先进,但由于价格高达3875马克,因而很少有人买得起,于是,该车成为公司的滞销品。这辆在技术上为卡尔·本茨带来极高荣誉的汽车,在经济上并没有给他带来多大的好处。后来,卡尔·本茨听从了商人的建议,于1894年开发生产了便宜的汽车(定价为2000马克)。这种汽车销路很好,在一年时间内就销出了125辆。由于该车是世界上第一种批量生产的机动车,因而给卡尔·本茨带来了较高的利润。后来,卡尔·本茨又对前期生产的维多利亚牌汽车进行了改进,将车厢座位设计成面对面的18个,于是,世界上第一辆公共汽车出现了。

1901年,戴姆勒汽车公司梅塞德斯轿车的出现,对奔驰轿车来说是很大的挑战。1924

年,奔驰和戴姆勒这两家创建最早、名声很大的汽车公司开始接触,协调设计和生产,并且把产品广告登在一起。两年以后,即1926年,两家公司正式合并,组成戴姆勒—奔驰汽车公司,生产出梅塞德斯·奔驰轿车。

在发明汽车的过程中,卡尔·本茨的勇气令人十分钦佩,甘于清贫的生活,埋头自己的发明研究,并且果断地摒弃了在技术上已十分成熟的蒸汽机而选用了当时并不被人们看好的内燃机作动力,反映了他在观念上的巨大改变。最后,他既能开发生产高档车,又能及时调整产品结构,组织生产普通车,为公司赢得了可观的利润。可以说,卡尔·本茨既具有工程师的素质,又具有企业家的经营技巧。

在戴姆勒汽车公司和本茨汽车公司合并的第三年(1929年)的春天,卡尔·本茨因病去世,享年85岁。德国各地的人们不断前来吊唁这位汽车工业的伟人。虽然卡尔·本茨离开了人间,他却把汽车永远留给了世界。

第二节 戈特利布·戴姆勒

戈特利布·戴姆勒(1834—1900年)发明了高速内燃机、摩托车和四轮汽车。他既被称为汽车之父,也被称为摩托车之父,他还是"三叉星"商标的最早设计者。

1834年,戴姆勒生于德国汉诺威南部,父亲是一位面包房老板。1848年,14岁的戴姆勒便开始在铁炮锻造工厂中学习;1852年(18岁时)进入斯图加特的工业补修学校学习;1857年进入斯图加特高等工业学校学习。少年时代的戴姆勒对燃气发动机产生了浓厚的兴趣,开始学习研制奥托式燃气发动机。在1859年进入工业补习学校实习时受到关照的梅斯纳蒸汽机车工厂工作;1861年成为在英国曼彻斯的阿姆斯特朗·霍特瓦士工厂学习的研究生;1862年在参观伦敦世界博览会后回到德国,在斯特拉夫的机械工厂协助斯特拉夫之子海因里希制造水车、水泵。1872年,戴姆勒设计出四冲程发动机。1883年,他与好友威尔赫姆·迈巴赫合作;成功研制出使用汽油的发动机,并于1885年将此发动机安装于木制双轮车上,从而发明了摩托车。戴姆勒自1882年和好友威廉·迈巴赫一起从事高速内燃机的研制工作。

1885年,戴姆勒为了给他爱人准备生日礼物,决定把马车改造成汽车。他买了一辆四座位的马车,拆下了车轴,装上了链条和自己设计的单缸汽油发动机,并装上了转向等装置,制成了一辆四轮汽车。1885年11月,迈巴赫驾驶这辆四轮汽车,从坎斯塔特开到温特吐克海姆(行驶3km),没有发生故障。

在相距约100km的曼海姆和坎斯塔特,本茨发明了三轮汽车,戴姆勒发明了四轮汽车。所以,本茨和戴姆勒都被称为"汽车之父"。

1890年,戴姆勒公司成立。据戴姆勒儿子回忆,1900年,也就是戴姆勒去世的那年,父亲曾从外地寄一张明信片给母亲.上面画了一颗星,他期望有一天会看到这颗星在他的公司上空升起。1911年,戴姆勒汽车公司和汽车商标采用了把三叉星镶嵌在圆圈内的商标。百年沧桑,世纪变迁,在戴姆勒·奔驰汽车总部大厦顶上的"三叉星"依旧是星光明亮,"三叉星"随着梅塞德斯·奔驰轿车在世界各地闪闪发光。

第三节 亨利·福特

亨利·福特（1863—1947 年）推出经济型 T 型汽车，创造了用流水线装配汽车的方式，被誉为"汽车大王"。

福特小时候就对蒸汽机、火车感兴趣。他的父母常说：我们的孩子是一台机器。

在底特律市，他当过工人、工程师，被爱迪生照明公司聘为机械师。业余时间，他经常在家中的棚子里研究制造机械。

1893 年圣诞节，福特研制的汽油机试验成功，1896 年造出了汽车。1903 年 6 月 16 日福特和 11 名合伙人建立了福特汽车公司。

当时的汽车很昂贵，1907 年美国平均每辆汽车售价高达 1000 美元，普通大众很难有能力购买。1908 年，福特生产出 T 型汽车，接着又创造了用流水线装配汽车的方式，使汽车装配时间缩短，成本降低，即发生了汽车工业的第一次变革。

福特晚年时保守专横，不能适应消费者需求的变化，没有及时推出新车型。在用人上，排斥他的儿子——主张改革的埃塞尔·福特。1927 年福特汽车公司世界第一的位置被通用汽车公司占据，1936 年还一度被克莱斯勒汽车公司超过。1943 年，他的儿子埃塞尔·福特病故，围绕公司继承权的问题，公司和福特家族发生了一场激烈的斗争。1945 年，福特在感到自己已无法控制局势之后，他辞去了公司总经理的职务，把福特汽车公司交给长孙亨利·福特二世。1947 年 4 月 7 日，亨利·福特因脑溢血死于底特律市，终年 83 岁。

1947 年 4 月，《纽约时报》对福特这样评价："当他未来到人世时，这个世界还是马车时代。当他离开人间时，这个世界已成了汽车的世界"。

《福特传》中对福特有这样的评述："亨利·福特创造了历史，并生活在这个历史阶段，他的建树超过其他任何人。他发现和开拓机器的未知领域，从而改变了人类形象。当年轻的他离开农庄时，5 个美国人中有一个住在城市，而当他离开人世时，由于福特汽车扩大了人类的活动，比例正好反了过来。在他去世时，福特公司生产的汽车和他出生时的美国人一样多。主要因为他，美国有七分之一的人在制造汽车或在与汽车有关的企业里工作"。

第四节 费迪南德·波尔舍

费迪南德·波尔舍（1875—1951 年）的主要功绩是：成功地设计了甲壳虫汽车，促进了汽车的大众化；所设计的赛车体现了高超的汽车设计水平。波尔舍被誉为"汽车设计大师"和"赛车大王"。

1875 年 12 月 3 日，波尔舍出生于奥地利的一个铜匠之家，15 岁进夜大学习。后来，他一边在电厂工作，一边在维也纳工学院进修。

波尔舍曾经长时间在戴姆勒发动机公司任技术经理。1924 年，波尔舍试制成功了两种新型发动机，在当时各种汽车比赛中为戴姆勒发动机公司赢得荣誉，斯图加特技术科学院为波尔舍冠以了博士头衔。由于他的许多意见与老板相左，波尔舍于 1929 年辞职。后来又转到奥地利的休塔阿汽车公司，但由于休塔阿公司破产只好又离开了。1930 年，波尔舍创建了保时捷汽车公司。

德国政府决定成立一个专门生产国民车的汽车公司，由波尔舍选择厂址。厂址最后选定在萨克森州的沃尔夫斯堡。这是一个理想的地点，约有一万英亩的农田面积，足以建造一座完整的厂区和一个规模可观的工业城。1937年5月28日，大众汽车公司成立。1938年，举行了新厂开工典礼，当天参加典礼的共有7万多人，场面非常浩大。1939年8月15日，波尔舍研制的甲壳虫牌汽车正式投产，当时预计每年生产150万辆。但是，由于第二次世界大战爆发，只生产了630辆就中断了。第二次世界大战期间，大众生产了大量的越野汽车、坦克、炸弹等，正因如此，第二次世界大战后期被盟军作为重要的军事目标而遭到轰击。其中2/3的厂房被摧毁，机器设备遭到严重的破坏，损失约达1.56亿马克。波尔舍战后沦为战争罪犯被关进法国监狱，大众汽车公司的财产被英国接管，专门为盟军生产军用车和吉普车。1945年大众汽车公司重建，开始大批量生产由波尔舍先前设计的甲壳虫汽车。由于该型车占领了平民车这个最大市场，风靡全球，取得了极其辉煌的成就，累计产销达2000万辆，曾创单一车型最高产量的世界纪录。

1948年，获释后的波尔舍重操旧业，他回到保时捷汽车公司，精心设计、制作了50辆功率为30kW、铝质车身的保时捷356型(因先后进行356次设计变动而得名)赛车。由于该型车在一次重大比赛中出人意料地战胜了许多欧美名车，一夜之间成为妇孺皆知的英雄，波尔舍的地位更高了。

1951年1月30日，就在保时捷356型赛车开始为公司赢得荣誉时，波尔舍因病去世，终年77岁。他生前为大众制造汽车和制造划时代的赛车这两个理想都实现了。

费迪南德·波尔舍的名字永垂青史。上百万辆保时捷赛车、2000万辆甲壳虫汽车及其大量汽车爱好者俱乐部——所有这一切都是对一代汽车设计大师的纪念。

第五节 威廉·杜兰特

威廉·杜兰特(1861—1947年)是美国通用汽车公司的缔造者，被认为是世界汽车发展史上的一位传奇人物。当他看到了汽车的发展前景时，果断地利用自己手中掌握的资金，创建了名震全球的通用汽车公司。他是一个超级推销员、一个不知疲倦的经营者、一个白手起家的百万富翁。

1886年，杜兰特在底特律市附近的弗林特开设了马车厂，该厂很快成为全美最大的马车制造商。1904年别克汽车公司经济陷入困境，杜兰特预感到这是一个使他涉足汽车制造业的天赐良机，果断地买下了别克汽车公司，并被选为别克汽车公司的董事长。别克汽车公司是杜兰特在世界汽车工业成名的起点。

1908年，杜兰特以别克汽车公司为核心创建了通用汽车公司。仅过两年(1910年)，通用汽车公司出现了严重的资金困难。董事会接受了通用汽车公司举债的请求，也提出杜兰特必须辞职的要求，于是他被迫离开了通用汽车公司。这时，妻子、女儿、地位、事业……似乎一切都离他而去。

但是，杜兰特并没有气馁。1911年11月3日，他和路易斯·雪佛兰创建了雪佛兰汽车公司，并且经营得非常成功，获得了巨额利润。另外，由于美国化工大王皮埃尔·杜邦财力的支持，1916年，杜兰特买下了通用汽车公司的大部分股权，重新控制了通用汽车公司。1916年6月，杜兰特再次出任通用汽车公司的总经理。

在重新获得了通用汽车公司领导权以后，杜兰特完全凭个人的力量经营公司，只热衷于公司规模的扩大，忽视公司的管理和生产效率的提高，分公司各自为政，产品重复……杜兰特的一系列失误，导致1920年公司再次出现严重危机。1921年杜兰特又被迫离开了通用汽车公司，并彻底离开了汽车界。后来，杜兰特在默默无闻中度过了晚年。

杜兰特创建了通用，通用也险些毁于他的手中。杜兰特的失败，表明管理是现代企业的生命。

第六节 阿尔弗雷德·斯隆

阿尔弗雷德·斯隆（1875—1966年），美国企业家，是一位传奇式领袖，被誉为第一位成功的职业经理人，通用汽车公司的第八任总裁，其任职时间长达25年。斯隆是在管理与商业模式上创新的代表人物。

斯隆对社会最杰出的贡献在于他成功地创造了一整套大型工业公司组织管理体系。人们把通用汽车公司在这方面所取得的成就，视为"企业管理上的一次划时代革命"。他不仅在组织管理体系上创造了丰功伟绩，而且在具体的生产管理、销售经营等领域均取得了辉煌的业绩。斯隆有"世界上最伟大的董事长"之称。斯隆挽救了通用汽车公司，并为通用汽车公司日后的大发展奠定了坚实的基础。

斯隆出生于一个商人家庭，1897年毕业于麻省理工学院。

1923年5月，面对通用汽车公司的内忧外患，董事长杜邦将自己从杜兰特离职以后兼任的公司总经理大权交给了斯隆。后来的实践证明，这是通用汽车公司发展历程中的英明决策。斯隆以他的聪明才智为通用汽车公司构筑起一套完整的组织机构，建立了一整套的管理、财务制度，为通用汽车公司日后的大发展打下了坚实的基础。

斯隆任职期间，针对通用汽车公司的情况提出了"分散经营和集中协调相结合"的管理方式，这一方式被沿用至今。根据市场的变化，他又提出了"分期付款，旧车折价，年年换代，密封车身"四项原则。斯隆还是最先指出了汽车不再仅仅是一种普通的交通工具，还将是人们对魅力、式样和舒适的追求。因此，汽车厂家必须重视汽车的各个方面，使自己的产品满足消费者个性的需求。

在斯隆的卓越领导下，通用汽车公司迅速超过其竞争对手，成为美国，乃至世界最大的汽车公司。直至今日，通用汽车公司对斯隆仍非常尊重。自他1923年接任总经理以来，一直到1966年91岁高龄离开人世前，他始终担任着通用汽车公司的总经理、董事长、名誉董事长。

第七节 沃尔特·克莱斯勒

沃尔特·克莱斯勒（1875—1940年）是依阿华州一名铁路技师的儿子。青年时制造过一辆微型蒸汽汽车，后在一家工厂当机械师。1908年到通用汽车公司别克分部工作，开始年薪只有6000美元，由于他技术超群，倍受杜兰特的赏识，他的年薪最后增加到50万美元。由于克莱斯勒和杜兰特难以合作，克莱斯勒于1920年辞职，接管了困难重重的威利斯—奥费兰德和马克斯威尔汽车公司。

克莱斯勒在汽车设计上大胆创新，如在马克斯威尔汽车公司生产的克莱斯勒6号大获成功后研制的菲密德、凯布、欧斯凯尔顿，被称为"三名快枪手"。1925年6月6日，在这两家汽车公司的基础上成立了克莱斯勒汽车公司。克莱斯勒公司发展很快，到1927年由汽车产量的第27位上升到第5位。1928年买下道奇汽车公司和顺风汽车公司，1929年产量上升到第3位，自1933年开始，一度上升到第2位。

1935年7月22日，克莱斯勒在过完60周岁生日后，辞掉公司总经理职务，改任董事长，直至1940年8月8日去世。

第八节　丰田喜一郎

丰田喜一郎（1894—1952年）是丰田汽车工业的创始人，是发展日本汽车工业的"功臣"，日本人称他是"日本的大批量汽车生产之父"，他创造了后来风靡全球的"丰田生产方式"。

丰田喜一郎的父亲丰田佐吉既是日本有名的纺织大王，也是日本大名鼎鼎的"发明狂"。丰田佐吉为了发展自己的工厂，将丰田喜一郎送到东京帝国大学机械工程专业读书，毕业后送他到自己的自动织布机械厂工作。经过10年磨炼，丰田喜一郎晋升为主管技术的常务董事。

然而，丰田喜一郎并不满足眼前的成就。当他发现汽车能够给人带来极大方便时，预感到这一新兴行业具有广阔的发展前景，决定将其作为自己的毕生事业，他的这一想法得到了父亲的大力支持。

1929年底，他代表自动织布机械厂到英国去签订一项合同。在国外，他除了完成父亲交办的事情外，花了四个月的时间考察英国的交通，走访了英美尤其是美国的汽车生产企业，弄清了欧美国家的汽车生产情况。这次国外之旅给他留下了极为深刻的印象，坚定了他发展汽车事业的决心。

丰田佐吉去世前，他将儿子叫到面前，给他留下了作为父亲的最后一句话："我搞织布机，你搞汽车，你要和我一样，通过发明创造为国效力。"他还亲手将转让专利所获得的100万日元专利费交给儿子，作为汽车研究启动经费。

丰田佐吉去世以后，工厂总裁的职务由丰田喜一郎的妹夫丰田利三郎担任。1933年，在丰田喜一郎的一再要求下，丰田利三郎勉强同意公司设立汽车部。1933年9月，他着手试制汽车发动机，拉开了汽车生产的序幕。1935年8月，制造成功了第一辆丰田牌GI汽车。1937年8月28日，丰田喜一郎创建了丰田汽车公司。丰田喜一郎的指导思想是：贫穷的日本需要便宜的汽车，生产廉价的汽车是公司的责任。后来，丰田汽车公司确立了"用低成本、大批量的生产方式，生产高质量的汽车，进而加入世界第一流汽车工业"的方针。

丰田喜一郎颇有战略家的眼光，他自公司建立开始就注意到从基础工业入手，着眼于整体素质的提高，使材料工业、机械制造业、汽车零部件和汽车工业同步发展，为汽车大批量生产创造条件。因此,日本人称丰田喜一郎是"日本的大批量汽车生产之父"。

丰田喜一郎对汽车工业的另一项贡献是对生产过程的科学管理。他主张弹性生产方式,"工人每天只做到必要的工作量"即可,"恰好赶上",减少零部件库存,开始了"丰田生产方式"。

丰田喜一郎创建丰田汽车公司过程十分艰难。他的妹夫丰田利三郎曾坚决反对搞汽车,后又遭受由于经济危机引发的工人罢工的厄运,为了挽救丰田汽车工业公司,丰田喜一郎一度辞职。当丰田喜一郎再次出任经理没到半个月(1952年3月27日),因患脑溢血去世,终年57岁。

第九节 安德烈·雪铁龙

安德烈·雪铁龙(1878—1935年)是雪铁龙汽车公司的创始人,也是发动机前置、前驱汽车的发明者,他十分重视汽车生产和销售的管理。

雪铁龙出生于法国巴黎,原籍荷兰,母亲是波兰人。他于1912年发明了人字齿轮,并在巴黎创建以自己姓氏命名的齿轮厂。1915年,雪铁龙创建了雪铁龙汽车公司,是法国第一个采用流水线生产汽车的公司。第一次世界大战期间,雪铁龙又从事了炮弹的制造。第一次世界大战结束后,雪铁龙将兵工厂改为生产汽车,并率先在法国大批量生产经济型轿车。1934年3月24日,雪铁龙发明了发动机前置、前驱动汽车,这是至今轿车仍采用的发动机布置形式。

雪铁龙认为:汽车厂卖的不只是汽车,还有无微不至的服务。他逐步完善了汽车销售方式,创立一年保证期制度,建立分销网,列出汽车零件目录和维修费用一览表,使所有销售处、维修点的费用得以统一。1922年后,他大力推广分期付款的售车方式,成立了全国第一个专门分期付款的机构,并在国外建立分支机构。此外,他还创办了出租汽车公司,在全国各地形成了游览汽车服务网。

为了促进汽车销售,雪铁龙发动了强大的广告攻势:在巴黎的各公路交叉口设置了10万多个画有雪铁龙公司那双人字形轮齿标志的标志牌;在众目睽睽下,把全钢车身的新型轿车从崖上抛下山涧,结果新车毫发未损,以展示轿车的坚固性;不惜重金租用了一架飞机,让飞机用尾烟在天空中喷出公司的字母缩写造型;把雪铁龙三个大字配以照明设备在埃菲尔铁塔上大作广告,使人们在方圆30km内都可清晰地看到……

1929年世界经济大萧条开始,雪铁龙汽车公司却继续扩大生产,结果1934年雪铁龙汽车公司宣告破产,被米西林公司接管。

从此,雪铁龙本人因患忧郁症住进了医院,1935年7月3日去世。在雪铁龙去世后的两天时间里,许多工人、经销商、顾客纷纷涌进雪铁龙公司向他致哀,法国政府也给他颁发了一枚二级荣誉勋章。今天的雪铁龙汽车公司仍然名震全球,他的发动机前置、前驱动汽车的设计方案历时60多年仍没过时,这就是对安德烈·雪铁龙的最好评价。

第十节 恩佐·法拉利

恩佐·法拉利(1898—1988年)是世界汽车史传奇人物之一,世界著名的赛车手,被后人称为"赛车之父"。他是法拉利汽车公司的创始人。别致的法拉利赛车名闻世界。

法拉利于1898年2月18日出生于意大利北部的莫的那（这里后来受法拉利的影响变成了意大利跑车之都），从小喜爱汽车冒险，13岁开始独自驾驶汽车。第一次世界大战时法拉利被应征入伍，战后先在都灵汽车公司当验车员，后转入米兰CNN汽车公司当试车手。1919年他驾驶CNN赛车参加了战后第一次探戈·弗列罗大赛(环西西里岛拉力赛)，这也是他第一次参加汽车赛，获得第九名。他的成绩引起了阿尔法·罗密欧公司的注意。1920年，法拉利进入阿尔法·罗密欧车队。法拉利精明能干，在车队不仅是一名赛车手，而且是一名优秀的组织者。他通过关系为阿尔法·罗密欧挖到了菲亚特公司著名工程师维多利·亚诺。亚诺的技术才干加上法拉利的组织能力与赛车狂热为阿尔法·罗密欧车队的崛起奠定了基础。1922年亚诺为阿尔法·罗密欧制造出第一辆有实力的赛车。1923年，法拉利驾驶着它在拉文纳汽车赛中大获全胜，法拉利和阿尔法·罗密欧车队也一举成名。

在拉文纳有一个巴拉卡伯爵，他的儿子是第一次世界大战中意大利王牌飞行员。这次比赛结束后，伯爵夫人找到法拉利，建议他把她儿子飞机上的吉祥物——一匹黄色奔马印到自己的赛车上，作为护身符。从此这匹黄色奔马就出现在每一辆法拉利的和以法拉利命名的汽车上。

1924年在库帕·阿瑟勒汽车赛上，法拉利率领阿尔法·罗密欧车队一举战胜了德国最强的梅赛德斯车队(戴姆勒公司的车队，此时尚未与奔驰公司合并)。此役为阿尔法·罗密欧公司和法拉利赢得了世界声誉，法拉利也被意大利政府授予"骑士"爵位。

1929年法拉利离开了阿尔法·罗密欧公司，决心独自发展。他建立起法拉利赛车俱乐部，组织了法拉利车队，独立地参加比赛。阿尔法·罗密欧公司感到失去法拉利，自己的车队将难以为继，便把公司的赛车工作交给法拉利。使法拉利车队成为半正式的阿尔法·罗密欧车队。从1930—1933年，法拉利车队一路过关斩将，在国际汽车大赛中几乎所向无敌。1932年，法拉利车队夺得了探戈·弗列罗大奖。此时，车队的声望已是如日中天。同年法拉利的儿子出生了，从此法拉利就不再亲自参赛。

1933—1938年阿尔法·罗密欧公司由于经济困难减少了参加汽车赛的次数，法拉利车队只好独自力战。但此时在波尔舍博士率领德国的汽车联盟车队以及奔驰车队异军突起，1934—1938年几乎垄断了汽车比赛的冠军。1938年阿尔法·罗密欧公司决心重返赛场，于是召回了法拉利车队，准备与德国车队一决雌雄。但经济实力上的差距，使法拉利的愿望未能实现。就在这一年，法拉利彻底脱离了阿尔法·罗密欧公司。不久，伟大的工程师，使阿尔法·罗密欧名垂青史的亚诺也走了。他们和阿尔法·罗密欧车队的分手意味着赛车史上一个黄金时代最终结束了。

由于法拉利掌握着阿尔法·罗密欧汽车公司的技术资料，该公司于是向法院起诉。1939年，法院裁定法拉利在四年内不得以自己的名字制造汽车。但这一判决是多余的，第二次世界大战的爆发使法拉利制造自己的超级赛车的梦想暂时成了泡影。

1945年第二次世界大战结束了，法拉利立刻行动起来，全力实现自己的心愿。1947年第一辆以"奔马"为象征的法拉利汽车诞生了。从此，法拉利带着他心爱的赛车"南征北战"，为世界赛车史写下了无数辉煌的篇章。

20世纪50年代初期，法拉利唯一的嫡生子迪诺开始在汽车技术上显露才华，帮助他父亲开发了新型发动机。不幸的是,1956年,年仅24岁的迪诺因肾病早逝,法拉利因此受到很大打击。为纪念他的儿子,法拉利公司的许多车型都命名为"迪诺"。

人们普遍认为法拉利汽车公司制造的汽车,不是现实的汽车,而是超越时空的艺术品。

1969年,法拉利汽车公司被菲亚特汽车公司收购,但法拉利以他无可比拟的威望保持对法拉利汽车公司的绝对控制。虽然岁月流逝,法拉利日益衰老,可他对赛车的热情和对法拉利汽车公司的影响不减当年。直至20世纪80年代末期,近90岁高龄的法拉利还到公司上班,并扮演决策者的角色。

1988年9月14日,90岁的法拉利与世长辞。但他不可能被人们忘记,红色法拉利赛车在世界各地赛车场上强劲飞奔的景象永远留在了人们的心中。1995年,英国著名的AUTO-CAR杂志在评选"世纪汽车英才"时,法拉利以绝对优势当选。

第十一节 查尔斯·劳斯

查尔斯·劳斯(1877—1910年)出身英国贵族家庭。他是英国洛德·兰加特克勋爵的第三子。他英俊潇洒、风度翩翩又富于冒险精神,是英国最早的汽车爱好者,也是最早的赛车运动推进者之一。劳斯毕业于剑桥大学,很早就开始参加赛车运动,多次参加欧洲早期的传统远程车赛,为英国皇家汽车俱乐部成员。

当劳斯从剑桥大学毕业时,已是一名驾车高手,并创造了一项时速150km/h的世界纪录。1902年劳斯开始做汽车生意,他的"CS莱斯有限公司"很快成为英国最有实力的汽车经销商之一。1903年飞机发明后,劳斯又成为航空运动的先驱,1910年6月完成了首次不着陆往返飞越英吉利海峡的壮举。

1904年,劳斯与出身工人家庭的、他的最好的朋友、杰出的工程师亨利·莱斯合作成立了劳斯莱斯汽车公司,劳斯莱斯从此诞生。车标中重叠在一起的两个"R"分别代表劳斯(Rolls)和莱斯(Royce)姓氏的第一个字母,体现了两人融洽、和谐的合作关系。

然而,劳斯只体验了几年作为汽车制造商的乐趣,便在1910年的一次飞行事故中丧生。莱斯非常悲痛,他下决心要继续光大劳斯未完成的事业,终于让劳斯莱斯成为世界上最著名的汽车。

第十二节 亨利·莱斯

亨利·莱斯(1863—1933年)出身于工人家庭,14岁起在铁路工厂学徒,显示出技术上的天赋。19岁时成为设计利物浦市第一个街道照明系统的主要工程师。莱斯于21岁时在曼彻斯特市开设了一家生产电动机的工厂。1904年开始制造汽车。同年结识了贵族出身的赛车手莱斯,并与他合建劳斯莱斯汽车公司,莱斯本人负责汽车的设计和生产。

第十三节 路易·雷诺

路易·雷诺(1877—1944年)出生于法国比昂古。法国实业家,汽车工业先驱之一,雷诺汽车创始人之一。

少年时的雷诺就迷上了汽艇,为此他在家里设计出一种高效蒸汽机,并申请到了专利。1898年与其兄马赛尔合造出他们的一辆汽车,1899年成立雷诺汽车公司,他和马赛尔频繁参加车赛,直至1903年马赛尔因车赛事故遇难,才停止亲自参赛。第二次世界大战中雷诺与德军合作,为他们生产军工产品,1944年9月法国解放,雷诺被以通敌罪逮捕,1944年10月死于狱中。

第十四节　弗力斯·汪克尔

弗力斯·汪克尔(1902—1988年)是德国工程师,被誉为"转子发动机之父"。

汪克尔自1924年开始研究转子发动机,于1929年取得第一个转子发动机专利。第二次世界大战时他从事军用航空发动机研究,战后曾被捕入狱。获释后,1951年起又在德国纳苏(NSU)公司继续进行转子发动机的研究。1957年,研制出第一个实用的转子发动机。1960年,第一辆装有转子发动机的轿车在纳苏问世。

不过转子发动机的大量应用不在德国,而在日本。1967年,日本东洋公司(现马自达公司)购买了汪克尔转子发动机的专利,在解决了一些技术难题后,开始投入批量生产。

第十五节　尼古拉斯·奥托

尼古拉斯·奥托(1832—1891年)德国工程师,内燃机技术的奠基人,四冲程内燃机的发明者和推广者。奥托本来从商,1861年受法国勒努瓦发明的启发开始研究发动机。1866年提出四冲程内燃机的"奥托循环"理论,为内燃机的发展奠定了理论基础。直至今日所有四冲程汽油机仍然都采用"奥托循环"。奥托于1872年建立道依茨发动机制造公司,1878年展出了第一台实用的四冲程内燃机。

第六章 汽车造型

第一节 汽车造型的演变

　　1886年世界上第一辆汽车问世,至今已有130多年的历史。汽车现已发生了巨大变化,其中最明显的就是汽车外形。最早的汽车,诸如1886年的奔驰、戴姆勒,1898年的保时捷1号,1899年的菲亚特3.5马力,1904年的劳斯莱斯、1907年的凯迪拉克以及1908年的福特T等,它们的外形都很相似,形象得说只是一个没有马的马车。这主要是因为汽车制造商们首先要解决车辆的行走、制动和转向这些主要功能的问题,而不是外形的美观问题。但随着汽车的普及,人们对汽车的要求不断提高,汽车造型开始受到人们的重视。

　　20世纪20年代,汽车技术日趋成熟,汽车制造商们通过增加发动机缸数,加大发动机工作容积等方式来达到提高车速的目的。但由于技术条件所限,大多数厂家只能将这种发动机做成直列式,加之断开式前桥还未出现。因此,像1931年的梅赛德斯—奔驰那样在前桥后面架着一个长长的发动机的做法便成为20年代末到30年代初各种车型的共同特点。

　　1929年,资本主义国家发生严重经济危机,汽车工业首当其冲。汽车制造商为了生存而激烈竞争,于是出现了1930年凯迪拉克452等一批经典名车。20世纪30年代中期,世界经济复苏,汽车市场也随之扩大,而且科学技术和工艺水平也在迅速提高,对气动理论的研究也逐渐成熟。这一切使得设计师们有可能将美的发现更多地呈现于世,一个汽车设计的黄金时代出现了。1934年英国克莱斯勒汽车公司率先制造出符合汽车空气动力学原理的气流牌流线型轿车,紧接着在1936年,德国费迪南德·波尔舍设计出经久不衰的"甲壳虫",汽车造型在向着符合空气动力学理论的方向发展。这一时期赛车运动风靡全球,其规模之大,即使与今天相比也绝不逊色。像奔驰W25和W154/M、宝马BMW328、波尔舍为汽车联盟设计的银箭等艺术珍品在汽车发展历程中均名垂史册。

　　第二次世界大战之后不久,汽车工业出现了一个充满活力的发展时期。美国开始出现宽敞舒适、动力性能好的大型轿车。通用公司1949年首次推出倾斜后背的别克,在运用空气动力理论上起到了里程碑的作用。但20世纪50年代在汽车造型设计上也出现了一些怪癖,例如从1949年的凯迪拉克都市开始,很多轿车翘起了高高的尾鳍。尽管这种造型暂时会吸引客户,但事实证明那些华而不实的摆设是不能长久的。

　　1973年石油危机之后,汽车设计逐渐变得越来越实用,安全性和环保性成了今日汽车设计中最重要的目标之一。批量化的生产使不少生产厂家失去了它们的独立性,走上了互相兼并的道路,这同时也为车型的改变增加了难度。

　　车型的演变过程表明:功能是目的,物质技术条件是基础,造型是手段。只有充分发挥功能其造型才是最美的。我们要感谢那些杰出的汽车设计大师,是他们把当时社会所能提供的新材料、新技术创造性地加以运用,才创造出令人惊叹和让人为之感动的汽车造型。1911年的劳斯莱斯同样是线条与平面的摆布,却塑造出一朵朵亭亭玉立的郁金香;1953年米凯洛蒂为雪佛兰设计的康凡C-3虽貌不惊人,但却将大自然的美尽收车身;1955年的雪佛兰贝尔·艾尔通过不同色彩的分割,使短尾车身显得修长;1971年劳斯莱斯推出的险路正是由于发动机罩上巧妙的起棱,才使古老的通风格栅与流线型车身相辅相成。100多年来,这些精美的汽车造型就像一个个跳跃的音符,给我们以无限美好的遐想。

第二节 梅赛德斯—奔驰公司汽车的造型

1886年的奔驰1号(图6-1)是人类历史上第一辆以机器为动力的交通工具。卡尔·本茨早年在铁匠铺当过学徒,对汽车、内燃机有着浓厚的兴趣。1884年初,本茨开始对汽车进行研制。1885年10月,他终于研制出这辆三轮汽车,并于1886年1月29日获得了第37435号帝国专利证书。由于这是第一辆汽车制造专利,人们也就普遍把这一象征性的日期作为汽车诞生之日。奔驰1号的车架采用钢管制成,车轮采用辐条式,车上装有一台功率为0.662kW(0.9马力)的单缸发动机。该车总重254kg,最高车速为18km/h,可同时乘坐三人。由于本茨开始对此车存有疑虑,最初还是由他的夫人博尔塔·本茨和他的两个儿子将这辆车开出,从曼海姆到法尔茨做了一次不少于100km的试车旅行。

1885年的戴姆勒摩托车(图6-2)是由德国工程师戴姆勒研制的一辆木制摩托车。戴姆勒长期从事内燃机的研制工作,1885年他将自己研制的功率为0.809kW(1.1马力)的发动机装在一辆木制自行车上,造出了世界上第一辆摩托车。戴姆勒通过采用一根装有小齿轮的中间轴传递动力,使固定在后轮上的内齿圈转动,从而驱动车轮旋转。

图6-1 1886年奔驰1号(Benz-1)

图6-2 1885年戴姆勒摩托车

该车造型酷似一匹木马,古色古香的木制车架就像骏马的光滑脊背,精美的皮革坐垫如同舒适的马鞍。尽管造型与现代摩托车截然不同,但从作为第一辆装有汽油机机动车的意义上来讲,它远远超过了其造型本身的意义。这毕竟是早期设计者们心目中的摩托车形象(因为当时的确处于马车时代)。该车为此后的汽车造型奠定了基础,可谓戴姆勒汽车的开山之作。

就在本茨发明了奔驰1号车的同年,与本茨素不相识的另一位德国工程师戴姆勒将自己研制的0.809kW(1.1马力)的汽油机装在一辆四轮马车上,并增加了转向传动机构,戴姆勒1号(图6-3)采用后轮驱动,是世界上第一辆装有汽油机的四轮汽车。该车最高车速为14.4km/h。有趣的是戴姆勒与其好友迈巴赫在研制发动机时,竟被从未见过发动机的警察误认为是在制造印刷伪钞的印刷机。

这辆车形象地说是一辆无马的马车,车架与车轮辐条均为木制,车的前部首次竖起了挡风板。可以想象得出高高在上的驾驶人是多么像丢弃了马鞭的车夫,可见当时的汽车造型设计要想越过马车造型的习惯是很困难的。该车与奔驰1号一样,同样被认为是世界上最早的汽车。

10年之后奔驰公司开始生产箱式车身小客车(图6-4)。随着发动机排量的加大,车速的提高以及人们在乘车出行时所要求的舒适程度的不断提高,出现了箱式车身的汽车造型。

图6-3　1886年戴姆勒1号

图6-4　1896年奔驰双门箱式小客车

箱式车身的奔驰依然没有突破马车造型的束缚,从上车蹬踏的脚踏板到前后车轮的挡泥板,从直上直下的风窗玻璃到平直的侧开门,处处浸透着马车的气息。该车采用折叠式的软顶和后背,沿袭马车造型的两个精巧的车灯布置在车厢两侧,就连车轮辐条也是木制的,驾驶人座位置于车厢之外,既显示出等级地位的不同,更使人联想到正在扬鞭驱马的车夫。与现代汽车相比,尽管该车造型十分简陋,但却为此后流行几十年的箱式车身造型奠定了基础。该车最高速度为40km/h。

1903年戴姆勒公司制造出梅赛德斯牌箱式高级轿车(图6-5)。1902年奥地利外交官埃米尔·耶利内克驾驶着戴姆勒汽车在车赛中获胜,为此在征求戴姆勒同意的情况下便以其长女的名字梅赛德斯为1903年车型的戴姆勒汽车命名。该车虽属箱式造型,但可以看出,它已经开始摆脱马车造型的束缚:前后轴距拉长,最前部是发动机箱,驾驶员座位已由露天布置移到车厢内部。但由于当时能够乘坐此车的多为达官显贵,故车厢内仍设置了玻璃隔断,将乘客室与驾驶室分开,以体现等级地位的不同。上宽下窄的车身,既可避免向外凸出的脚踏板过分增加占地

图6-5　1903年梅赛德斯牌箱式高级轿车

面积，又不影响乘坐舒适度。随行物品可放入车厢外顶部的围栏内，这便是当时的"行李舱"了。木制车身的漆色多种多样，可满足不同客户的要求。该车蜂窝状的通风格栅为后来的汽车造型奠定了基础。

1910年戴姆勒大型轿车（图6-6）是戴姆勒在1903年车型的基础上改型的轿车。从当时人们追求乘坐舒适这一角度出发，戴姆勒将车身加宽，窗柱变细，开阔了驾驶人和乘客的视野。由于当时车速不高，空气阻力相对较小，因此，汽车行驶起来并未体现出宽敞高大的车身带来的不便。该车仍沿用了1903年的蜂窝状通风格栅和桶状头灯，红色车身上镶有黑色边框，既体现出华丽又不使人感到过分奢靡，耀眼的黄铜喇叭点缀在车厢两侧，成为人们的视觉焦点。与1903年车型相比，该车造型更为考究，色彩更加细腻，车厢背部轮廓与两侧的黑色窗框相衬托，显得更加活泼，共同烘托出车厢那优美的"郁金香"造型。"环"式门拉手也是当时汽车的一大特点。驾驶室两侧首次安装了后视镜，使汽车的安全性能进一步加强了。

1914年8月1日第一次世界大战爆发，其导火索则是6月28日奥匈帝国皇储在萨拉热窝被刺死。刺杀发生后，欧洲上空战云密布，但法国汽车大奖赛还是于7月5日在里昂隆重举办，结果政治上与法国人对立的德国人大出风头，戴姆勒车队包揽了前三名，其中的冠军就是图6-7所示的漂亮的白色赛车。

图6-6　1910年戴姆勒大型轿车　　　　　图6-7　1914年戴姆勒赛车

德国人的秘密武器是什么呢？它就是车上的发动机。车上4.5L排量的发动机独占了发动机设计史上的三个第一：第一个采用顶置凸轮轴（OHC）结构，第一个采用每缸4气门配置，第一个采用每缸三火花塞点火。这些技术即使在今天也堪称先进，而在当时确实是划时代的突破。正是由于应用了这些技术，发动机的功率达到了84.5kW（115马力），转速为2700r/min。这台超前于整个时代的发动机的设计者正是高特利布·戴姆勒的长子保罗·戴姆勒。

戴姆勒与奔驰两家汽车制造企业于1926年合并成立戴姆勒—奔驰汽车公司后，开始生产梅赛德斯—奔驰牌汽车，并开始以圆环围绕的三叉星作为车标。

梅赛德斯—奔驰460型车（图6-8）的造型是流行于整个20年代的标准箱式造型，受福特T的影响，车身多为黑色且少装饰。该车制造工艺有了很大改进，门窗立柱和翼子板多处采用圆弧过度，车灯已由桶形改为抛物面形，使照明强度大大提高。车厢高度也降了许多，此时的人们对空气动力学已经有所了解，认识到降低车的高度可以减小空气阻力，提高车速,这对以后的汽车造型有着重要影响。因此,直立窄条前风窗玻璃就成为当时汽车造型的共同特点。该车为对开车门,在驾驶人座位后设有隔断,以体现乘坐者地位的不同。为安全起见,车前首次加装了保险杠。

1931 年,原奔驰公司所在的曼海姆汽车厂生产了 75 马力轿车(图 6-9)。为减小风阻,轿车已将前风窗玻璃向后倾斜。该车与以往不同的一个显著特点,是具有典型德国风格的帽式车顶,造型非常别致,车顶在其简洁、粗犷线条的勾勒下,显得格外坚固耐用。

图 6-8 1928 年梅赛德斯—奔驰 460 型轿车　　　　图 6-9 1931 年梅赛德斯—奔驰 75 马力轿车

该车的另一个特点,是在线条的运用上达到了人们视觉的最佳效果,一条从前到后贯穿整个车身的黑色腰线,使整车显得挺拔有力,与车顶后部粗犷的圆弧线条相互呼应,刚柔相济,彼此形成鲜明的对比,突出了汽车造型的节奏效应,使其造型具有强烈的感染力。

采用低车顶造型是 20 世纪 30 年代初期汽车造型的一大特点,因为人们已经认识到降低车的高度可以有效地减少风阻。不过较小的乘客室后风窗玻璃,会使后视野过窄。

20 世纪 30 年代是汽车造型设计的黄金时代,世界上许多汽车公司都推出了自己的代表作。奔驰 500K 型跑车(图 6-10)就是 1934 年梅赛德斯—奔驰公司生产的双门跑车,作为公司的代表作至今被珍藏在戴姆勒—奔驰汽车博物馆内。

这个时期的汽车造型有一个共同的特点,就是长长的发动机箱位于前桥的后面。由于当时技术水平的限制,前悬架只能做成由一根整体车桥连接的非独立悬架,因此发动机不得不后移。此外,由于当时对汽车空气动力学的研究不够深入,人们除了采用降低车身高度的方法减小风阻外,也普遍采用加大发动机排量的方法来提高车速。汽车设计者们首先想到的自然是加大汽缸直径和增加发动机缸数。因此,五缸机、六缸机、八缸机等相继出现,由于工艺水平的限制,奔驰公司当时还不能生产 V 型发动机,这就使直列发动机的缸体越来越长。

图 6-10 1934 年梅赛德斯—奔驰 500K 型跑车

随着经济的复苏,人们对交通工具的要求也越来越高,不再满足传统箱式造型的汽车。170S 敞篷跑车(图 6-11)就是在轿车的基础上改造的,乘坐敞篷车外出观光旅游,不仅可以加大视野,还可以充分领略大自然的气息。

此时的梅赛德斯—奔驰公司已经开始生产 S 系列汽车。该系列车装有 1700mL 排量的四缸发动机，用这种发动机作为动力的汽车称为 170S 系列，它在梅赛德斯—奔驰车的发展中占有重要地位，170S 系列自 1935 年诞生一直持续生产到第二次世界大战之后。

170S 敞篷车的脚踏板和后轮罩比以前窄了许多，有利于减小风阻。水箱散热器通风罩栅已演变为电镀饰条包围着的小方格子造型，为后来的通风罩栅造型奠定了基础。该车保险杠采用槽型钢板制作，使得汽车立体感增强。

在 20 世纪 30 年代中期，西方资本主义国家刚刚摆脱困扰多年的经济危机，德国的汽车制造业也处于新的发展时期，为了适应汽车工业的发展，德国建成了第一条高速公路。梅赛德斯—奔驰公司在这段时间生产了许多大功率的高速汽车。540K 跑车（图 6-12）就是当时制造的装有增压发动机的跑车。该车采用直列六缸发动机，排量为 5.4L，最大功率可达 132.3kW（180 马力）。由于奔驰公司受到当时制造工艺水平的限制，发动机只能做成直列式的，缸体较长，因此发动机罩也较长。

图 6-11　1935 年梅赛德斯—奔驰 170S 敞篷跑车

图 6-12　1936 年梅赛德斯—奔驰 540K 跑车

540K 跑车开始采用金属镶条作为腰线，立体感强，从前到后的深色腰线给人以挺拔有力的感觉，增加了车的动感。但车灯、喇叭分散布置在外面，既显凌乱又增加了空气阻力。

汽车的设计与其使用者往往有不可分割的关系，770K（图 6-13）是一部非常特殊的轿车，是当时希特勒的专用车。当时，希特勒经常亲临斯图加特的汽车制造厂，并向设计师们强调，厂里每生产一辆 770K 都必须得到他的许可，他的车要绝对安全不能出故障。770K 装有直列八缸机，车身用 4mm 厚的特殊钢板制成，底板也在标准底板上加厚了 4.5mm，风窗玻璃足有 5cm 厚，厚达 20cm 的车门中间夹有 2.5cm 厚的防弹钢板，后座背后藏有大型防弹钢板，可通过开关操纵其升降，就连轮胎也制成装有特殊钢网的防弹轮胎。因此，这部经过防弹加工的 770K 质量已超过 5t，希特勒曾把这部炫耀权势的 770K 赠送给包括斯大林在内的一些国家的元首。

图 6-13　1938 年奔驰 770K

1939 年的 320 型轿车（图 6-14）是典型的甲壳虫造型，所谓甲壳虫造型是指在箱式轿车的基础上，将车身后背改为流线型的滑背造型。甲壳虫造型的轿车在 20 世纪 30 年代后期广为流行，这是科学运用空气动力学理论的必然结果，它可以减少空气阻力。人们往往认为只有汽车前部的造型才会影响空气阻力的大小,其实这是一个错误的认识,实际上汽车后部造型对空气阻力的影响是非常大的。人们经常看到汽车疾驶过后,地面上的树叶、尘土会被车尾的涡流卷起,这说明运动着的汽车可将自己的动量传递给周围的空气,这部分空气就构成了汽车后面的尾流,尾流区的压力低于大气压力,使车的尾部承受向后的吸力,这就是阻力。320型轿车的滑背造型可使车后尾流减弱,从而使阻力减小。该车后背、前翼子板与脚踏板的连接以及后轮罩等处均为优美的曲线形造型,显得十分协调。

1934年在希特勒政府的资助下,奔驰公司设计了先进的W25赛车(图6-15),准备用于打败当时最强大的意大利赛车。谁知汽车联盟伟大的"银箭"赛车的出现挡住了W25的道路,使它未能在赛场上获得所梦想的光荣。

图6-14 1939年梅赛德斯—奔驰320型轿车

图6-15 1934年梅赛德斯—奔驰W25赛车

W25赛车与图6-7所示的戴姆勒赛车相比,车身造型有了很大改进。W25赛车的车身表面去掉了外露的管路和其他会产生干涉阻力的凸起、饰件,圆滑过度的水箱罩栅、车身横截面的平缓变化,均可有效地减小空气阻力,使风阻系数大大降低。在以后对空气动力学理论的研究中证明,轴对称体的风阻系数最小,而W25赛车的造型就类似于轴对称体。不过由于所采用的直列式发动机体积过大,车头不可能做得很低。

W25还有一个平整的车身底板,使通过汽车底板与地面之间的空气流速加快,降低汽车的升力,增强了行驶稳定性。

随着战争创伤的逐渐愈合,奔驰公司决心重返赛车场,1950年他们重建赛车部,召回了赛车专家诺依巴赫,经过一系列的努力,1951年奔驰赛车又重现赛车场。

1954年奔驰公司看到了F-1大赛的迅速兴起,决心参加进去。为此他们设计了全新的W196赛车(图6-16)。有了宝马良驹还需要优秀的骑手,奔驰公司从玛沙拉蒂车队中挖来了1951年的F-1冠军凡乔,于是一个赛车场上的梦幻组合出现了。1954年凡乔驾驶W196参加了1954年9站F-1大赛中的后6站比赛,夺得4次冠军,一举成为当年的F-1大赛总冠军。1955年凡乔一直驾驶W196,在他参加的6站比赛中4次夺魁,蝉联F-1年度总冠军。但不知为何,奔

图6-16 1954年奔驰W196赛车

驰公司在1956年退出了F-1大赛。这样W196也就作为奔驰公司唯一的一种F-1赛车而名垂史册。

戴姆勒—奔驰公司生产的汽车以高质量和可靠的性能闻名于世。300S轿车(图6-17)就是在20世纪50年代初期生产的高质量的轿车,是戴姆勒—奔驰公司当时的旗舰。早在第二次世界大战爆发之前,戴姆勒—奔驰就制造出排量为7L的增压发动机,在经过精心改进后用作300S上的发动机,其体积只有原先7L发动机的一半,整车的质量也较战前类似车种减轻了1t,但性能却优越得多。在300S系列中,除SC型使用燃油喷射外,其余车型均装有3个化油器,使其具有更高的动力性能。

图6-17 20世纪50年代的梅赛德斯—奔驰300S轿车

这个时期的汽车翼子板已小了许多,头灯也由过去单摆变成现在与车身融为一体的造型,既可增强车身造型的整体感,又可减小空气阻力。翼子板上方设置的两个小灯,虽是寥寥几笔,却也逗人喜爱,可突出外观声势,起到画龙点睛的作用。

梅赛德斯—奔驰220轿车(图6-18)是1956—1959年生产的车型,与300S相比,此时的汽车已看不到凸出的翼子板形象了,翼子板与车身融为一体,两侧平滑的车身使整车造型显得简洁明快;前部去掉了烦琐的装饰;电镀镶条腰线在尾部弯曲造型的小插曲,与前照灯上面的小灯前后呼应。在初看此车感觉毫无新意时,见到此状,会令你眼前豁然开朗,不禁为之一振。

该车在色彩运用上颇为讲究,色彩的亮度差异会产生不同的质量感,明亮色彩显轻,暗的色彩显重,该车浅色车身配深色车顶,正是利用了上重下轻的不稳定性而增强了整车动感,使笨重的汽车显得轻盈,使平淡的形象显得突出。

该车装有六缸发动机,最大功率为73.5kW(100马力),转速为4800r/min。

300SEL轿车(图6-19)是戴姆勒—奔驰公司1968年的车型。这个时期,虽然汽车设计师们通过对空气动力学的研究,已经清楚地认识到"楔"形车的造型最符合空气动力学的理论,但从商业角度出发,船型车还是有着广阔的市场。

图6-18 1956年梅赛德斯—奔驰220轿车

图6-19 1968年梅赛德斯—奔驰300SEL轿车

所谓船型车,就是设计人员从乘坐舒适角度出发,将车身拉长,使乘客座位完全在前后桥中间,可避免过去将后排座椅布置在后桥上方而引起的过度颠簸,同时把车厢后背改为阶梯形,使后视野加大,从整体上看,船型车是由发动机厢、乘坐厢和行李舱组成的三厢轿车。这种造型的汽车比甲壳虫造型汽车的行驶稳定性要好。300SEL 就是一辆典型的船形轿车。

300SEL 已采用了组合式前照灯，整体感加强。发动机罩上的起棱，既可增加强度，又可使传统的水箱通风罩栅与流线型车身融洽地结合。

梅赛德斯—奔驰轿车以高质量闻名于世。由于技术先进、性能可靠、造型优美，使其每件产品几乎都成为一个和谐的完美的整体。这当中 600 型轿车（图 6-20）是一个杰出的代表。600 型轿车是奔驰公司的顶级豪华轿车，该车采用众多电子新技术，使得其乘坐安全性高、操纵稳定性强、行驶平顺，车内装有现代化办公系统，因此它在很多国家成为国家元首或政府首脑的用车。各国也多用此车作为接待外国元首的迎宾车。

人们心理上的特点也是影响造型艺术的重要因素。等级车的特点之一就是尽管时代变迁，其形象一般仍保持连续性。600 型轿车除采用传统造型、加长车身外，后座车顶还增加了皮革包镶，以体现其庄重、豪华以及高级感。

随着战争创伤的愈合，人们对高品质汽车的需求越来越大。在这种形势下，奔驰公司充分利用了它先进的技术，同时开发出一对兄弟车型——W196 赛车和 300SL 跑车（图 6-21），它们以卓越不凡的性能和造型在汽车史上留下了精彩的一页。其中 300SL 跑车是众多汽车艺术珍品中的最杰出的代表之一，它那优美的上掀式鸥翅车门开创了汽车造型史上一个新的时代。不过，这其实是一个被逼出来的创新。300SL 率先采用了轻合金管材作为底盘骨架，该管材拥有质量轻、强度高的特点，可是这种底盘侧梁过高，以至于难以安设车门，不得已，设计师为它设计了这种鸥翅车门。没想到这个设计大受欢迎，成为 300SL 最迷人的地方之一。

图 6-20　梅赛德斯—奔驰 600 型轿车　　　　图 6-21　1952 年梅赛德斯—奔驰 300SL 跑车

300SL 装有 6 缸机，排量为 3.0L，最大功率为 158kW（215 马力），转速为 5850r/min，最高车速可达 260km/h。由它改装成的 300SLR（R 代表 Racing 车赛）曾在 1952 年勒芒 24 小时耐力赛上夺冠。

SLK 跑车（图 6-22）是戴姆勒—奔驰公司生产的最新型跑车，用于和宝马 Z 系列、保时捷 Boxster 争夺轻型跑车市场。它在 1996 年的北京第四届国际车展上展出过。戴姆勒—奔驰公司的许多高新技术在 SLK 上都得以体现。如汽车起步时，某一驱动轮发生空转，车上安装的汽轮机跳闸保护系统（ETS）就会对该轮起作用，直到两个车轮转速相同时，ETS 才停止工作。SLK 上还装有 ABS/ASR 系统，当车辆急加速而引起车轮空转时，该系统可自动控制发动机转矩,并使驱动轮制动;在急转弯车辆发生偏移时,该系统可降低车辆打滑造成的危险;同时该系统还可使制动距离缩短。SLK 的另一个特点是拥有能承受 50kg 质量的灵活便利的折叠车顶,当按下电钮,车篷会全部收到行李舱内,丝毫无损于跑车形象,使该车既有跑车的潇洒又有房车的舒适功能。SLK 的开发充分利用了计算机技术,从开发到推出仅用了 27 个月。

2004 年北京车展上"移动的总裁办公室"——梅赛德斯—奔驰 Viano(图 6-23)正式登陆中国,毋庸置疑地占据了:商务车(MPV)市场的顶级位置。

图 6-22　1996 年梅赛德斯—奔驰 SLK 跑车

图 6-23　奔驰 Viano——"移动的总裁办公室"

初见 Viano 流线型的外形,就会让你强烈感觉到梅赛德斯—奔驰的设计师对车身线条视觉效果处理的功力,使你感觉这样一部车身长近乎 5m、宽 1.9m 的 Viano 看起来并不那么庞大。细细品味 Viano 车身的每一处细节:全透明灯罩的一体化水滴形头灯;可折叠的带内嵌式转向灯的电动电热后视镜;与车体同色的前保险杠;以及从前照灯到 B 柱、从发动机罩到风窗玻璃,两条线条的完美结合;这些设计元素都在向与梅赛德斯—奔驰家族经典的轿车风格靠近。而镀铬前横隔栅中醒目的中置三叉星徽标志,车身侧面纵贯前后的双曲线,乃至轻质合金轮圈 225/60 R16 宽断面轮胎,都恰到好处地勾勒出了梅赛德斯—奔驰跑车的轮廓,使 Viano 更具运动感。

同时,Viano 的车身融入了更多的豪华视觉因素。车身侧窗面积宽大,完全覆盖了 B 柱和 C 柱;垂直的后车灯完全将 D 柱包围的设计,使你无论从后面还是侧面都看到它几乎与 D 柱等高。这些设计无不体现出"总裁办公室"的气势。

图 6-24　2017 年梅赛德斯—奔驰 E - Class L

2016 年,北京车展上梅赛德斯—奔驰长轴距 E 级车全球首发(图 6-24)。新长轴距 E 级车优雅、自信的设计充分展现了梅赛德斯—奔驰轿车独有的车身比例。与全新标准轴距 E 级车相比,其轴距加长了 140mm,进一步保证了宽敞的车内空间。而与上代长轴距 E 级车相比,其轴距亦增加了 65mm(达到 3079mm),而车身整体长度则增加了 39mm(达到 5063mm)。全新长轴距 E 级车在设计之初充分洞悉中国市场及消费者需求,加长的轴距保证了后排乘员的舒适性与极具空间感的车内氛围。车身侧面是欣赏全新长轴距 E 级车的绝佳角度,修长的发动机舱结合轿跑车风格的车顶线条,与宽大且感性的车尾流畅衔接,勾勒出令人心动的车身轮廓。修长的全新长轴距 E 级车的车身传递出十足的力量感:较短的前后悬、较长的轴距、尺寸更大的轮毂,尽显新颖、时尚、动感的全新特征,诠释了梅赛德斯—奔驰"感性·纯粹"这一核心设计理念。

第三节　福特公司汽车的造型

提到福特汽车公司,不能不使人想到福特 T 型车(图 6-25),因为它与福特汽车公司最辉煌的一段历史紧紧联系在一起。可以毫不夸张地说,福特汽车公司最大的成就就是 1908—1927 年生产的不朽的 T 型系列车。在长达 20 年的生产期间,T 型车被称为"运载整个世界的工具"。

最初 T 型车也是沿袭马车的造型,用皮带将支起来的车篷前端扎在车身上。T 型车可乘坐 4 人,装有 29.4kW(40 马力)的四缸发动机,时速可达 80km。随着发动机功率的加大和车速的提高,T 型车在车前立起一块挡风板,使风吹不到车上的乘员。T 型车以其结构紧凑、坚固耐用、容易驾驶、价格低廉等特点而广受欢迎,是世界上第一种普通百姓买得起的家庭用车。特别是本来从不信任汽车的农民也感到了汽车带来的好处,开始踊跃购买 T 型车。1908—1927 年,T 型车共生产了 1500 多万辆,这一记录直至 1972 年才被甲壳虫汽车打破。

图 6-25　1908 年福特 T 型车

20 世纪初,福特汽车公司仅在美国就有 2000 多个汽车厂,生产车型达 5000 多种。1913 年,福特汽车公司在汽车城底特律建成了世界上第一条汽车装配流水线,使 T 型车成为大批量生产的开端。汽车组装时间从每辆 12.5h 缩短到每辆 1.5h,汽车产量突飞猛进。箱式 T 型车(图 6-26)是 1915 年开始生产的,年产量达到 308213 辆,福特一个公司的产量就占美国总产量的 70%,而当时生产汽车历史较长的英、德等欧洲各国的总产量也只不过是美国产量的 5%。大批量的生产使成本也大大降低,每辆汽车售价仅为 360 美元,T 型汽车开始进入普通人们的家庭。因此在当时,"福特"成为汽车的代名词。由于福特过于注重生产成本,不重视装饰,使多年生产的 T 型车显得单调、简陋。到 1927 年,带有豪华饰件的通用公司的雪佛兰赢得了用户的普遍欢迎,终于击败了垄断汽车市场 20 年的福特 T 型车,使它最终退出了汽车历史的舞台。

福特 V8 轿车(图 6-27)是福特公司历史上最著名的车型之一,是福特公司和通用公司激烈竞争的产物。1927 年,伟大的福特 T 型车在新型雪佛兰轿车的压力下被迫停产。1928 年,福特公司推出全新 A 型车与之竞争,雪佛兰则针锋相对地用六缸发动机代替原有的四缸发动机,并打出一条诱人的口号——"六缸机的轿车,四缸机的价格",在市场争夺战中又胜一局。亨利·福特怒火中烧,竟把林肯车上的 V8 发动机装在了换代用的 B 型车上,结果造就出了一代名车——福特 V8。

图 6-26　箱式福特 T 型车

图 6-27　1932 年福特 V8 轿车

就生产 V8 发动机轿车的技术和当时的市场形势而言，福特 V8 的售价低到了令人可笑的程度——仅比当时福特的 4 缸机轿车贵 50 美元（比较一下，通用公司的 V8 机当时仅用于凯迪拉克），这就使它迅速普及起来。这一举动的直接后果便是促进了汽车竞赛在美国的风行，因为很多热衷于赛车的年轻人终于拥有了一辆属于自己的高速汽车。于是，美国汽车越野赛，高速汽车冲刺赛和全美批量销售汽车大赛相继出现，并风靡一时。

1949 年的水星（图 6-28）是福特汽车公司林肯—水星部于第二次世界大战结束后设计的第一种新车，是一种有着鲜明时代特色的轿车。高高的腰部使两侧及后背车窗较窄，整车

图 6-28　1949 年的水星

采用浑圆的曲线造型，给人一种庄重感。该车两侧低位布置的电镀镶条腰线，有非常抢眼的效果，使人淡漠了高高的车顶，更为显眼的是汽车的前部，只保留了下面一半香肠式的电镀水箱通风罩栅，这是造型设计人员通过巧妙地利用人们的视觉误差使该车较高的车顶看起来显得不那么高了。利用人们视觉误差进行造型是车身设计的一个重要方法。

该车装有 V8 发动机，排量为 4.19L，这使其有足够的动力驰骋在美国广阔的道路上。

朝鲜战争结束后，美国进入了一个穷奢极欲、铺张浪费的时代，汽车仅仅作为交通工具的时代早已过去。随着自我意识的日益膨胀，人们开始用汽车显示自己的地位，汽车也就成为首选的自我表现的手段。福特汽车公司此时推出的雷鸟牌跑车（图 6-29）为了取悦痴迷的消费者，效仿通用汽车公司当时的时髦设计，在后行李舱两侧采用了尾鳍造型，此举一出台果然使销量大增。雷鸟自推出后就占据了美国高档双门跑车的霸主地位，直至今天仍然是福特汽车公司的看家车型之一，60 多年来共生产了 1000 多万辆。

雷鸟给人的另一个印象是前部与任何一个车型都无丝毫雷同之处，仔细观察，我们不难发

图 6-29　1954—1957 年的雷鸟牌跑车

现，原来雷鸟前端的保险杠与水箱通风罩栅制作成了一个整体，为了增强整体感，前面的两个小灯也做在了保险杠中。

1954年地平线（图6-30）是福特公司在第二次世界大战和朝鲜战争结束后，推出的具有非常强的竞争力的轿车。经过漫长的战争岁月，人们都十分渴望安宁的生活。由于大批军需物资订单的撤销，使公司又能转向新车型的开发，此时的美国比任何时候都更加富有，对汽车车身也有足够的金钱进行豪华装饰。

地平线正是在这种背景下，使用了大量电镀饰件，如较宽的灯框，通风罩栅宽大的镶边、粗犷的前、后保险杠均为电镀饰件，被喻为是"金钱笑脸"。遮住后轮一半的轮罩也为耀眼的镀件，它与车身两侧宽大的电镀腰线相互呼应，在火红色车身的衬托下，表现出经济蓬勃发展的景象。地平线采用折叠式车顶，当折叠硬顶打开时，车顶就会优美地滑入后行李舱内，为了保证折叠车顶的可靠运行，该系统使用了5个电动机、13个电键、10个电磁线圈和近150m的导线。

埃塞尔（图6-31）是福特公司20世纪50年代末期推出的中等价格轿车。在20世纪50年代的10年中，美国出现了不间断的繁荣，整个国家沉浸在一股消费热潮中，这时美国汽车工业比任何时候都兴旺发达。为迎合疯狂的购买者的口味，此时的汽车造型已开始追求怪异。埃塞尔车的风窗玻璃大胆地采用了"全景"玻璃，这是当时造型的一大特点。所谓"全景"玻璃是指没有前窗支柱，风窗玻璃两侧向后弯曲，使驾驶人全部视野范围内无遮挡。

图6-30 1954年地平线　　　　　　　　　图6-31 1958年埃塞尔

这种过分追求功能而走到极端的造型，导致车顶缺乏有力的支撑而成为悬臂结构，使汽车安全性能大大降低。尽管埃塞尔在投产前进行了10年的研制和周密的市场调查，公司预测销售看好，但最终还是难逃不幸命运，埃塞尔在市场上只销售了3年就被冷落了，成为不成功汽车设计的范例。这再一次证明，优美的造型必须以合理的功能为前提。

1964年春，在纽约举行的世界博览会上，福特汽车公司首次展出了野马跑车（图6-32），其线条粗犷而美观，瞬间便在全美引起了轰动。就在福特汽车公司推出"野马"的同时，几乎美国所有的报纸上同时出现了一匹奔腾的"野马"，这匹奔腾的"野马"又几乎踏遍了所有的广告媒介，一时成为家喻户晓的"野马"。由于该车性能优越，而当时售价又仅为2368美元，人们普遍认为其价值似乎应两倍于它的售价，所以该车刚一投放市场，人们便争相购买。

其实野马这种动物并非指家马的祖先，而是指分布在美国西南部和墨西哥等地，由西班牙人带入美洲，后逃逸野化的家马的后代。野马的名字实际上是受第二次世界大战中为美国立下汗马功劳的P51野马战斗机的启发而命名的。

野马跑车在 1965 年的销量达 50 万辆,1966 年更是创下了 54.96 万辆的记录。这占北美汽车总销量的 6.1%,占跑车销量的 78.2%。与此同时,市场上到处充斥着带有野马标志的帽子、玩具等物品,"野马"浪潮汹涌澎湃般地席卷了整个美国。在福特 T 型车之后,又一种车型产生如此轰动的效应,可谓一大奇迹,这不能不说是福特汽车公司精心导演的精彩一幕。其实早在 1961 年,福特汽车公司的设计人员就采取了行动,要与占据跑车市场的通用汽车公司较量一番。他们要设计一辆很有派头、浑身带劲的跑车。这一年的秋季这辆鲜红色跑车的模型诞生了,最初它被命名为"快板",后由福特汽车公司当时的总经理阿杰·米勒改为"野马"。亨利·福

图 6-32 1964 年野马跑车

特二世对此车大加赞赏,还建议将该车增长,以使后座不显过窄。该车自其问世以来 50 多年中已发展出六代。可以说野马跑车代表了福特公司的才干和风格。

林肯—大陆是福特汽车公司的高档轿车,它一直是通用汽车公司凯迪拉克轿车的竞争对手。图 6-33 所示的是 1940 年生产的第一部林肯—大陆,是当时福特汽车公司总经理埃塞尔·福特的杰作。图 6-34 所示的为 1956 年生产的林肯—大陆,这是当时市场上质量最好的轿车之一。

图 6-33 1940 年林肯—大陆

图 6-34 1956 年林肯—大陆

林肯—马克Ⅷ跑车(图 6-35)是林肯分部一种双门豪华跑车的名称。该车造型简洁流畅,与 20 世纪 80 年代的马克Ⅶ相比变化很大,更具流线型特色,以适应更高的车速。其行李舱的形状很有特色,是从 20 世纪 60 年代林肯—马克Ⅲ豪华轿车上继承来的,那凸出的弧形部分如同老式汽车上备用轮胎的盖子。

林肯 120 加长礼宾车(图 6-36)气势恢宏,车身长度达 8519mm,宽 1986mm,高 1575mm,前进气格栅十分宽大,前照灯和进气隔栅融为一体,简洁之中透露着优雅。车子有黑白两种颜色,采用米色内饰。

在动力系统方面,林肯 120 加长礼宾车搭载的是 4.6L 的 SOHC 32 气门 V8 多点电喷发动

图 6-35 1993 年林肯—马克Ⅷ跑车

机,与之相匹配的是 4 挡自动变速器,最大功率为 178kW,转速为 5000r/min,最大转矩为 276Nm,转速为 3750r/min。总之,林肯 120 加长车有着出色的性能、高雅的造型和无与伦比的舒适度。

图 6-36 2009 年林肯 120 加长礼宾车

吉亚运动车(图 6-37)是福特汽车公司 20 世纪 80 年代制造的运动型轿车,由福特汽车公司设在意大利的吉亚设计室设计,体现出明显的意大利风格。不少汽车采取仿生造型设计的手法,如有的设计人员将车身塑造成美洲豹的形象,有的车身则选用了奔鹿的造型等。造型设计人员采用此种手法的目的,就是要使人们在看到汽车时,将其与力量、高速联系在一起,以便充分发挥艺术感染力的效果。"吉亚"的设计者正是出于此种目的,将后轮的 3/4 盖住,形如牛腿,整车造型如同奔牛,给人以牛劲十足的力量感觉,两侧车身后部的竖向线条更增加了这种效果。但遮盖车轮对制动系统和轮胎冷却是不利的。吉亚运动车具有高度流畅的车身表面,前后风窗玻璃倾角极大,前照灯与车身表面融为一体,这些都有利于提高空气动力性能。该车原来预测风阻系数 $Cd = 0.30$,但经过精心设计,最终 Cd 达到了惊人的 0.20。

长安福特麦柯斯 S-MAX(图 6-38)是福特第一款采用了福特欧洲动感设计(Kinetic Design)的车型,充满运动和时尚风格的造型设计,体现了"运动中的能量"。长安福特麦柯斯 S-MAX 介于轿车与 MPV 之间,形成新的高性能运动型多功能车(SAV)细分市场。SAV 既比轿车有更宽敞的空间与更灵活的位置变化,又比 MPV 更具动感与驾驶乐趣。长安福特麦柯斯 S-MAX 开创了一个集运动型和多用途型于一身,并为消费者带来更富活力与时尚感的车型。

图 6-37 吉亚运动车

图 6-38 2008 年长安福特麦柯斯 S-MAX

2010 款福特 Grand C-MAX(图 6-39)采用了福特的"动力学"设计。虽然外形上的许多特征同长安福特麦柯斯 S-MAX 是一样的,但是七座 C-MAX 的车身长度加长了,拥有了一个滑动式的后门和一个重新设计的驾驶座舱。此外,福特还舍弃了五座车型倾斜式的车顶,从而为第三排乘坐者提供更大的头上空间。不论外观设计上有什么改变,该车的驾驶座舱还是奢华而时尚的。按钮密集的仪表板上最突出的设计是一个巨大的调整旋钮,这个调整旋钮操控着一个小的显示屏。

2017 新款的福特野马跑车(图 6-40)车身设计野性前卫,不论是锋利的氙气大灯,标志性的三条柱状尾灯,如同猛兽蓄势待发的车头设计,还是时尚肌肉型伏地车身设计以及改善的空气动力性能,全新设计细节无不给人惊喜。驾驶室设计灵感源于飞机驾驶舱,力求为驾驶人带来绝妙操控体验。细节布局为实现最优的舒适感与驾驭体验。驾驶座保持在低位,类似赛车座椅。变速杆和转向盘布局合理,释放出足够的腿部空间。

图 6-39　2010 款福特 Grand C-Max

图 6-40　2017 款福野马跑车

第四节　通用公司汽车的造型

一、通用汽车公司雪佛兰部

1927 年雪佛兰(图 6-41)是通用汽车公司雪佛兰部生产的具有划时代意义的车型,就是这部车为通用汽车公司的崛起作出了决定性的贡献。

早在 1913 年,福特汽车公司就开始用流水线大批量生产 T 型车,使生产成本大大降低,从而使 T 型车风靡全美。但因为老亨利·福特过于强调成本,他的 T 型车 20 年中外形没有变化,大多为黑色且很少装饰,对此人们渐渐产生了反感。此时,通用汽车公司董事长斯隆最先注意到了这一点。他认识到汽车将不仅是一种交通工具,而且将成为人们表现自己个性的一种方式。因此他对汽车的造型极为重视。他率先成立了"产品政策研究特别委员会",下设"色彩与美术部",专门负责汽车造型设计,并于 1927 年推出了经专门设计的新型雪佛兰。由于雪佛兰在水箱通风罩栅上增添了豪华装饰件,而且色彩多样化,从而很快赢得了用户的欢迎,使垄断了汽车市场 20 年之久的 T 型福特车终于被击败。通用汽车公司也从此夺取了福特汽车公司作为汽车霸主的地位,再也没有让出。

图 6-41　1927 年雪佛兰

康凡 C-3(图 6-42)是美国通用汽车公司雪佛兰部于 1953 年制造的车型。很难想象它竟是雪佛兰家族中最著名的一辆车。康凡 C-3 出自于著名汽车设计大师米凯洛蒂之手。该车前部的水箱通风罩栅、车身两侧、发动机罩以及后行李舱盖均由大面积不锈钢材料制成,而且水箱通风罩栅采取反光效果极好的抛物面造型。初看此车,貌不惊人,使人对于设计大师如此选材、造型感到不可思议,但每当黄昏降临、夕阳西下,就在所有汽车失去其光彩的时候,映满彩霞的康凡 C-3,犹如一幅绝妙的风景画驰骋在大道上,特别是前面的弧面罩栅更是光彩夺目,令人赞不绝口。这种利用大自然作为最好的调节剂来美化自身的手法,一直被传为佳话。因此我们就不难理解为什么该车被美国纽约现代艺术博物馆作为珍品收藏。该馆珍藏了它认为是世界上最好的十辆车,在这十大名车中,美国车只有 2 辆,康凡 C-3 就是其中之一。

贝尔·艾尔(图 6-43)是美国通用汽车公司雪佛兰部产品,是设计大师哈里·厄尔的代表作之一,被称为"雪佛兰价格的凯迪拉克"。该车在当时是一个全新的车型,因为这是自 1917 年雪佛兰部成立以来首次采用了 V8 型发动机。20 世纪 50 年代是美国汽车工业蓬勃发展的时期,仅 1955 年雪佛兰就出厂 1713478 辆汽车,其中贝尔·艾尔占 773238 辆。

图 6-42　1953 年康凡 C-3

图 6-43　1955 年贝尔·艾尔

贝尔·艾尔为双色车身,图 6-43 所示的这辆车车身采用红白两色。设计师将车尾的白色向前扩展到车身两侧,同时车顶也采用白色,使人们在看到车尾时,很容易受同一色彩影响而展宽视野,将较短的车尾与车身及大面积的车顶联系在一起,从视觉上改变短尾的形象。这种通过使用不同色彩进行分割诱导,利用人们看物体时所产生的视觉错误,使人们按照设计者的意图去观察车身造型的方法,是汽车设计师们经常使用的手法。正是由于该车型那美丽的外形,使产量很大的贝尔·艾尔仍然一直被世界各国汽车收藏家视为珍品。

朝鲜战争之后,美国原来生产军需物资的很多企业又恢复了民用品的生产,从 20 世纪 50 年代的汽车造型可以看出当时汽车工业的繁荣景象。双色车身、白壁轮胎成为当时汽车的共同特点。而 1958 年雪佛兰(图 6-44)的前部造型更具有鲜明的时代特色。仿生造型的前照灯,其灯框犹如眼眶,使人倍感亲切。水箱通风罩栅的宽边电镀镶条,象征着财富的堆积,在罩栅中部宽大的电镀横条上,装有喷气发动机造型的饰件,就连发动机罩的上方也装饰了两个飞机模型,象征该车的高速。所有这些装饰均由耀

图 6-44　1958 年雪佛兰

眼的电镀件制作,以显示其富有,难怪人们常用"金钱笑脸"来形容这副面孔。

该车装有 4.6L 排量的 V8 型发动机。最大功率为 208kW(283 马力)。由极高的幸存率可以证明,这种 1958 年生产的雪佛兰是非常耐用的汽车。

克尔维特由通用公司雪佛兰部制造,于 1953 年首次推出。克尔维特这个名字来源于欧洲

图 6-45　1953 年通用雪佛兰克尔维特

16—17 世纪很流行的一种轻型护卫舰。克尔维特跑车的造型先后由伟大的设计师哈里·厄尔和比尔·米切尔设计。它是美国历史上第一部成功的超级跑车，自推出以来深受欢迎，并且经久不衰。1993 年，它度过了自己的 40 岁生日，并迎来了第 100 万个成员，而此时已生产出的克尔维特中有约一半仍在服役。到 1997 年，它已是五世同堂，创造了美国和世界汽车史上的一个奇迹。

图 6-45 所示的是 1953 年生产的第一代克尔维特（造型出自哈里·厄尔之手）。图 6-46 所示的是 1963 年型的第二代克尔维特，也是造型最有特色的一个型号（出自比尔·米切尔之手），从图中可以看出这位设计大师通过半个船尾式的造型、新颖的劈开式的后窗、暗藏式的前照灯，希望使人们开车时产生驾驶舰艇周游世界的感觉。图 6-47 所示的则是 2010 年款的超级跑车克尔维特。

图 6-46　1963 年克尔维特

图 6-47　2010 年款超级跑车克尔维特

鲁米娜 MPV（图 6-48）是通用公司的第一代多用途车，其空间宽敞实用，容易驾驶，是一种很实用的家庭用车。它可以选配 V6 或 V8 发动机，这一设计在同类车中是很少见的。特别值得一提的是鲁米娜 MPV 在世界上首创了前部大幅度倾斜的子弹头风格，这种车型一出世，就引起了各国汽车制造厂的极大兴趣，他们争相仿效，一时间竟成了一种流行车型。

雪佛兰 Captiva 科帕奇（图 6-49）外形采用了俯冲式腰线和曲线顶棚的设计，在塑造出饱满车身形态的同时还使其具有更多的运动感。车头部分的设计带有雪佛兰家族风格，梯形进气隔

图 6-48　1994 年雪佛兰鲁米娜 MPV

栅上"雪佛兰"车标镶嵌其中。雾灯被设计在了保险杠上方。作为原装进口车，科帕奇保持了不错的做工。

在动力方面，雪佛兰 Captiva 科帕奇的"全路况"特性源于雪佛兰领先的 SUV 科技。雪佛兰科帕奇搭载的 2.4L 排量的发动机，使澎湃动力源源不断，保证车辆在任何路面上都拥有始终强劲的动力。该车同时配备了 5 速手动和手自一体变速器。该车的最大功率为

100kW，最大转矩220kN·m。智能适时四驱系统可自动切换两驱和四驱，轻松应对变化路况。

雪佛兰科迈罗（Chevrolet Camaro），设计于1960年，至今共发展了六代（图6-50）。设计于1960年的第一代科迈罗，代表着那个时代的乐观主义。使得科迈罗成为美国标志的是其超过百万的销量。《变形金刚》上映之后，科迈罗概念车曝光，随后量产版科迈罗于2008年正式发表亮相，使其在上市前积累了不少人气。当《变形金刚》里的"大黄蜂"从一辆1974年的老款雪佛兰科迈罗变换为科迈罗概念车，在变身的一刹那，相信很多的观众都为之惊叹。一辆极富时代气息，同时具备威猛身形的科迈罗展现在眼前。在经典的黄色底漆上，科迈罗"大黄蜂"概念车于发动机罩上涂上了经典的黑色赛车条纹，使人很容易的辨认出其大黄蜂的真实身份。

图6-49　2009年雪佛兰Captiva科帕奇

图6-50　第六代雪佛兰科迈罗SS

2017年2月，雪佛兰官方宣布第六代科迈罗RS车型以全进口方式引入中国市场，领衔雪佛兰高性能车型战队的第六代科迈罗SS是令全球车迷为之尖叫的美式肌肉传奇跑车。外形设计方面，从风窗玻璃到后防火墙采用了单片式车身架构，以一个单独的钢管副车架来支撑所有车前部的部件。双摆臂组成了前独立悬挂系统，而固定的后轴则被半椭圆的钢板弹簧悬挂起来。采用了双门造型，配合有力的尾部以及侧面线条设计，这就使得其看上去"肌肉感"十足。同时，新车最大的改动就是采用了交叉排列的后避震装置（分别在后车轴的前后），用来缓冲猛烈加速时车轮产生的剧烈跳动。采用通用汽车全球轻量化豪华后驱平台，配备6.2L V8直喷发动机，最大输出功率339kW，最大转矩617N·m，其0~60mi/h加速时间只需不到4s，超人实力叹为观止。第六代科迈罗SS拥有纽博格林赛道调校的顶级赛车底盘、MRC主动电磁感应悬挂和全新轻量化车身结构，应用科技感爆棚的智能车载配置，不愧为科迈罗家族中的"性能担当"。

二、通用别克分部

1949年，在Roadmaster的基础上别克推出了Riviera（图6-51），这是一种双门无柱硬顶（hard-top）的车身设计风格，这种风格在接下来的30年里一直大行其道。当时的广告曾评价这种风格"相当的时髦"。Riviera高昂的价格并未能阻挡购车者潮水般的热情，因其从材料到工艺都堪称一流。最值得称颂的是，它几乎陪伴了所

图6-51　1949年Riviera

有的拥有者度过后半生时光,并被传给了下一代。Riviera 的推出使得别克统治了美国豪华车市场 40 年。从 Roadmaster 到 Riviera,别克造就了典型的美国车,也成就了极具特色的美国汽车文化。

1903 年大卫·别克创建了别克汽车公司,为纪念别克公司创建 50 周年,别克部于 1953 年推出了超豪华型的云雀轿车(图 6-52)。

这是一辆活动车顶的两门轿车,前部水箱通风罩栅和发动机罩与 1949 别克造型相似,但车尾加装了尾翼,两侧腰线向后下垂,给人以不堪重负的感觉。为显示其豪华,别克使用了大量电镀饰件装点车身,所有内饰均采用高标准配置,但不幸的是该车上市后由于其价格昂贵,致使很少有人前往问津,经营上的惨败使这种超豪华的云雀不得不在 2 年后终止了生产。不过云雀这个牌子却留在别克分部的车型谱中,一直生产到今天,只是它不再代表别克最豪华的车型了。

为了挤入由福特雷鸟占据的私人豪华运动车市场,通用公司别克部于 1963 年推出了里维埃拉两门运动车(图 6-53)。该车从前到后无不充满锐利的棱角,线条流利明快,其刀刃一样锋利的造型在通用公司的产品中是独一无二的,明显受到 20 世纪 60 年代初期欧洲运动车的影响,但又不失美国自己的特点,可以说该车是把欧美不同风格融为一体的佳作。里维埃拉的车轮采用了艺术性极强的细辐条式,使这辆车随时保持着强烈的运动感,这使里维埃拉成为造型中成功利用节奏元素的典范。

图 6-52　1953 年别克云雀轿车　　　　　　　图 6-53　1963 年里维埃拉

里维埃拉是意大利西北部的一个地名,是地中海畔的旅游胜地。通用汽车公司选用这个名字以引起热衷于运动和旅游的年轻人的兴趣。他们的战术果然获得了成功,里维埃拉成了别克分部最受欢迎的产品之一,一直生产到 20 世纪 90 年代。

1959 年,别克推出了它的巨型旗舰 Buick Electra 和 Buick Electra 225(图 6-54),用来替代此前的 Super、Roadmaster 和 Limited 这三款别克生产线上的顶级车型。Buick Electra 225 中的数字表示该车车长达到 225 英寸(5715mm),因此它又获得"二又四分之一"的昵称。它因为有一个穿越车身一直延伸到背后的笔直的线条和凹面的尾灯而与众不同,动力采用别克 6.6L 排量 V8 发动机。Buick Electra 以更好的动力、加长的长度、加宽的车身、更大的空间、更具肌肉感的形象及更加关注安全的设计而引起了社会轰动。这些大受欢迎的特征在随后的几代车型中都得到保留。要说具体的差别之处,那就是别克在"豪华"的路上越走越远。

作为顶级 MPV 的典范,别克 GL8(图 6-55)以其豪华气派、动力强劲、宽敞舒适的优势实现批量出口,被东南亚媒体誉为"完美 MPV",更成为北京申奥、APEC 会议等重大国际级外事活动的礼宾用车。8座剧院型和豪华剧院型两款在国内首开中高档车和原厂配备可播放CD、VCD、MP3的影音播出系统之先河,以别克独具的静音舱为基础,创造出别克"移动影音天地"的效果,把"陆上公务舱"所代表的顶级MPV的豪华体验推向极致。

图6-54 1975年Buick Electra

图6-55 2003年别克GL8

别克GL8的特点:3.0L排量V型4冲程6缸发动机;车身高,视野开阔;高速行驶的平稳性、操控性好;前排驾驶人、乘客双安全气囊;7～8座,宽敞多变的内部空间组合;ABS、双气囊、双滑拉门、真皮选装座椅、后排空调控制和CD唱机。

2006年初上海通用推出全新的车型君越(图6-56)。与君威相比,该车型有了翻天覆地的变化。君越的整车是全新设计的,外廓尺寸比君威都加大了。车前部是经典而且漂亮的直瀑式水箱散热隔栅,这是别克的标志性特征,三枚盾牌错落排列的图形LOGO镶嵌在隔栅的正中央。近似三角形的三维曲面造型的前照灯很漂亮。尾灯的造型风格与头灯相呼应,并且采用了白底色设计,颇具豪华感。侧面的造型曲线圆润,与前部、后部曲线很协调,增高的车门和减小的侧窗共同营造出沉稳的视觉效果。该车与克莱斯勒300系列的风格取向有些类似,非常漂亮。

图6-56 2006年君越

君越还配置了更先进的动力总成,操控性能也有一定的提升。顶级君越配置3.0L排量V6发动机,最大输出功率131kW,转矩为244N·m。与竞争对手相比,君越虽然性能数据并不是最好的,但推动1690kg的车身却绰绰有余。低速状态下,这款发动机运转平稳且安静。而要想获得更好的加速性能,驾驶人只需要加大踩踏加速踏板的力度即可,这符合它中高级轿车的定位。

2007年别克推出的全新的SUV车型昂克雷(Enclave)。区别于大多数同类SUV强悍、硬朗的外形,昂科雷使用了大量柔和、连贯的线条以突显别克品牌典雅大气的特征。"三盾"车标镶嵌在别克品牌标志性的直瀑式水箱护罩中央,在发动机罩上还安装有"Buick舷窗",非常特别。前照灯采用了高强放电(HID)照明技术,并能够随着前轮的方向进行转向照明,大大提高了夜间行车安全。车身比例设计很大胆,轮距很大,车轮被移到四个角上。这使整个车身"包裹"在四个车轮上,加上宽大的21in(53.34cm)七辐轮毂,大大增强了车辆行驶稳定性。

随着近年来SUV市场的火热,很多车企都把目光从轿车转移到了SUV领域。2016款别克昂克雷(如图6-57),发动机罩使用了最新式的飞翼式造型,格栅使用分离式设计,分为上下两层。六边形进气格栅使用镀铬装饰,与左右两前照灯连接到一起。整体尺寸为5189cm×2007cm×1842mm,轴距达到了3071mm,是一款大型七座SUV。本车型内饰具有典型美式特点,内体采用黑棕双色搭配,豪华稳重,商务气息浓厚,因此,受到商务人士的青睐。

图6-57 2016款别克昂克雷

三、通用公司凯迪拉克部

1910年,凯迪拉克(Cadillac)(图6-58)建立了首个封闭式车身标准,在木质车架的外侧采用了金属包裹,车门全改用铁门,而车顶也将帆布式折叠车顶改为硬顶封闭式车顶。全面的包裹,保证了乘客不会因车辆碾过泥泞路面而溅出一身泥水,也不会被冰雹砸伤,还在一定程度上也能起到保温作用。

当然,并非凯迪拉克的全部车型都采用了这一设计。Model 30的双排豪华车和双座跑车有幸成为第一批穿上盔甲的量产车型。封闭式Model 30跑车拥有22.05kW(30马力)的四缸发动机,标配了乙炔气前照灯、侧面油灯、气泵、补胎工具箱、气体发生器等。当然还有一项试验性的技术被应用在部分车型上,那便是Delco的电子点火装置,这一技术的正式量产化应用还是2年以后的事情。

10年之后,凯迪拉克有了突飞猛进的发展。V-63型凯迪拉克(图6-59)是一辆两门硬顶轿车,可同时乘坐五人,车身已演变为漂亮的箱式造型。制作精巧的前风窗玻璃由上下两部分组成,下面是固定的风挡,上面是活动风窗,起通风作用。风窗的上面有一块宽宽的遮阳板。与其他箱式车不同的是V-63型轿车在后桥上设置了一个小行李舱,增强了实用功能。当时凯迪拉克轿车的前端还没有安装保险杠,由于工艺水平的限制,前悬架只能做成非独立式的,即两侧车轮由一根整体车桥相连,发动机置于前桥之后,因此前桥便位于轿车的最前端,轮胎也就成为碰撞时的缓冲装置了。

图6-58 1910年凯迪拉克

图6-59 1924年V-63型凯迪拉克

V-63型轿车首次使用了四轮制动系统,使制动更为灵敏,安全性大大提高。该车的动力装置采用了 V8 发动机。

弗利特伍德是凯迪拉克家族中的重要成员。1930 年凯迪拉克先后推出了排量从 5.5L 到 7.4L 的 345 型、355 型、452 型弗利特伍德轿车(图 6-60),其中以 452 型最具特色。452 型弗利特伍德是两座的软顶箱式轿车,具有"X"形身材的苗条车身。该车风窗玻璃几乎直上直下垂直布置,但为了减小风阻,做成了中间向前凸出,左右两侧略为后倾的 V 形风窗玻璃。脚踏板与车身底板之间设置了抽屉式的工具箱,车后背有一个大大的箱子——这便是当时的行李舱了。双色车身是该车的另一特点,车身两侧是浅灰色,行李舱、发动机罩以及前后轮罩均为草绿色,再配以白壁轮胎,使得行驶在公路上的 452 型轿车光彩夺目,当然这对制作工艺也提出了更高的要求。452 型弗利特伍德配备的 V16 发动机是公认的艺术品,该车使用了先进的 6 层帘子线轮胎,并已开始加装保险杠。

1929 年开始的大萧条使汽车市场急剧萎缩。为了争夺残存的市场份额,各汽车公司都使尽了解数。凯迪拉克的方法便是最大限度地提高汽车性能,于是装有 V16 航空发动机的 452 型弗利特伍德便在 1931 年诞生了。

1931 年,凯迪拉克在上一年车型的基础上开发出了 452-A 型系列车(图 6-61)。其车身与 452 型相比变化不大,仍保持了原来式样的发动机罩和在城市用车中使用白壁轮胎的风格。在这段时期里迫于市场压力,凯迪拉克也开始注重车身装饰,四个精致的聚光灯和两个喇叭几乎布满了 452-A 型系列车的整个发动机罩,以显示其豪华。452-A 型弗利特伍德采用了反倾式后风窗,与 1914 年时的造型相似。这种反倾式后背与座椅靠背角度一致,符合人体坐姿的要求,但由于当时对空气动力学理论研究的局限性,并不了解这种造型会增大阻力,不符合空气动力学原理。不过此时的前风窗玻璃已改为整体后倾式,有助于气动阻力的降低。该车首次使用漂亮的女神作为吉祥物装在发动机罩顶的前端,以期带来好运。

图 6-60　1930 年 452 型弗利特伍德轿车

图 6-61　1931 年 452-A 型弗利特伍德轿车

1936 年的 Roadmaster 堪称汽车外观设计的里程碑,它体现了许多别克的崭新元素,例如全钢车身,子弹形车灯及高坡度的风窗玻璃,汽车内部也有一些显著的变化,包括液压制动和改良了的独立悬架,无一不是当时了不起的成就。那时欧美的汽车造型都在向 Roadmaster 看齐。

作为一代经典,Roadmaster 系列一直生产到 1958 年,在描写那个时代的老电视剧或电影里,我们偶尔也能看到此车。图 6-62 所示的为 1949 年款 Roadmaster。

第二次世界大战之后的 1947 年,凯迪拉克推出了崭新的 62 型敞篷轿车(图 6-63),这是

图6-62　1949年款Roadmaster

在75型的基础上改进的,轴距为3454mm。凸出的翼子板已经开始退化,头灯布置在翼子板内,既增强了整体感又降低了空气阻力。前面的通风罩栅横向拉开,两侧矩形方向灯与通风罩栅整体布置显得格外协调。该车保险杠采用矩形,与先前的V型保险杠相比增强了立体感。此时的凯迪拉克以演化成和平鸽形状的女神作为吉祥物,反映了第二次世界大战结束后人们厌恶战争向往和平的心情。

1949年型都市(图6-64)是汽车造型史上最著名的作品之一,设计者是汽车造型设计先驱之一——赫尔琴。1948年,通用公司主管汽车造型的副总裁哈里·厄尔带领同事们参观了坐落在底特律附近克来尔湖的塞尔弗里奇空军基地,基地驻扎着P-38大型战斗机,正负责1949年型凯迪拉克设计的赫尔琴立刻被它那新颖的双垂尾造型所吸引,灵感顿生。回去后,他在1949年型凯迪拉克的模型上装上了两个木制尾鳍。几经周折后,这两小块尾鳍被保留下来,出现在1949年型凯迪拉克都市跑车上。当时谁也不曾想到,这片小小的尾鳍会越长越大,成为整个20世纪50年代美国汽车最醒目的特征,而且还曾远远波及欧洲,直到60年代中叶才逐渐消失。

图6-63　1947年62型敞篷轿车

图6-64　1949年型都市

1949年型都市的车标也极富特色。凯迪拉克从1931年起启用女神车标,随着时代的变迁,这个"女神"也越来越流线型化,越来越抽象。1947年的"女神"演变为和平鸽的形状,到1949年进一步演化成几条流线型的抽象线条,几乎完全无法辨认了。

1955年,凯迪拉克制造出新一代62型凯迪拉克轿车(图6-65),前面的通风罩栅保留了1947年62型的风格,让你一眼看去就知道是凯迪拉克,但与1947年车型相比进气口隔栅细了许多,改变了原来笨重的形象,显得更为秀气。在美国,汽车往往被作为财富与荣誉的象征。随着美国经济的繁荣,凯迪拉克在生产大型高级轿车的同时注重车身的造型、装饰,一个好的汽车造型要有强烈的动感、快感,仿形手法就是造型设计人员常用的手段之一,如在造型时模仿奔驰的动物、飞鸟、鱼雷以及火箭等。新一代62型凯

图6-65　1955年62型凯迪拉克轿车

迪拉克的保险杠采用了航空发动机的造型,使庞大的车体增强了动感。仿生造型的头灯起到了画龙点睛的作用,它很容易使人联想到宠物的眼睛,给人一种亲切感。62型凯迪拉克长5486mm、宽2032mm,装有5.3L排量的V8发动机,最大功率183.75kW(250马力)。

1956年,凯迪拉克制造出第二次世界大战之后最豪华的75型弗利特伍德大型轿车(图6-66),如果把往常的凯迪拉克看作是大型车的话,那么后面这些数据在当时看起来则是令人生畏了。这辆极具生气的75型弗利特伍德总长6m,轴距3.8m,质量为2270kg,装有4个点烟器和2套电子仪表。该车还配有真皮座椅,制动器采用先进的助力制动系统,前风窗玻璃采用的则是当时流行的弧形全景玻璃,空调等设施自然是必不可少的。与通风罩栅相接的电镀镶条向后延伸到车身中部,与后保险杠相连的镀铬镶条向前延伸,它们彼此呼应顾盼,使笨重的车体显得轻快流畅。前风窗玻璃和前照灯上的帽檐与整车轮廓非常协调,从头到尾浸润着庄重感。当然,这种车的需求量是有限的,不过在投产的10年中,每年的销售量还是能稳定在1500辆左右。

1957年凯迪拉克生产的布劳汉姆(图6-67)使用了空气悬架系统,使行驶平顺性得以提高。不锈钢板制作的车顶,除使人们感受到豪华外还可让人领会到大自然的清新和纯朴。双头灯的造型以及精致的后冀子板,特别是复杂的保险杠造型,这一切可谓精雕细琢。大量使用电镀件是这一时期的造型特色,这些都充分反映了当时美国经济膨胀,出现消费畸形的时代特点。布劳汉姆还使用了淡蓝色的风窗玻璃以及电动收音机天线、电动操纵行李舱盖等装置,该车当时售价13074美元。布劳汉姆车四门对开且不设中间立柱,再加上大圆弧的全景风窗玻璃,使车顶处于悬臂状态,这种结构会使安全性能大大降低。由图6-67可清楚地看到,此时凯迪拉克车尾翘起的尾鳍已开始加大加高,这种尾鳍式造型是受双尾翼的洛克希德P-38战斗机的启示设计出来的。

图6-66　1956年75型弗利特伍德大型轿车

图6-67　1957年布劳汉姆

20世纪50年代,汽车上高高翘起的尾鳍确实给凯迪拉克汽车公司带来了好运。为打开销路,其他公司甚至欧洲的一些厂商也都纷纷效仿。到了1959年,凯迪拉克生产的埃尔多拉多的尾鳍(图6-68和图6-69)已经发展到令人吃惊的地步,高高翘起的尾鳍就像火箭的尾冀,被镀铬镶条勾勒出的流线型车身犹如高速飞行的火箭,红色炬状尾灯恰似被喷出的火焰,给人以强烈的快感。不过飞机上的垂直尾冀用于保持方向稳定,有着实际意义,而汽车上这种华而不实的尾鳍不仅与汽车的功能毫无关系,而且还会对空气动力性能产生不利影响。因此,随着时间的推移这种造型遭到了人们的抛弃。

埃尔多拉多配有6.3L排量的V型8缸发动机,使用双腔化油器,功率达到253.58kW(345马力),尽管当时售价为7400美元,但这种折叠篷式的埃尔多拉多还是售出了1320辆。

1959年凯迪拉克生产的62型都市牌汽车(图6-70)与埃尔多拉多一样,有着一对高的已经令人不能容忍的尾鳍。为显示其豪华，前面的通风罩栅采用了大量电镀饰件，然而烦琐过火的装饰不仅不能引起美感，相反却会削弱美的生机。该车尾部还增设了一排小的隔栅，以模仿飞机的造型。62型都市装有6.3L排量的发动机，使用了四腔化油器，最大功率为235.2kW（320马力）。该种型号的车共生产了11130辆。

图6-68　1959年埃尔多拉多

图6-69　1959年埃尔多拉多尾鳍

进入20世纪70年代后，凯迪拉克轿车的尾鳍已完全消失，这宣告了在汽车造型不符合功能的乱拼凑时代已经结束。1977年的75型弗利特伍德（图6-71）回到了合理、紧凑的造型比例。其通风格栅采用两面墙式造型，很有气魄，方形车灯与方正的车身协调一致，相互呼应，这种车灯成为后来凯迪拉克车灯的主流。该车配有5.980L的V8汽油机，全长5639mm，是一辆真正的大型凯迪拉克，成为后来凯迪拉克的基本型。1980年，凯迪拉克部生产的塞维利亚四门轿车（图6-72）造型更加趋于合理化、实用化，只是像刀刃一样的后背造型显得杂乱无章，而金属银色的车身更显出这个"刀刃"的锋利。

图6-70　1959年62型都市牌汽车

图6-71　1977年75型弗利特伍德

1981年型的弗利特伍德（图6-73）是凯迪拉克家族中新一代的高档车，该车的发动机罩两侧已不再向上凸起，对流经发动机罩的侧向气流不会产生限制作用，提高了汽车空气动力性能。

图6-72　1980年塞维利亚四门轿车

图6-73　1981年型弗利特伍德

凯迪拉克轿车一直被认为是美国豪华车的代表，其产量少，并配以大排量高功率的发动机。STS（图6-74）是塞维利亚豪华轿车的英文Seville Touring Sedan缩写，它是一种四门五座前轮驱动轿车，车内配有一台1.6L排量的36气门V8发动机，其最大功率223kW，转速为6000r/min，特别引人注目的是STS最大转矩高达400N·m，转速为4400r/min，这在所有前轮驱动轿车中是最高的。此外，STS还配置了先进的4T80E型电控四速自动变速器，使其具有优异的动力性能和经济性能：从0km/h加速到96km/h只需7.3s，从起步到驶过400m只需15.4s，同时车速已达到152km/h，城市行驶百千米油耗14.7L，高速公路行驶只需9.4L/百千米。当驾驶人猛踩加速踏板时，就会感到后背被猛推一把，而车内竟如同阅览室一般安静，使驾驶人和乘坐人很难想象正置身于223kW的汽车之中。

图6-74　1996年凯迪拉克STS

凯迪拉克是上海通用最高端的品牌，而SLS赛威（SLS是Seville Luxury Sedan的首字母缩写）（图6-75）则是国内凯迪拉克的旗舰车型。1994年，凯迪拉克将赛威划分为了两大车系，即强调运动的STS和强调豪华的SLS。STS动力强劲，拥有可选四驱系统，还有高性能版；而SLS则强调豪华舒适、空间宽大、配置丰富。

SLS赛威在开发和生产的过程中，使用的几乎都是凯迪拉克当时最新的技术和材料，所以可以看到SLS赛威的外观和内饰豪华而精致，V形理念的内饰、全车包真皮的工艺等设计理念都是在SLS赛威上首次使用。外观仍维持明显的凯迪拉克式风格，阳刚，给人以力量感。尤其是竖立在车后两侧的LED尾灯，在夜晚亮起时煞是壮观。

在SLS赛威身上，乘坐者可以享受遍及全车15个扬声器的Bose 5.1独立式剧院环绕音响系统，可以享受后排总裁级带按摩、加热、制冷功能的独立座椅，可以享受体贴的MRC主动电磁感应悬架系统。

2017年上海车展上，凯迪拉克Escala（如图6-76）的推出向大众展示了其新的设计理念。新款车在原有的钻石切割线条的基础上增加了更多的曲面设计，这样的变化让凯迪拉克看起来更立体更真实。掀背式的造型，令整车看起来相当具有动感，使整个车型更富有激情，行李舱空间也更大。为了保证行李舱的空间，行李舱地板采用了可升降的方式，当掀背式车门打开后地板升起，方便行李的取放。其无框式车门，凸显出运动的感觉。从Escala上看到凯迪拉克的新的设计理念和未来趋势，即更运动更激情，同时又不失美式豪华车的风范。

图6-75　2008年凯迪拉克SLS赛威

图6-76　2017年凯迪拉克概念车Escala

第五节　克莱斯勒公司汽车的造型

气流牌轿车(图6-77)在汽车发展史中具有里程碑的重要地位,它是美国克莱斯勒公司的骄傲。汽车自1886年诞生以来,一直没有摆脱初期的箱式造型,在其后来的40多年中,尽管人们为了提高车速想尽各种办法,其中包括加大发动机排量、降低车身高度等措施,但像气流牌轿车这样将车身做成流线型还是第一次。以往发动机罩、前翼子板、头灯均为分散布置,"气流"却将它们融为一体,消除了凹凸部分。由于减小了空气阻力,使得哈里·哈茨和比利·阿诺德驾驶着气流牌轿车,在美国犹他州创下了72项新的速度记录,并且也刷新了批量生产汽车的每一项记录。在宾夕法尼亚举办的一次著名的竞技表演中,表演者驾驶该车从33.5m高的悬崖直落而下,当车轮触到地面时,"气流"竟仍能靠自己的动力行驶,其结构的坚固性不得不令人佩服。

图6-77　1934年气流牌轿车

提到"气流"不得不追溯到工程师卡尔·比尔。有一次,比尔在空军基地看到一架漂亮的教练机,于是顿开茅塞,为什么不能将汽车设计成流线型呢,他把这一想法告诉了好朋友飞行员奥维尔·赖特,并开始以水滴造型为依据进行设计,沃尔特·克莱斯勒亲自批准了"气流"的设计。比尔在位于海伦公园的风洞实验室内经过反复实验,终于在1934年制造出气流牌轿车。但好车并无好运,该车在最初展出时便遇到麻烦。由于设计周期长而引起"设计有问题"的传言四起,再加上当时其外观很难被人们所接受,因此,该车从未很好地打开过销路。到1937年"气流"终于被造型更加传统的气爆(图6-78)代替。但这一切并无损于"气流"的光辉,它的出现毕竟使汽车在空气动力学方面迈出了关键的一步,也为后来漂亮的甲壳虫汽车奠定了基础。

克莱斯勒公司于1941年生产出城市与乡村牌汽车(图6-79),该车在当时为公司带来了繁荣。但由于日本偷袭珍珠港,美国总统罗斯福于1941年12月宣布对日开战,在政府的命令下,所有民用车一律停产,并将有限的原材料转为军工生产。因此,从1942年到1945年,克莱斯勒公司和其他美国汽车公司没有生产任何民用汽车。

图6-78　1937年的气爆　　　　　图6-79　城市与乡村牌汽车

第二次世界大战之后,随着经济的快速发展,从战争风云下解脱出的人们渴望驾驶着自己的汽车往返于城乡,恢复自由贸易。在这种背景下,城市与乡村牌汽车经过不大的改动后迅速恢复了生产。为应对严重的钢材紧缺,车身两侧又恢复为木质结构。大容积车身、活动车顶,既可载人又可拉货,这就不难想象为什么当时人们将其作为首选的"豪华车"了。20世纪40年代的成功使"城市与乡村"这个牌子深入人心,一直存在到今天。

提起吉普车,可谓无人不知,但有谁知道现在遍布全球的吉普家族其实源于一种临时拼凑的"小家伙"。

1940年,美国已开始进行全面战争动员,美国陆军向135家汽车厂家发出"低车身侦察车"招标书。一家叫斑特姆的小公司利用各种市售标准机件拼凑出一辆样车,结果一举中标。考虑到班特姆公司无力承接大批量订货,美国陆军把生产任务交给了威利斯-奥佛兰德公司。很快一批批吉普(图6-80)开进了军营,开上了战场。

图6-80　1940年吉普

吉普车的设计可以用一句话来概括——一切为了前线。它结构简单,便于维护,为减轻车重不仅取消了车门,连油漆都少刷了几层;它四轮驱动,马力强劲,爬坡能力极强,在各种地形上行驶自如。这一切的优点使它成为战场上的"万能士兵",被誉为"盟军的制胜法宝"。战争结束后,吉普却没有被冷落,从农场到油田,到处都能看到它和它后代的身影。而年轻人则把它当成郊游的工具,探险的伙伴。

300型轿车(图6-81)是克莱斯勒公司20世纪50年代的杰作,由弗吉尔·艾克斯那设计。艾克斯那是著名的概念设计师,1949年随前任总裁凯勒来到克莱斯勒公司,负责公司的车型设计,公司众多车型都具有"艾克斯那"风格,即线条简洁、明快,且成本低廉。300型轿车的线条极为流畅,具有"纽约人"式的车身和"帝国"式的通风格栅。在短短的几年中,该车在汽车竞赛上赢得了许多桂冠。由卡尔·基科哈弗组建的赛车队驾驶着300型轿车在全美大批量销售车辆赛车协会举办的40次竞赛中,就有20次夺魁。由于该车的成功,使得美国大批量销售车辆的"超级赛车"运动在1956年有了升温迅猛

图6-81　1955年克莱斯勒300型轿车

的势头。

德索托部是克莱斯勒公司主要成员之一,曾为克莱斯勒公司写下了辉煌的一笔。20世纪50年代,以德索托为品牌的汽车销售量曾一度超过以克莱斯勒为商标的汽车销售量。

1959年的德索托(图6-82)由弗吉尔·艾克斯那设计。该车天线的布置突破传统格局,放在车尾,使人耳目一新,同时起到画龙点睛的作用。不过当时人们对华而不实的鱼鳍式车尾已经开始厌倦,再加上令人费解的发动机罩造型过于粗犷,显得非常沉重,尽管该车有良好的操纵性能,功率也不小,但在销售上却遇到了不小的麻烦。当时任公司总裁的科尔波特曾提议对德索托扩大投资,由于没有得到众多其他部门的响应,德索托分部终于在1961年

图6-82　1959年的德索托

销声匿迹了。

1957年原美国汽车公司（由那什汽车公司合并哈德逊汽车公司组成，1987年并入克莱斯勒公司）生产出那什·大都市人（图6-83）。该车设计者充分利用人们的视觉错误，通过车身不同颜色的分割，诱导人们按照设计者的意向去观察车身，以达到其造型目的。

那什·大都市人为两门轿车，整个车身较短，特别是后部的行李舱较小，为弥补这一缺陷，设计人员在车身上使用了白、蓝两种颜色，将车尾行李舱的蓝色一直延伸到车身侧面和车头的发动机罩，让短尾部分和车身前部大面积的部分即优势部分联系起来，当人们看到车尾时，自然会将目光前移，使两侧相同颜色的大面积与短尾一同映入眼帘，从视觉上达到改变短尾比例的目的。该车对不同颜色的分割处理一直被汽车设计者传为佳话。

AMX/3（图6-84）是原美国汽车公司留下的最吸引人的作品，是美国历史上最著名的4种超级跑车之一（另外3种分别是通用雪佛兰分部的克尔维特、福特引进意大利设计师德·托马索设计的潘托拉、克莱斯勒道奇分部的蝰蛇），也是美国第一种中置发动机的超级跑车。与福特的潘托拉类似，AMX/3也是与意大利人合作的产物，美国汽车公司首席设计师迪克·提杰和意大利著名设计师巴扎瑞尼共同完成了该车的设计，第一辆样车在意大利拉文纳制造。它装有约$6.39dm^3$的V8发动机，最大功率为249.9kW（340马力），预计售价高于12000美元。

图6-83　1957年那什·大都市人

图6-84　1968年AMX/3

这种跑车从1968年开始设计，1970年设计完成，准备投产。但经济拮据的美国汽车公司无法找到将其投产所需的巨额经费，致使生产计划变成了泡影。AMX/3只造出了6辆试验车，全都保存了下来，并且成为世界各地汽车博物馆争相寻求的珍品。

MPV多用途箱式车，是20世纪80年代新出现的一个车种。第一个推出MPV产品的是法国雷诺公司，其后是大众公司。但它们的产品均未能引起公众广泛的注意。直到克莱斯勒公司把其MPV作为其新一代旗舰产品加以推广后，MPV才变得家喻户晓。

1984年克莱斯勒公司推出了其第一代MPV（图6-85），道奇分部的产品叫作大篷车——Caravan（其在国内组装的型号被称为道奇捷龙），顺风分部的叫作航海家——Voyager。这是汽车工业史上划时代的产品之一。它不仅使处境危急的克莱斯勒公司起死回生，而且宣布了一个以强调实用性、多用途和家庭化休闲娱乐为特征的汽车消费新时代的到来。因此人们普遍认为它是汽车100年历史中最后一种重要的汽车类型。它的两名缔造者——临危受命的克莱斯勒董事长艾可卡和天才的市场专家斯波里奇,也因之获得了不朽的声誉。

蝰蛇最早是在1989年初由克莱斯勒公司道奇部作为概念车推出的,目的是提高克莱斯勒和道奇的形象,改变人们关于克莱斯勒在高档车领

图6-85　1984年MPV

域无所作为的看法。这种大功率运动车是公司高新技术的结晶。为了提高汽车的空气动力性能,该车在车身两侧的前轮后方开有巨大的气道,给人留下了深刻的印象。

1996年推出的最新型蝰蛇RT/10(图6-86)将侧向排气管改为后排气口式的排气系统,进一步减小了流动阻力和噪声。强劲有力的V8发动机可以发出305.025kW(415马力)的功率,最高车速可达265km/h,该车仍使用6速手动变速器,从0~96km/h加速时间仅为4.5s,这些优良的动力性能很是惹人注目。1996年型蝰蛇使用的轮胎具有高强度的侧壁,这不仅在汽车转弯、制动时大大提高了地面附着力,而且还可使汽车在湿、滑路面上行驶的稳定性得到提高,制动距离也可缩短13%以上。

克莱斯勒大捷龙(图6-87)堪称美式MPV的鼻祖车型,追溯它的历史那就更加久远。20世纪70年代的两次石油危机使"高价格、高油耗、高故障率、维修不便"成了美国汽车甩不掉的帽子。为了迎合市场的需求,从1977年开始克莱斯勒公司秘密展开了一项计划。一种小型、贴近轿车的驾驶感觉、至少达到7座以上的箱式旅行车成为公司的研发方向,其间经历诸多波折,直到1983年,一种如轿车般舒适,有货车般空间的箱式旅行车终于被推向市场。这款"神奇旅行车"很快就风靡美国并成为克莱斯勒的骄傲,而它就是克莱斯勒大捷龙的鼻祖道奇捷龙。

图6-86　1996年蝰蛇RT/10

图6-87　2006年克莱斯勒大捷龙

大捷龙在外观上最瞩目的就是前部设计。大型晶钻一体化前照灯、镀铬装饰以及克莱斯勒的飞翼式标牌与发动机罩浑然一体,带有运动元素的腰线设计也是这个尺寸MPV中不多见的。可遥控开启的电动防夹侧滑门和整个车身轮廓浑然一体,滑轨被很巧妙地隐藏起来。

克莱斯勒大捷龙装配了一台3.3L排量的V6汽油发动机,最大功率为128kW,最大转矩278N·m,算是比较主流的数据,而4速自动变速器在今天看来就稍微有些落伍。考虑到克

莱斯勒大捷龙近2t的质量,让它有多突出的动力表现就有些不现实,但当速度慢慢的提起来以后,虽然其间没有推背的感觉,但后劲还是很足的。"稳重"是克莱斯勒大捷龙给人最强烈的感觉,而这种感觉也很贴合它商务车的定位。

图6-88　2017款克莱斯勒大捷龙

2017款克莱斯勒大捷龙(图6-88),在外观设计方面借鉴了克莱斯勒200C等轿车化的设计,使得全新一代大捷龙看起来更加灵巧。这种取自轿车身上的设计元素,让新款大捷龙多了一些灵巧。车身的侧面线条完全被曲线所取代。虽然该款大捷龙是一款注重内部空间的VAN车型,但是其外观却没有显得丝毫的臃肿,这和老款车型有着很大的区别。

内饰方面,车内旋钮式换挡、大尺寸仪表盘、液晶屏等都紧跟时代潮流,并且体现出对驾乘者更贴心的关怀。空间部分,可以完全收纳在地板下的后两排座椅最大程度地满足消费者多变的用车需求,在同类MPV车型中还没有看到过类似的设计。

动力方面,依旧延续美系车的风格,搭载了3.6L排量的V6发动机,大排量自然吸气发动机提供强劲和平顺的驾乘体验,对于一款强调乘客舒适性的车型来说,这样的动力系统可能是最好的选择。

第六节　大众集团汽车的造型

1934年德国政府制订了生产国民车的计划,要求生产一部价格在1000马克(250美元)以下、速度不低于100km/h、油耗不超过7L/100km、坚固耐用、便于维修、能乘4~5人、使用风冷发动机(冬天放在室外不结冰)的国民车。波尔舍的技术小组,在收到指令28个月后,于1936年10月12日研制出三辆样车,次年打造出30辆简陋的原型车(见图6-89),手工制作每辆车的成本为2765马克,这表明批量生产1000马克小车的可能性极大。由于外形酷似甲壳虫,该车由此得名为甲壳虫汽车。为节省空间并降低噪音,甲壳虫汽车的发动机布置在后桥之后,并在后背上打出许多气孔,利用吸入掠过车顶的气流冷却发动机。由于要求冷却气流极大,必须在车背上打满气孔,甚至连后窗都被占去。30辆原型车总共测试200万千米,创下了至今未被打破的测试记录。第二次世界大战初期,希特勒下令摧毁了这30辆原型车。

1937年德国政府决定建立一个全新的大厂——大众汽车厂来完成这项宏伟计划。波尔舍对甲壳虫汽车经过不断地测试修改,终于制成超强风扇,可在发动机舱内抽取足够的气流冷却发动机,使车背上的气孔面积大为减小,后窗终于挽救回来。车门从逆开改为顺开,使后座进出更为方便。甲壳虫汽车使用排量为986mL的水平对置四缸风冷发动机。1940年9月,这部国民车的测试报告指出,由于该车空气动力性能优越,可轻而易举地达到102km/h,油耗为6.25L/100km。作为定价990马克的廉价车,这样的指标在当时是绝无仅有的。甲壳虫车(图6-90)是首次批量生产的流线型汽车,其产量到1996底已达2420万辆,是当时无可争辩的世界之最。甲壳虫汽车的不足之处是:①后排乘员活动空间狭小,有压迫感;②存在横风不稳定问题,即在横风作用下车身前部易随风偏离行驶路线。

图6-89　1936年试验型大众"甲壳虫"

图6-90　1939年批量生产的大众"甲壳虫"

一、奥迪公司

银箭(图6-91)是波尔舍为汽车联盟赛车队设计的赛车。1933年希特勒命令波尔舍帮助奥迪公司建立赛车队,波尔舍于是为他们设计了银箭号。1934年该车首度参加德国大赛,一举夺下冠军,紧接着在瑞士的国际大赛中又夺王座,1937年远渡重洋,参加美国万德比特大赛,再次夺魁,并以远远超过第二名的绝对优势出尽风头。银箭屡屡取胜绝非侥幸,其外形犹如一头巨豹伸张四肢四平八稳地趴在地面上,V16发动机置于后桥之前,赛车手上车之后,前后轴荷比正好为1:1,即整车重心正好位于车身中央,加满油后质量达250kg的油箱位于车手与发动机之间的重心点上,这就保证无论是加满油还是空油箱,前后轴荷比绝对是1:1。而对于前置发动机后置油箱的其他赛车来说,整个赛程随油量的消耗,前后轴荷比时刻在变化,使高度专注的车手无法适应行驶性能的改变。银箭发动机排量为6330mL,功率478kW(650马力)。

1937年在"银箭"号赛车辉煌成就的鼓舞下,汽车联盟决心向世界汽车速度纪录发起冲击。波尔舍立即着手设计了扁平流线型的创纪录赛车,取名为"亚伏斯"(AVIS)号(图6-92)以纪念伯林亚伏斯赛车场,汽车联盟刚刚在这里赢得了巨大的荣誉。该赛车最大功率达382kW(520马力)。

图6-91　1934～1937年银箭

图6-92　"亚伏斯"(AVIS)号赛车

1937年10月25日到29日之间,伟大的赛车手伯恩·罗斯梅尔驾驶"亚伏斯"号在法兰克福附近的高速公路上一举改写了15项世界汽车速度纪录,包括406.3km/h的汽车极速纪录。但奔驰公司也制造了一辆流线型创纪录赛车,在1937年11月27日超过了"亚伏斯号"的极速纪录。于是双方商定1938年1月28日在莱比锡附近的高速公路上进行一场比赛。为赢得胜利,波尔舍把"亚伏斯"号的功率增大到411kW(560马力)。可是在比赛中,由于突发的强侧风,"亚伏斯"号发生翻车事故,罗斯梅尔不幸遇难。从此,在高速公路上进行汽车急速赛的活动被禁止了。

Q7(图6-93)是奥迪打造的第一款"高性能SUV",同时也是奥迪引进中国的第一款顶级SUV车型。Q7凭借杰出的运动性、高超的操控性及冲击性极强的外形在上市时就获得了人们的关注。

奥迪Q7配备了全球顶尖的奥迪新一代quattro全时四驱技术,使奥迪Q7在越野性、运动性和主动安全性方面超越了以往任何一款SUV,全球顶尖的257kW功率8缸4.2 FSI汽油直喷式发动机,使奥迪Q7动力强劲。除此之外,奥迪Q7还配备了带动态换挡程序和运动模式的tiptronic手动/自动一体式变速器、5种模式的可调空气悬架系统、带越野功能的新一代电子稳定程序(ESP)以及首次应用于SUV的多媒体交互系统等诸多高科技设备。

奥迪A8是奥迪车系中一款最高档的豪华车,第一代于1994年诞生,市场定位是与奔驰S级和宝马7系竞争。奥迪A8率先使用了全铝车身,不仅坚固耐用,而且减轻了车身质量,为汽车带来更加强劲的性能表现。2017年9月,奥迪新一代A8(图6-94)正式亮相,新车基于MLB Evo平台(Q7、Q5)打造,是该系列的第四代产品,整车相比老款明显减重,内饰更有科技感,同时搭载Level 3级别自动驾驶及48V轻混系统。

图6-93　2009年奥迪Q7

图6-94　2017款奥迪A8

新奥迪A8在外观方面采用更加年轻化的设计风格,新的格栅设计、动感的线条加上科技感十足的灯组,相比老款有着更加鲜明的"低龄化"指向。素有灯具厂"美誉"的奥迪在前照灯组设计上也下足了功夫,看上去十分凌厉,全系有激光前照灯、矩阵式LED前照灯、LED前照灯等三种档次供选。从侧面来看,新A8充满了力量感,一条腰线从车头一直延续到车尾,尾灯看上去非常的紧凑,尾灯组采用了贯穿式的设计,底部配有L型的OLED灯组,具有动态的展示效果,科技感十足。

内饰方面,A8车内配备了7块液晶屏,其中该车采用了12.5英寸的全液晶仪表盘,能够投射多种信息,同时中控台上面采用的是10.3英寸的显示屏,主要进行导航、MMI系统等的操作,而中控台下面采用的是9.0英寸的显示屏,主要进行空调以及座椅的操作。众多液晶屏的配备,在优雅的同时,大大提升了该车的科技感。

科技配置方面,在后排中央扶手处配备了巨大的控制台(包括座椅通风、后排空调系统、香氛系统等的控制)。此外,该车车内还搭载了 B&O 音响系统。

动力方面,新 A8 搭载一套由 48V 电气系统和发动机组成的轻混动系统,该系统使新 A8 在功率上提升 16kW,新车油耗下降 0.7L/100km。新 A8 集成了奥迪最新的科技,车头配备有前雷达、夜视、激光探头以及摄像头等感应装置,并通过它们的相互配合实现 LEVEL 3 级的自动驾驶,即在无人工操作的情况下完成自动换挡、控制车速以及远程自动泊车等功能(有条件的自动驾驶,驾驶人只负责处理紧急情况)。

二、保时捷公司

洛纳公司是奥匈帝国的一家高档马车制造厂,1898 年开始研制汽车,年仅 23 岁的费迪南德·波尔舍成为洛纳公司的首席设计师,洛纳—波尔舍 I 号(图 6-95)便是他数十年汽车设计生涯中的第一个车型。该车并没有摆脱当时的马车造型,转向盘上装有一个气囊式喇叭,十分惹人喜爱,车的前方和两侧各有一个前照灯。

但与众不同的它是采用蓄电池作为动力,两前轮中心轴上各装有一个电动机,每个电动机的功率为 1.46kW(2.5 马力),充一次电可行驶 50km,最高车速为 14km/h。由于蓄电池安装在底盘上,所以座位也就高高在上了。不过 1 年之后,波尔舍将蓄电池置于座位的下面,从而使车身大为降低。1900 年,该车作为奥匈帝国唯一的参展车在巴黎博览会上展出,并因其新颖的结构而倍受赞赏。该车现被维也纳交通工具博物馆收藏。

1906 年波尔舍应邀出任奥地利戴姆勒公司的技术总工程师,这一年他设计出到奥地利戴姆勒公司后的第一个作品,即著名的马佳汽车(图 6-96)。马佳是个女孩的名字,她有一个名字更加动听的姐姐,姐姐的名字几年前被用来命名了另一种汽车,那种车成了汽车史上一个不朽的品牌,她就是梅赛德斯。

图 6-95 1898 年洛纳-波尔舍 I 号

图 6-96 1906 年马佳汽车

波尔舍当时几乎都是独立设计整车,马佳与同时代车相比,已率先突破马车造型,特别是车身后部具有流线型的味道,由此看来在其 30 年后"甲壳虫"出现在波尔舍的手中绝非偶然。该车光顺的车身置于前后桥之间,为了满足车身紧凑的要求,操纵杆不得不屈于车身外侧。该车是通过后轮前方的链轮驱动后轮的。马佳的最大功率可达 58.8kW(80 马力)。

从 1923 年波尔舍出任奥地利戴姆勒汽车公司首席设计师起,他就一直想攒够钱制造出属于自己的高性能跑车,但愿望一直未能实现。谁知一个不幸的机会促成了第一辆保时捷跑车的问世。1945 年波尔舍被捕,其子费利·波尔舍急需资金用以营救父亲,于是接受了意大利富商杜西欧的要求为其制造赛车。首席设计师卡尔·拉比与费利联手,于 1947 年 7 月完成图纸设计。1948年6月8日,这辆带有"Porsche"标志的西斯塔利亚跑车(图6-97)终于问世了,该车造型十分优美,为使其结构紧凑,车身两侧每边附有一个92L的油箱。西斯塔利亚于1953年在阿根廷参加了1km冲刺赛,以232km/h的车速打破南美记录,可惜当时没有对手,只能自己一个人跑,这是该车唯一参加的一次不像样的比赛。

1948年,费利在奥地利格蒙镇恢复了保时捷汽车公司,当年便制造出第一辆356双门敞篷汽车(图6-98)。该车由汽车造型设计大师考门达设计,他也是由老波尔舍创建的设计公司中的一名核心成员。在格蒙镇,356的车身是由一位追随老波尔舍30年之久的杰出钣金师菲德烈·韦伯用铝片纯手工打造而成的。他每造完一辆车就要外出痛饮大醉,酒醒后回来再打下一辆,就这样,356在格蒙镇一共造出了50辆。1948年的格蒙镇不可能有风洞,他们就在整个车身上贴满丝线,让车以100km/h的速度疾驶过公路大桥,费利通过在桥下各个角度安置的照相机拍下了大量照片,然后经过分析照片再改进车型。1948年7月,356首次在瑞士车展上公开亮相,轰动了欧洲大陆。随后356首次参加车赛,便夺下了1.2L级的王座,第一次向世人展示了保时捷跑车的实力。

图6-97　1948年西斯塔利亚跑车

图6-98　1948年保时捷356双门敞篷汽车

356自从1948年问世以来,一直不断地进行改进,如加强发动机功率,降低噪音等。1956年4月25日,为庆祝保时捷设计公司成立25周年(公司虽成立于1930年12月,但1931年4月25日才正式向斯图加特市政府注册登记),公司推出这辆引人注目的356,并在编号末尾加"A",以表示全新改进的车型。356A(图6-99)最大的改进是加大了前风窗玻璃的面积,并改为曲面造型,使驾驶人的视野更加宽阔,动力性能也进一步得到提高。该车采用可拆装的硬顶,配有1.3~1.6L排量的平置四缸发动机,两侧三角窗的设置是A型车的创新,它有利于车内的通风。1954—1956年的三年中,356一共赢得了400余项赛车锦标,当时很多其他车厂的赛车一下地便折价1/3,只有保时捷不降反涨,车迷们认为拥有保时捷是投资而不是购买。

图6-99　1956年保时捷356A

1959年9月,保时捷公司在法兰克福车展上推出356B(图6-100),取代了356A。此时考门达仍是该车的首席车身造型设计师,他对356A做了明显的改动,原来十分圆钝的车头经过考门达的改进,显得更富有曲线美感,特别是前行李舱盖更加低斜,进一步减小了风阻,车头正面由前照灯形成的圆锥状结构使车头成"凹"形,为日后崛起的911系列奠定了基础。356B还加大了后发动机罩,并在其上开有两排散热孔。前后方向灯也加大成锥形,明显可见。该车有三款发动机供选用,排量1.3~1.6L,最大功率为44.1~66.15kW(60~90马力),最高车速为161~186km/h,每种发动机又可搭配不同的

图6-100　1959年保时捷356B

车身,因此客户总共可有10余种不同的选择,不少车身右侧前轮罩边镶有的大名鼎鼎的铭牌成为人们的收藏之物。

1948—1965年,保时捷公司总共生产了8万辆356系列车,这个数字虽抵不上通用、福特这些大厂1个月的产量,但引以为荣的是保时捷的质量。当时一般生产厂家向客户提供的保修期为2年,每年16093.44km(1万英里),保时捷却提出2年不限里程保修期的优厚条件。

20世纪50年代末,保时捷公司决定生产一种全新跑车取代356系列车。1963年,随着911(图6-101)的诞生这一愿望终于实现了。公司对车型编号不太讲究,从911开始,保时捷批量生产车编号中第一位数字是9,第二位数字单数表示风冷发动机,双数表示水冷发动机和辈分。911的车身设计者是费利的长子亚历山大·费迪南德·波尔舍,该车造型集高贵、典雅、凶悍、豪迈各种相互矛盾的节奏感于一体,就连资深设计师卡尔·拉比也不得不承认:昔日老友之孙无愧于祖。正当人们对911为何获得如此成功而大惑不解时,亚历山大道出了车身设计的精髓:完美的设计绝对不是追求时髦,恰恰相反,时髦是完美设计的结果。实际上356是"甲壳虫"的延续,而911则是356的延续。911被绝大多数的保时捷车迷选为"20世纪最佳汽车"。

"卡列拉"是保时捷公司对特殊性能、特殊造型的车种冠以的称号,首次出现是在1956年356A卡列拉上。除非有过人之处,否则这顶桂冠不会出现在保时捷车身上。1972年,杰出的设计师福尔曼博士出任公司总裁,当年年底便推出911卡列拉RS跑车兼赛车(图6-102),于是又一个惊天动地的高手出台了,它在造型和性能上都有划时代的创新,可谓911系列的里程碑。该车发动机的排量只有2687mL,但最大功率却可达154.35kW(210马力),转速为6300r/min,升功率达到了57.3kW/L(78马力/L),最高车速为240km/h,这是当时德国批量生产汽车的最高时速。0~100km/h加速时间为6.3s。而在稍后推出的排量为2992mL卡列拉上,升功率竟达到73.5kW/L(100马力/L),最高车速为280km/h,0~100km/h加速时间仅为4s。难怪当年大部分国际车坛的锦标均被这两种车型所囊括。

图6-101　1963年保时捷911

图6-102　1972年911卡列拉RS跑车兼赛车

由于车速高,为了防止气动升力过大使车轮与地面的附着力减小,卡列拉在车尾加装了巨大的扰流板,该装置可使作用在其上的气流产生一个向下的压力,将后轮稳稳地压在地面上。当汽车高速行驶时,沿平顺车背滑过的气流会在扰流板处与车体分离,在这块不到10kg的扰流板上产生出980N的向下的压力,而且速度越高,压力越大。这块比洗脸盆大两三倍的怪物,使原来过于倾斜而显得单薄的车尾在视觉上得到平衡。值得一提的是今天的911卡列拉扰流板已改成可升降式,一旦车速高于80km/h,便自动升起,降下来时可平贴车身,但视觉上的平衡感却消失了。该车在美国市场上引起激烈反响,因为美国的交通法规非常严格,许多市、郊区限速行驶。当地警察只要一看到911的尾翼升起,便会毫不犹豫地送给你一张超速罚款单。

在930停产7年后的1986年,911涡轮增压跑车(图6-103)重返美国市场,由于安装了氧传感器等装置,911废气排放水平有很大提高。自1987年起,保时捷公司成立了特殊项目服务部,可按客户要求,提供车身配色、暗藏式前照灯、全皮内饰、自动安全带等100多项特殊服务。1988年,911在扰流板内加装了机油散热器,当温度达到118℃时风扇便自动起动。此时的911已成为波尔舍三代人的心血结晶,很难再进一步改进。911采用的发动机被认为是世界汽车百年史上十大杰出发动机之一,尽管有不少人对这台祖传风冷发动机的稳定性表示怀疑,但从1932年起,这种水平对置风冷发动机使用了几十年年未遭淘汰,便是其先进性的有力证明,因为汽车史上还没有任何一种发动机能够使用如此之久。

保时捷公司制造的车向来寿命较长,特别是911系列跑车,多年来力挫群雄、经久不衰,这与其优良的机械性能、优美的造型以及先进的空气动力性能是分不开的。20世纪90年代的911(图6-104)的前后保险杠与裙角结合为一整体,优美的斜背造型使气流分离线与车身轮廓线高度吻合,极大地减小了空气阻力,风阻系数降至0.32。平顺的911车底降低了气动升力,使操纵稳定性得以提高。尾部最大的特点就是具有升降式扰流板。尤其是亚历山大设计的911探戈跑车,更是以其在功能、美观、创新上对汽车发展史作出的突出贡献,而被美国纽约现代艺术博物馆永久收藏。911的后置风冷发动机是保时捷的光荣传统,正如保时捷迷们对911的赞许:它使我们在抚摸现代科技成就之余还能满心喜悦地感受到昔日保时捷的风采。恐怕除911之外很难找到其他车辆能够扮演这一角色了。

图6-103　1986年911涡轮增压跑车

图6-104　20世纪90年代911

2010款保时捷911 GT3(图6-105)和旧款在视觉上只有很小差异。如果近距离观看,你会发现前部的新进气管、尾部用于发动机散热的小型功能性散热槽和新的前部空气导流板与不同的后部尾翼相匹配,在行李舱盖板边缘处还有一个设计非常灵巧的小型空气设备。

在一条安静的高速公路上去尝试真正的高速并线,在250km/h时你就会真正感觉到

911 GT3 的不同。在速度为 300km/h 时,整体下压力增加了 5 倍。2010 款保时捷 911 GT3 加速至 100km/h 的时间为 4.1s,然后能够在 12.3s 内达到 200km/h。发动机响应的速度,让你感觉你的右脚是和加速踏板相连的。

917/30(图 6-106)是保时捷赛车中功率最大的车型,该车装有排量为 5374mL 的双涡轮增压发动机,最大功率为 808.5kW(1100 马力),转速为 7800r/min,最高车速为 385km/h,0~200km/h 加速时间仅 5.3s。保时捷曾一度提高涡轮增压,使发动机惊人地发出 1470kW(2000 马力)的功率,不过没有装车,因为 808.5kW(1100 马力)都难以驾驶,1470kW(2000 马力)已毫无意义了。1973 年在亚特兰大举行的 Can-Am(加拿大—美国)大赛中,保时捷派出 6 辆 917/30 霸王车参赛,一举夺下第一至四及六名,著名车手马克·唐纳休(Mark donohue)驾驶的是 6 号赛车。1975 年 8 月,他驾驶着 917/30 霸王重返跑道,在阿拉巴马 Can-Am 大赛中创下了 355.85km/h 的环形场地赛世界纪录,该纪录至今未被打破。这次赛事后 1 周,马克·唐纳休驾驶赛车出事丧生。现在这辆漆有"Mark. Donohue"的 917/30 陈列于保时捷纪念馆,以纪念这位著名车手。

图 6-105　2010 款保时捷 911 GT3

图 6-106　1973 年 917/30

为庆祝公司成立 50 周年,保时捷决定推出第四代跑车 944(图 6-107)。这是在 924 基础上改进的,944 基本采用 924 底盘。924 最初为保时捷与大众联手开发的车型,只是 1973 年石油危机后,跑车市场萎缩,大众还是回其本行,生产大众化车,924 的设计则由保时捷来完成,但它毕竟使用的是大众奥迪发动机,因此改进 924 的第一步就是使用保时捷自己的发动机,如同 30 年前 356 的第一步改进就是换掉甲壳虫发动机一样。944 装有排量为 2479mL 的四缸机。最大功率为 119.8kW(163 马力),转速为 5800r/min,这个数据已经相当可观了。在与车迷见面前 2 周,公司将 944 暂时编号为 924GTP,用于参加六月的勒芒 24 小时耐力赛,经过改进的 924GTP 涡轮增压发动机竟爆发出惊人的 294kW(400 马力)的功率,车速达到 300km/h,勇夺总排名第 7。于是 1982 年 7 月,保时捷自己的 944 便风光地进入世界各地经销商的展室。

图 6-107　1981 年 944

保时捷开发 928 的计划早于 924,投入的人力、物力、时间是 924 的多倍,目标是超越并取代 911,这一任务太艰巨了,因为 911 实在是太成功了,肩负这一任务的总指挥便是公司总裁福尔曼。928 车身没有前后保险杠,正如负责车身设计的莱平所讲:我们要跳过整体保险杠的概念,直接把车体变成保险杠。测试证明,这种前后增设缓冲区的车体,其功能优于传统保险杠。928采用排量为4474mL的V8水冷发动机,发动机被压得又低又平,使汽车鼻端下沿只有一道扁长的进气口。928推出之际,保时捷车迷大失所望,因为他们认为只有"风冷、水平对置、后置发动机"才是保时捷的同义词。而费利对此的解释是:好像我们一点也不关心保时捷拥护者的心声,其实恰恰相反,我们必须预见未来可能的大势所趋。

928是保时捷驶向20世纪80年代的旗舰,面对如此重要的车种选型,费利精辟地道出其经营观念:928是福尔曼的杰作,我们家族已决定由外人来管理公司,大家都希望外来管理方式会产生不同的理念,以追求我们过去未曾想到的目标。福尔曼不负众望,在928推出当年就被欧洲汽车行家评为年度最佳汽车。在跑车界,问世当年获此殊荣的只有928。首批5000量928买主平均年龄46岁,远高于924的34岁,因为操控928极其容易,而对这些成熟的买主来说,176.4kW(240马力)足够他们用了,但公司认为既然928的价格高于911,其功率也应大于911。他们决定开发功率更大的928S(图6-108),经过把排量加大到4664mL,压缩比从8.5提高到10.0,功率一下达到220.5kW(300马力),0~100km/h加速时间6.6s,最高车速为250km/h。1980年保时捷名副其实的新旗舰928S出场了。

从20世纪70年代开始,保时捷公司对928进行了无数次风洞试验,对车型进行了多次改进,使其造型逐渐趋于完美,性能更加优越。外露式向前站立的前照灯平时躺卧朝天仰望,避免了车头造型过于单调;批量生产跑车中首次装备胎压监测系统;鼻端进气口独具匠心地采用电子控制系统,自动调节进气量;前置发动机与后置变速器之间坚固的传动杆可在车辆遭受剧烈碰撞时,使坐室内的乘客免受伤害;先进的电脑系统通过显示屏向驾驶人发出异常情况的警报;不用踩加速踏板就可在5~100km/h范围内按预定速度定速行驶。当然,更重要的还是928GTS(图6-109)拥有优良的动力性能。928GTS最大功率为257.25kW(350马力),增压后可能达到588kW(800马力),最高车速为275km/h。0~100km/h加速时间5.7s。90km/h定速行驶,百千米油耗仅为9.9L/100km。928GTS实现了功能与造型完美的结合。

图6-108　1980年928S　　　　　　　　图6-109　保时捷928GTS

赛车一般都不会批量生产,对广大汽车爱好者来说,谁也不愿买一部赛车作为代步的交通工具,但对于汽车生产厂家而言,赛车往往是他们预测未来并通过赛事检验成果的最佳途径。1983年保时捷公司开始考虑制造符合B组赛车规则的959街车(图6-110),按规定最低产量为200辆,这绝不是生产线上的车种,它要采用大量特殊材料,模具必须全部更新,开发费用将超过1亿马克,每辆定价23万美元还不够成本,但由于它是保时捷精神的象征,董事会最终还是批准了959的生产计划。959具有车身高度自动调节系统,车身高度可随车速的高低在12~18cm自动调整,该车配备排量为2849ml的水平对置六缸风冷发动机,上面装有两个小涡轮增压器,使其发出令人战栗的330.75kW(450马力)功率,最高车速为330km/h,0~100km/h加速时间仅3.6s。

1991年秋季,保时捷公司批量生产的街车968(图6-111)终于在法兰克福车展面世。968是取代944的车款,车身设计由924的设计人哈姆·拉盖承担,因此在造型上不免带有924的影子。968放弃隐藏式前照灯,以避免车头过于单调,所以"蛙眼"式前照灯已成为保时捷家族的共同特色。968前端聚合酯鼻部在8km/h低速碰撞下,可自动恢复原状,高速碰撞时保险杠内的减振器可充分保护车身不致严重受损。968最大的特点是采用了保时捷发明的电控可变配气正时发动机。该发动机为排量2990mL的四缸机,具有电控液压传动系统,发动机在1500~5500r/min可使凸轮轴自动位移,从而改变进排气门开关时刻,克服了一般跑车低速不稳定的缺点,使968作为街车行驶时有最佳低速稳定性能,高速行驶时又有强劲的动力性能。

图6-110　1987年959街车

图6-111　1991年的968

鲍克斯特(图6-112)属于保时捷家族中较小的成员,用于和奔驰公司的SLK跑车竞争,它是现代高新技术的结晶。鲍克斯特有优美的造型,由前照灯、雾灯和方向指示灯组成了紧凑的前照灯组,使车头具有鲜明特色。可折叠式车顶在按下操纵钮后便可自动滑入后行李舱内。车身前后各有一个130L的行李舱,足够携带两人外出度假旅行所需的全部行装。车尾部装有可升降式扰流板,当车速达到120km/h时,便可自动抬起,使该车具有良好的空气动力性能,这在高速行驶时尤其重要。鲍克斯特在坐椅后面装有水冷式水平对置六缸机,排量为2480mL,该发动机除采用电控燃料供给系统等先进装置外,还装有保时捷发明的自动调节配气正时机构,其作用是通过自动变换凸轮轴位置来实现的。该车最大功率为150kW(204马力),转速为6000r/min,最高车速为240km/h,0~100km/h加速时间6.9s。

图6-112　1996年鲍克斯特

卡宴为保时捷汽车公司带来的经济效益非其他车型所能匹敌,所以保时捷更加注重对卡宴系列车型的开发,除了推出卡宴S、Turbo和V6,保时捷还推出了一款全球限量车型卡宴GTS Porsche Design Edition 3(图6-113)。不过该车限量生产1000辆,其收藏价值不言而喻。

在这款新车之前,保时捷已经成功推出了 Cayman S Porsche Design Edition 1 和 Boxster S Porsche Design Edition 2,这次卡宴成为主角。保时捷的工程师为这款新车选择了火山灰金属漆,突出了车辆动感和纯粹的外观。车身侧面和发动机罩上的条纹则强调了这款极为特殊的卡宴车型的尊贵血统。该车配备了双氙气前照灯和 21 英寸铝合金轮毂,同时固定式双翼加长型车顶扰流板则作为免费选装配件提供,进一步增强了该车的运动特性。车辆后部黑色的"Cayenne GTS"和红色"S"标志,令这款全新车型显得既优雅又个性十足。

新上市的 2018 款卡宴(图 6-114)在外观方面,前格栅采用了贯穿式造型设计,内部采用了横向饰条,视觉效果更加凶悍。新车配备了全新的 LED 前照灯,购买者也可选装保时捷的动态照明系统(PDLS),更富有科技感。此外,前格栅中央位置还增加了雷达探测摄像头,为驾驶辅助提供支持。全新一代的卡宴车身线条更加流畅,极具动感。它还采用与 911 和 Panamera 相同的轻量化技术,整体质量减小,但车身尺寸与老款车型相比有一定的增加。尾部采用了全新的保险杠造型和贯穿式后照灯。

图 6-113　2009 年保时捷卡宴 GTS
Porsche Design Edition 3

图 6-114　2018 款保时捷卡宴

内饰方面,2018 款卡宴采用了许多的跑车元素被移植,三环式仪表盘、三幅式多功能转向盘、喇叭音响系统……所有的装备都演绎着保时捷风格。全新卡宴装备了多种高级配置,如:巡航定系统、BOSE 音响、全真皮内饰,运动型真皮座椅、选装电动全景天窗。新卡宴的设计可以使驾驶人和乘客完全觉得它不仅仅是一辆 SUV。

动力方面,2018 款卡宴不再搭载 3.0T V6 机械增压发动机,改为 3.0T V6 涡轮增压发动机,百千米加速较原来的老款快了 0.9s。

三、布加迪公司

布加迪公司是一家命运多舛的伟大公司,它本来设在阿尔萨斯的一家德国公司,而且是德国最早生产跑车的厂家,第一次世界大战之后它随阿尔萨斯归入法国。其生产的跑车在 1920—1930 年名噪一时,成为传奇式的汽车。1926 年推出的 T35 型赛车,被称为是 20 年代最出色的赛车。图 6-115 为在 T35 型车基础上增压后的 T35B 赛车。仅 1926 年一年,布加迪就在 12 次国际汽车大奖赛中获胜,1930 年 T35 型车又为布加迪在各种大赛中赢得上千次胜利。图 6-116 为 1927 年推出的皇家 T41 型极品轿车的跑车型,这种轿车只生产了 6 辆,其中 3 辆售出,另 3 辆归布加迪家族享用。15L 直列 8 缸机使该车具有标准的"长头"造型,车头上精致的银制舞象车徽栩栩如生,该车制造之精美,价格之昂贵是空前的,推出时的售价是4.2万美元,在当时比最贵的劳斯莱斯还贵一倍,到20世纪80年代末期该车价值已达1100万美元。图6-117所示的为1933年问世的T57型轿车,它是所有布加迪车中最著名的车型,其赛车赢得了1939年勒芒大赛。20世纪30年代,布加迪公司成立了专门的车身设计部门,在公司创始人埃·布加迪的儿子让·布加迪主持下设计出了这一漂亮的双色车身。

图6-115　1926年布加迪T35B　　　　　图6-116　1927年布加迪T41

1998年,布加迪品牌被大众收购。2001年,布加迪推出威航16.4概念车(如图6-118),并宣布它将作为世界上最强劲的车型上市。多年以后,威航汽车终于亮相,进入了公众的视野,以曾经驾驶布加迪T57赢得1939利曼桂冠的Pierre Veyron命名的新款威航车,正像他所向人们承诺的那样:拥有最强劲的动力、最快的速度,是有史以来最昂贵的汽车。这款全球限量生产300辆的布加迪威航16.4车长4.47m,售价约2500万元,其动力规格为735.735kW(1001匹马力)、最高时速407km/h、转矩1250N·m(2200rpm)、16气缸4涡轮增压发动机及全时四轮驱动,0至100km加速仅2.5s。此外,本款车车座是从意大利定制的真皮座椅。很难精确地描述驾驶这款车的过程,因为根本没有和它同档次的车型可以作为参照,谁又能将驾驭一辆735.735kW、时速407km/h的超跑车感觉清楚地告诉大家呢?

图6-117　1933年布加迪T57　　　　　图6-118　布加迪威航

事实上威航更是一个科技成就。人类一直在努力争取能行进得更快,飞得更高,设计得更精巧等。威航将汽车推进到了一个新的水平。

第七节　宝马公司汽车的造型

3/15迪克西(见图6-119)是宝马公司生产的第一部汽车。迪克西是艾森纳赫汽车厂使用的车名,从1896年第一辆车出厂到第一次世界大战期间该厂生产的大型豪华车都冠以迪克西之名。该厂是在戴姆勒、奔驰之后的德国第三家汽车制造厂,由于20世纪20年代的经济危机、社会动荡,该厂于1928年被宝马公司收购,迪克西便成为宝马公司推出第一辆汽车

图6-119 1928年宝马3/15迪克西

的车名。3/15迪克西实际上是从英国奥斯汀公司引进的奥斯汀7型轿车,只是更新设计了车身。该车为经济型两门箱式轿车,可乘坐3人。车内装有排量为748.5mL的四缸机,功率可达1.1kW(15马力),转速为3000r/min,耗油量为6L/100km,每行驶100km比摩托车成本仅高1.53马克,这在当时已很先进了。迪克西宽大的车身由戴姆勒公司设计,足见当时两公司的关系。直到1933年宝马公司推出装有六缸机的303时,才放弃了与戴姆勒的合作。1928—1932年迪克西共生产了15948辆汽车。

排量只有0.75L的3/15迪克西很快就被宝马公司放弃了,但宝马公司并不准备放弃微型车市场。微型车售价自然也不会高,这正迎合了当时市场的需要。随着时间的推移,微型车进入了高层社会,当然,这部分购买者希望的是具有一定速度、美观、性能可靠的小型车。宝马人对市场的洞察力是很强的,用宝马人自己的话讲:"经济危机使人们更加重视小型车,甚至在那些最具购买力的群体中也是如此。"他们的哲理是:宝马既然能领导航空发动机和摩托车的生产,那么为什么在汽车制造上不能领先呢。正是在这种观念指导下,宝马终于在1933年2月11日推出了崭新的高性能双门4座小型轿车303(图6-120),从设计到出车只用了12个月,前部两块"肾"形的通风罩栅为日后宝马车造型奠定了基础。该车首次装用1182mL排量的六缸发动机,车身比3/15低了许多,质量仅为820kg,功率可达22.05kW(30马力),转速为4000r/min,最高车速为90km/h。

宝马315/1(图6-121)是一部造型优美的双门敞篷跑车,该车风窗玻璃为折叠式,放下风窗玻璃,车手便会领略强劲的疾风,为那些富于冒险精神的车手平添了无穷乐趣。为减轻车重,该车用轻金属制造车身,甚至两侧车门的上部也被割掉一块,使整车质量只有750kg。315/1装有排量为1490mL的六缸机,功率可达29.4kW(40马力),转速为4300r/min,最高车速为120km/h。正是由于其优良的性能,315/1在多次汽车大赛中连连获胜。1934年7月21日,在德国举行的2000km拉力赛中,由三辆315/1组成的车队在与包括奔驰在内的众多名车的角逐中勇夺金牌。61年后的1995年7月22日,315/1又站在横穿德国2000km古典车拉力赛的起跑线上,并再次获胜,这些胜利完全归功于它有一个优异的重量功率比,使得它在同时代车中处于相当领先的地位。315/1共生产了242辆。

图6-120 1933年宝马303

图6-121 1934年宝马315/1

宝马328（图6-122）被誉为是"世界上第一辆真正的敞篷跑车"。1936年宝马328首次在德国纽伦堡参赛，不仅把大排量增压车甩在其后，并且还以追上2min前出发的上一组赛车而大出风头。328外形设计具有划时代意义，它是首次采用流线型车身的跑车，也是第一种运用了风洞进行设计的汽车，这再次证明20世纪30年代是汽车空气动力学大发展的时代。328在20世纪30年代后期一度称雄德国乃至全世界。它的成功之路是"用黄金铺就"的。328车身用铝锰合金制造，整车质量只有830kg，该车装有排量为1971mL的六缸机，最大功率58.8kW（80马力），转速为5000r/min，流线型的车头、圆润的车尾使风阻更低，车速可达150km/h，这在同级跑车中是无与伦比的。由于该车只生产了464辆，产量极少，所以是世界上最珍贵的古董汽车之一。1996年6月6日到9日，有100辆幸存的328聚集慕尼黑庆祝其60岁诞辰，这让全世界的宝马迷们着实兴奋了一阵。

宝马501（图6-123）是第二次世界大战后宝马公司推出的第一个车型。此时宝马公司决定要生产一部大型车，但由于战争结束后设在艾森纳赫的宝马汽车厂被苏军占领，并被划入民主德国境内。这给宝马公司恢复生产带来极大的困难，为此宝马不得不在慕尼黑生产新车。他们采取保守作法，将战前326上使用的V6发动机装在501上。车身在很大程度上也是以战前车型为基础，不过其流线型车身以及丰富的曲面造型，特别是韵律感极强的翼子板给人留下深刻印象，因而人们很快便送给它一个充满柔情的绰号——"奇妙天使"。2年后的1954年，宝马研制出轻合金V8发动机，这也是战后德国第一个V8发动机，排量3168mL，从此装有V8机的502诞生了。该车在501基础上添加了镀铬腰线，使节奏感更鲜明，最大功率117.6kW（160马力），转速为5600r/min，极速190km/h。

图6-122　1936年宝马328　　　　　　　　图6-123　1952年宝马501

伊赛塔250是宝马公司在意大利ISO公司设计的基础上以低成本制造的一部非常奇特而又可爱的微型车，全车长/宽/高只有2258/1380/1340（mm），质量仅360kg。前开门是250的一个突出特点，打开前门，将转向盘向上翻动，便可容易地进出车厢。这个"鸡蛋车"是伴随着大量冷嘲热讽出台的，但很快其销售量猛增。20年代50年代中期，销售伊赛塔的盈利甚至超过宝马豪华车，创下了销售记录，成为当时德国的一个"经济奇迹"。伊赛塔250的座位后面装有一台8.82kW（12马力）单缸风冷发动机，排量为245mL，车速可达85km/h。该车用帆布做折叠车顶，打开时可将其卷在后窗上，不过驾驶人现在还是希望他们头顶上有一个"硬顶"。1957年伊赛塔300（图6-124）推出，功率增至9.56kW（13马力），两种车型共生产161728辆。

1960年，为摆脱财政危机宝马公司进行了股权重组，新管理层立刻酝酿着推出一部全新车型以使公司尽快摆脱困境。1961年1500原型车制出，1年之后，宝马公司寄予厚望的这部紧凑的中型轿车兼运动车（图6-125）出台了。该车采用最新设计的顶置凸轮轴四缸机，这也是自1933年以来宝马首次采用四缸机，该机排量为1499mL，功率可达58.8kW（80马力），转速为5700r/min，最高车速为148km/h。该车还首次使用了三角叉形臂独立悬架，确保了良好的道路行驶性能。出自设计大师米凯洛蒂之手的1500车身造型也有了新的突破，其前端通风罩栅略微前倾的造型一直沿用至今，贯穿前后的浮雕式腰线已低得不能再低，在视觉上起到降低车身高度的效果。宝马把1500战略性地作为"新旗舰"推出，该车1962—1964年共生产了350729辆，创下了公司有史以来的最高纪录。由于1500开创了新的市场，使宝马公司获得了丰厚的回报，一举扭转了亏损，从此走上了发展的坦途。

图6-124　1957年宝马伊赛塔300

图6-125　1962年宝马1500

1968年，生气勃勃的宝马2500（图6-126）登台了，该车无论在性能上还是在造型上都有显著改进，2500装有排量2494mL的高性能六缸机，这种发动机性能非常可靠，供多种车型长期使用，如装有此机的M30车直到1994年为止共生产了26年。2500车内已备有安全气囊和自动束紧安全带等先进的安全装置。在造型上，由乔治亚罗设计的2500最显著的特征是将前照灯改为双圆头灯，增强了视觉效果，使销量大增，这一造型特点同样一直延续至今。

图6-126　1968年宝马2500

1972年5月成立的宝马汽车运动股份有限公司是宝马的一个独立的子公司，它不仅承担各种赛事，而且也生产赛车和高性能跑车，该公司成立后生产的第一个车型就是M1（图6-127）。M1最初按照纯赛车设计，后来发展为两门运动型轿车。该车线条明快简练，包括车架、轮毂在内的众多零件均由高强度塑性材料或轻金属制成，全车质量仅为1300kg。为降低高速导致的气动升力，赛车加装了扰流板。排量为3453mL的直列六缸发动机置于车后，车身两侧的通风孔可将气流引向发动机，加速其冷却。发动机的功率为202.2kW（277马力），转速为6500r/min（竞赛车发动机功率为470～490马力），车速可达262km/h。经过改进这台发动机功率甚至可高达735kW（1000马力），车速达到360km/h，所以M1具有广泛的适应性。M1只生产了450辆，每次赛后便成为爱好者争相追逐的收藏珍品。

8系列是宝马公司的豪华双门跑车家族,分为 840-ci、850-si、850-csi 3 种,850-csi (图6-128)是其中最高档的一种,用于和奔驰600SL以及美国林肯和凯迪拉克的豪华双门跑车争夺市场。8系列3种车型的外形相差不大,共同的特点是前部低矮,过渡圆滑,全车造型呈现出鲜明的流线型。水箱格栅依然是宝马公司传统的前倾造型,体现出对公司传统的继承。

图6-127　1978年宝马M1　　　　　　　图6-128　1995年宝马850-csi

850-csi跑车使用排量为5.5L的V12发动机,最大功率达283kW,最高车速250km/h,从0km/h加速到100km/h仅需6.0s。除跑车上常见的牵引力控制系统和防抱死制动系统外,850-csi上还装有发动机功率电子控制系统(EML),可以随时监视车辆行驶状态,据此自动控制发动机的运转,提高行车稳定性。

宝马X6于2008年问世,宝马将X6定义为全能轿跑车(Sport Activity Coupe,SAC),在外形设计和动力操控上将跑车的运动能力和SUV的多功能相融合。

宝马X6(如图6-129)拥有标准化的SUV身材:高挑的车身、较大的离地间隙。本车型强调了轿车的舒适性和跑车的高性能,并植入了X5和6系跑车的各自优点。X6具有的来自宝马的家族式前脸"双肾型"进气格栅,强调了X6的高贵血统;两侧"天使眼"与高亮度氙灯完成了车头部的点睛之笔;个性化定制黑色高光镀铬饰件令高级质感一览无遗;高光镀铬排气管饰件与M高级碳黑色金属漆漆饰,将运动天赋再度提升;前保险杠、大尺寸进风口以及侧沿线条的M空气动力学套件,尽展强劲风采;还配备了20英寸双辐式样469M型铝合金轮毂,使赛车基因与越野本能相得益彰。

2009款宝马3系(图6-130)车长增加了10mm,前后灯、进气格栅和保险杠设计都进行了改变。前照灯与尾灯的细节与轮廓也作出了细微修改,改款后的造型与3系双门款和敞篷款的造型保持一致,尾灯首次使用了LED灯光源。内饰颜色和真皮面料增添了一些种类供用户选择,新款iDrive和80G车载硬盘也装备在了2009款3系上。

改款车型引人关注的焦点是系列产品中,增加了318i和335i车型。318i与320i使用同一款2.0L直列四缸发动机,不过调校略有不同。318i的最大输出为104.37kW(142马力),最大转矩为190N·m,而320i的最大输出则为124.95kW(170马力)。作为2009款3系中的旗舰车型,335i采用直列六缸双增压发动机,最大输出为224.91kW(306马力),最大转矩为400N·m。与现款相比,2009改款车型中,320i、325i和330i车型的功率转矩输出均有不同程度的增加。

图6-129　2018款宝马X6

图6-130　2009年宝马3系

第八节　劳斯莱斯公司汽车的造型

劳斯莱斯公司于1907年生产出第一辆银鬼敞篷轿车(图6-131),该车采用镀铝车身,车灯、喇叭等很多附件均为镀银处理,给人以神灵的启示,故以此得名。该车装有排量为7L的直列六缸机,最高车速为85km/h。1907年5月以它高速挡完成从伦敦到爱丁堡3218.7km(2000英里)的丘陵道路试验,并于同年创下著名的24140km(15000英里)耐久试验记录。100多年来它始终保持着最初的技术状态,总行程超过100万km。著名影星乘过它,它也曾是女王的用车。1907年的银鬼被认为是世界上最昂贵(估计价值2000万英镑)、最著名的汽车。图6-132所示的为1914年生产的银鬼轿车。图6-133所示的为1915年生产的银鬼轿车。

图6-131　1907年银鬼

图6-132　1914年银鬼

1911年劳斯莱斯生产出很别致的箱式劳斯莱斯轿车(图6-134)。它是典型的充分利用线条摆布而达到造型目的的例证。车厢后背优美的曲线造型与车身两侧富有柔情的线条相互辉映,将一朵婀娜多姿的郁金香造型车身完美地烘托出来,6盏金光闪闪的车灯点缀其上更为其增添光彩,煞是好看,难怪人们称劳斯莱斯为世界上最美的车。1925年劳斯莱斯公司在美国生产的银鬼轿车(图6-135)具有圆桶式前照灯、白壁轮胎、流线型车顶、后倾式车厢后背的美国风格,前部横条通风格栅更是与众不同。

图6-133　1915年银鬼

图6-134　1911年劳斯莱斯

多年来,劳斯莱斯一直被认为是世界名车之最,而鬼怪系列又被认为是劳斯莱斯的车中极品,成为王室、贵族们身份的象征,这主要归功于其制作工艺精湛,行驶性能优越。一辆豪华劳斯莱斯轿车的制作往往要花费很长时间,需要众多能工巧匠精雕细琢到最佳状态。如工匠们要根据意大利名贵胡桃木的年轮花纹、具体结构来精心裁制仪表盘和车门护板。因此,"手艺"这一词汇贯穿劳斯莱斯的整个制造过程。劳斯莱斯公司于1928年推出了鬼怪Ⅰ型高级轿车(图6-136),用以取代先前的银鬼系列轿车。1930年生产了鬼怪Ⅱ型运动轿车(图6-137),该车前部车顶可拆卸,后部车厢设有独立风窗玻璃,车厢背后面有一只精致的行李舱。1937年生产了大型轿车鬼怪Ⅲ(图6-138),车上装有V12型发动机,尽管车重2.5t,但却能跑出145km/h的车速来。

图6-135　1925年美式银鬼

图6-136　1928年鬼怪Ⅰ

图6-137　1930年鬼怪Ⅱ

图6-138　1937年鬼怪Ⅲ

劳斯莱斯公司的鬼怪豪华轿车一般为国家元首或名人政要所乘用,同时它也是王室成员的代步工具,因此产量极少。鬼怪Ⅳ(图6-139)于1955年加入皇家车族,它的质量超过2.5t,采用排量为1.68L的直列8缸机,公司从未提到过发动机的功率值,但专家们估计为99.96kW(136马力)。鬼怪Ⅴ(图6-140)于1960年加入皇室车族,用有机玻璃制成的车顶晶莹剔透,必要时可用铝制车罩罩住。鬼怪Ⅵ(图6-141)为1968年开始生产的,论其动力性能,绝非保时捷、法拉利的对手,但说它是世界上最有声望、最豪华的轿车,主要是因其个性化极强。在全世界遍布现代化汽车生产企业的今天,大部分零件仍手工制作,甚至许多零件上都打有工匠的名字,这就是其珍贵所在。鬼怪Ⅵ车身由劳斯莱斯著名的车身工匠姆利纳·帕克·沃德制作。

图6-139　1955年鬼怪Ⅳ

图6-140　1960年鬼怪Ⅴ

1929年本特利公司推出的本特利赛车(图6-142),同年在法国勒芒夺冠。本特利在1924~1930年这7年中曾5次在勒芒24小时大赛中夺冠。1929年本特利"速度6"还曾在1320km路段中与蓝色特快号火车竞赛试比高低,结果以比火车快4h的优势率先到达终点伦敦,这场内燃机与蒸汽机的大赛在汽车发展史上留下了一段佳话,而车手巴尔纳托没过多久便出任了本特利公司董事长。1930年,本特利公司生产了著名的本特利跑车,该车装有6.5L排量的发动机。正是因为热衷于生产这种大功率跑车,当1929年大萧条到来时,跑车市场急剧萎缩,公司财产很快耗尽,本特利公司破产倒闭。恰逢此时的劳斯莱斯正担心这种强劲跑车为他人效力,于是在1933年便将本特利公司收购。从此,本特利便成为劳斯莱斯旗下的另一尊贵。1955年生产了本特利R型轿车。在被劳斯莱斯吞并后,本特利在车型上再也找不到早年那种驰骋赛场的豪气了。

图6-141　1968年鬼怪Ⅵ

图6-142　1927年本特利

劳斯莱斯公司20世纪50年代的主导车型——银云(图6-143)的造型较之前有了很大变化:车身更加丰满,也更富于流线型化。1971年生产的险路牌豪华敞篷跑车(图6-144)的车顶可自动折叠开合,古老传统的水箱通风罩栅通过发动机罩的起棱与流线型车身融合在一起,起到相辅相成的作用,更能烘托出其华丽的气派。这种高档豪华跑车制作工艺极其复杂,仅车身上漆工作就到了十分苛刻地步,上漆之前要经过4天时间的反复清洗、检验、擦拭,再经过防腐处理和三遍底漆之后才开始上面漆。在上面漆过程中,还要反复抛光、擦拭。因此,它不仅是一辆豪华跑车,更是一件高雅的艺术品。每当人们看到它那明快的线条都会赞叹不已。1975年的卡马克(图6-145)的车身造型由平尼法连那设计,这在劳斯莱斯中并不多见,该车与险路跑车均由姆利纳·鲍克·沃德制作。

图 6-143　60 年代银云

图 6-144　1971 年险路

银刺轿车(图 6-146)为劳斯莱斯 20 世纪 90 年代的主导产品。这些豪华轿车价格昂贵，即便在英国能够买得起的也是凤毛麟角，该款车大多为达官显贵或社会名流所乘用。这种车的内饰极为讲究，除真皮座椅、纯毛地毯外，还可根据用户的要求进行特殊装饰(如大到冰箱、电视、防弹设备以及通信设施的位置，小到放置酒具、文件的格子等，公司都可满足客户的需要)。良好的隔音效果是这些车的共同特点，甚至高速行驶时，车内也非常安静，乘坐极其舒适。值得一提的是近百年来，劳斯莱斯尽管有众多车型，但前面竖条两面墙式的通风格栅造型始终没有改变，这正是其追求高级感、贵族感而保持的传统风格。

图 6-145　1975 年卡马克

图 6-146　90 年代银刺

为了纪念劳斯莱斯 Silver Ghost"银鬼"100 周年，劳斯莱斯特别推出了特别限量版车型 Phantom Silver(图 6-147)，该车仅限量生产 25 辆，每辆车的发动机罩上都有特别的"飞翔女神"的车标装饰，此外还有"Silver Edition"的标签。采用新的外观喷漆色彩——金属幽灵银色，并将装配 21 英寸的铬合金车轮。车舱内采用玫瑰叶色浅色皮革以及 Santos Palissander 原木装饰。

2017 年，广州车展，劳斯莱斯全新幻影(见图 6-148)正式亮相。新车的设计思路更为年轻化。前中网标志性的帕特农神庙风格设计。前照灯组的造型则更为狭长，并使用了 LED 光源。车侧线条依旧沉稳大气。该款车是劳斯莱斯第一款采用铝质车身结构的车型。内饰方面，该车型的中控台采用了全新的浮雕式设计。除了最新的安全功能以外，它还配有可根据客户需求，个性定制的数字多媒体显示屏，并将搭载改进的信息娱乐系统以及导航等功能。此外，座椅进行了重新设计，舒适度更好，椅背是木制的镶板，其灵感来源于 1956 年著名的 Eames 休闲椅。动力方面，搭载 6.75L 排量的 V12 双涡轮增压发动机，其最大功率为 563kW，最大转矩为 900N·m，传动系统采用 8 速自动变速器。

图6-147　2007年劳斯莱斯幻影 Phantom Silver

图6-148　2017年劳斯莱斯幻影 Phantom Silver

第九节　捷豹公司汽车的造型

在半个多世纪的历程中，捷豹作为世界上最优秀的路车之一，始终被世人关注。图6-149所示的为1937年生产的捷豹SS100运动车，该车为铝合金车身，起伏的外展式翼子板、精致的通风格栅、钢丝轮辐式车轮为其增添了不少姿色。SS100装有2.5L排量的直列六缸机，最高车速152km/h，0km/h加速到96km/h需12.8s，被认为是捷豹创始人威廉·莱昂斯推出的第一辆真正的跑车。图6-150所示的为1948年生产的著名的XK-120，威廉·莱昂斯在不到2个星期的时间构思出这一宽车门、小车顶、具有流畅线条的车型（不过也有人指责说XK-120的造型抄袭自宝马328）。XK-120最高车速可达200km/h，0km/h加速到96km/h需1.9s，最初计划限产200辆，但由于其优美的造型以及在竞赛中的胜利立即吸引了大批客户。到1954年推出XK-140时，XK-120产量已达12000辆。

图6-149　1937捷豹SS100运动车

图6-150　1948年捷豹XK-120跑车

受XK-120杰出动力性能的鼓舞，捷豹很快又推出一款质量较轻的C型赛车，并于1951年和1953年两次在法国勒芒汽车大赛中获胜。图6-151所示的为1952年生产的美洲虎C型赛车，这种车头涂有白色标记的C型车在20世纪50年代初期曾风靡一时。图6-152所示的是1957年在C型车基础上改进的D型车，由于其仿生车身具有良好的空气动力性能，且车身较轻，使得其在1955年、1956年、1957年的法国勒芒汽车大赛中一举三连冠。此外，D型车在英国举行的12小时赛以及在美国运动车俱乐部C级锦标赛中都取得了令人信服的胜利。D型车是20世纪50年代世界上跑得最快的双座汽车。

图6-151　1952年捷豹C型赛车

图6-152　1957年捷豹D型赛车

　　1951年生产的捷豹马克Ⅴ轿车，在XK-120跑车底盘的基础上加装了豪华车身，采用排量为3485mL的发动机。马克Ⅴ曾于1996年在北京展出，现被汽车收藏家威尔逊先生珍藏。最早的马克Ⅶ曾于1950年10月在伦敦汽车展中展出，采用赛车的底盘和发动机，车身由莱昂斯设计。1954年9月，在对车身作了进一步改进后推出了马克Ⅶ M，该车发动机罩造型更为丰富，同时增加了镀铬镶条腰线使节奏感加强。由于发动机的紧凑使车头高度得以降低，功率由曾经的117.6kW增加到139.65kW，并且油耗也得到了改善。到了1956年马克Ⅶ M被马克Ⅷ（图6-153）所取代，前风窗玻璃改为一整块造型，车身两侧再次增加装饰线条。短短几年，捷豹马克车身数次改型，足以表现出其车身造型艺术的渐变过程。

　　1961年捷豹公司在日内瓦国际汽车展上推出E型跑车（图6-154），E型车在捷豹公司发展中具有非常特殊的意义。这是因为在此之前，捷豹的车身设计仿佛就是公司奠基人威廉·莱昂斯爵士的专利，而E型车恰恰是由其他人设计的第一个捷豹汽车。由比尔·海尼斯等设计师共同设计的E型车，首次将车架去掉而采用承载式车身，即发动机等总成均装在坚固的底板上，从而大大减轻了整车质量。由于E型车造型优美且具有赛车性能，因此连续生产几十年，对市场产生了巨大影响。图6-155所示的为1975年的E型车，该车采用了低污染的排量为5.3L的V12发动机，椭圆形的进气罩栅成为其明显的标志。几十年来凹陷前照灯成为E型车的共同特点。

图6-153　1956年捷豹马克Ⅷ

图6-154　1961年捷豹E型跑车

　　1975年捷豹推出XJ-S型跑车（图6-156），该车包括硬顶、敞篷两种类型，以便适合各国市场，采用5.3L排量的V12发动机，既具有E型车的动力性能又具有轿车的舒适性能。图

6-157所示的为1996年3月在日内瓦展出的XK8跑车。人们期望已久的XK8是在著名的E型车生产整整35年后推出的换代车型。由于E是8的英文字头,故起名XK8以显示与老车型的联系。E型车的成功为新车型的设计增加了很大难度,毕竟E型车的名气太大了,任何处理不当的变动都会引起人们的反感,因此,新车采取了在旧车基础上加以改进,而不是推倒重来。XK8继承了捷豹跑车线条流畅,富于动感的造型,装备了具有可变气门正时技术、排量为4.0L的V8发动机,极速可达240km/h,XK8的问世是捷豹的一个新起点。

图6-155　1975年捷豹E型跑车

图6-156　1975年捷豹XJ-S型跑车

2008年,印度塔塔汽车公司收购福特汽车旗下捷豹品牌。

2018年捷豹在日内瓦汽车展上正式发布了其首款全电动汽车I-PACE(图6-158)。这款电动汽车最早在2016年作为概念车首次亮相。

图6-157　1996年捷豹XK8跑车

图6-158　2018年捷豹电动汽车I-PACE

捷豹I-PACE配备了90kW的电池,采用了电动汽车中常用的单速自动变速器,单次充电续驶里程为240mi,从静止状态提速至60mi/h只需4.5s。相比之下,特斯拉Model X的单次充电续驶里程为295mi。

在内饰及系统设计方面,捷豹I-Pace重新设计的信息娱乐系统令人较为惊叹,其娱乐中心控制台上的触摸屏和一个平视显示器可以让驾驶人在行驶中非常清晰地了解车辆情况。捷豹表示,随着时间的推移,将收集I-Pace车主的驾驶习惯和内部的偏好数据,然后借助人工智能方式对每辆车进行自动跳转设置。此外,捷豹为I-PACE车主们提供了一款家用的 100 kW 充电器，充电 40min 就能将电池电量提高到 80%。而且据捷豹设计总监伊恩－卡勒姆(Ian Callum)称，捷豹设计的电池可以使用 10 年时间。

第十节　路虎公司汽车的造型

图 6-159 所示的是兰德·路虎四轮驱动越野车，它是受美国吉普车的启发于 1948 年由路虎公司设计的。

图 6-160 所示的是路虎公司前身—奥斯汀公司 1922 年推出的奥斯汀 7 型经济型轿车，它是"甲壳虫"出现之前欧洲最成功的经济型轿车，先被日产公司仿制，后又曾被宝马公司引进。

图 6-159　1948 年兰德路虎越野车

图 6-160　1922 年奥斯汀－7 轿车

2000 年，路虎被福特汽车公司收购，其中包括 Freelander 在内的所有四驱车。2003 年，Freelander(图 6-161)与以前相比，外形有了明显的变化。新款 2003 Freelander 的车标采用 3D 样式以突出其文字，同时许多部位使用黑色的外观样式，特别是前后保险杠、轮拱、车阶、后门、汽油口盖、后视镜及边门车把，都显示其王者风范。

Freelander 的简洁线条抓住了追求冒险和刺激的新概念的核心，同时还明白无误地体现了路虎汽车的传统特征。在保持路虎汽车工程完美性和设计适用性等基本价值的前提下，Freelander 的造型完成了一个巨大的跨越，将宽敞、多用途的车厢设计与坚固的、具有超常的公路和越野行驶能力的全轮驱动底盘巧妙地结合在一起。

Freelander 是路虎有史以来第一款将承载式车身结构与全独立悬架结合在一起的汽车。之所以采用这种设计思路主要是考虑到 Freelander 的尺寸比以往的路虎车型都要小，结果是使 Freelander 在公路行驶和越野行驶都获得了平顺性和操纵性的理想组合。

2008 年，印度塔塔汽车公司收购福特汽车公司旗下路虎品牌。

2018 年，全新路虎发现(图 6-162)以全新面貌及新的家族式语言来展现其骨子里的发现精神。外观设计上，中网造型仍然是路虎标志性的设计。全系标配 LED 前照灯，U 型的日行灯是路虎的家族式设计。与车头设计不同，车尾运用了很多直线条，整体尾部看起来很圆润。内饰方面，全新发现整体中控造型更接近揽胜车型，设计较前款简洁，但配置更丰富。车内配有 9 个 USB 接口与 6 个 12V 充电接口，车载 Wi－Fi 热点可同时为 8 台设备提供网络连接。动力性能上，搭载着排量为 3L 的 V6 机械增压发动机，最大功率是 250kW，最大转矩是 450N·m。与之匹配的是 ZF 8 速手自一体变速箱。日常行驶在城市道路上时，发动机输出非常有线性。换挡平顺,动力储备充足,利于高速超车。

图 6-161 2003 年 Freelander

图 6-162 2018 年全新 Freelander

第十一节 法拉利公司汽车的造型

图 6-163 为 1947 年生产的法拉利 125 赛车,这是最早的法拉利赛车,它所使用的 1.25L 排量(该车由此得名)的 V12 发动机能够发出 89.5kW 的功率,简直可与 20 世纪 90 年代机型相比。125 风窗玻璃只是象征性的一小块,没有保险杠,座椅有点像室内的家具。1987 年开始,为庆祝公司诞生 40 周年,人们花费了 14120 个工时复制了一辆该车以纪念这辆最早的法拉利赛车的丰功伟绩。图 6-164 为 1948 年生产的著名的 166MM 赛车,它是现存最早的 166MM,现被加利福尼亚博物馆收藏。在所有法拉利著名的车中,166MM 可能是最重要的了,因为装有 V12 发动机的 166MM 奠定了法拉利公司的地位,它赢得过许多赛事的奖项,它的成功至今仍对法拉利公司产生着深远的影响。166MM 采用钢管车架、铝合金车身和纯功能的造型。

图 6-163 1947 年法拉利 125 赛车

图 6-164 1948 年法拉利 166MM 赛车

作为赛车,每个国家都有自己习惯使用的颜色,如意大利所用的是血红色(这与法拉利的名字是分不开的,法拉利从最初的广告开始就确立了红色标志)。但是,1953 年生产的漂亮的 340MM 赛车(图 6-165)却采用了法拉利家族中很少见到的双色调车身,该车偶尔参赛。不过对大多数意大利人来说红色才是法拉利的同义语。与前面几种车型相比,1955 年的 250GT(图 6-166)车身造型更加流畅,在历次大赛中 250GT 曾为法拉利赢得多次荣誉,被誉为是那个年代最好的赛车。1955—1959 年,250GT 一直持续生产,这在法拉利家族中是少有的。该车装有 V12 发动机,发动机罩、车门等件为铝合金制造,也可按客户的要求订制全铝车身。

第六章 汽车造型

图 6-165　1953 年法拉利 340MM

图 6-166　1955 年法拉利 250GT

　　1956 年制造的 410 跑车（图 6-167），其小顶斜背造型非常符合空气动力学原理。法拉利车身造型极为考究，常见车身两侧布有导流叶、通气孔，它们都是在风洞试验中找出的有利于降低风阻系数的措施。由于当时美国刮起的垂直尾翼风席卷全球，使造型一贯理性化的法拉利也受其影响，车后增加了高高的垂直尾翼。但哗众取宠的造型是不会长久的，这种尾翼在欧洲流行很短时间便消失了。图 6-168 所示的为 1965 年生产的符合空气动力学的 365P2/3。图 6-169 所示的为 1969 年 11 月在都灵（Turin）车展上展出的 512S，这辆黄颜色法拉利倍受青睐，78°倾角的风窗玻璃格外引人注目，它是由平尼法连那在 512 底盘基础上设计的一个特殊车型，两侧没有车门，将风窗玻璃（车顶）向前掀起，乘员便可轻松地进出。

图 6-167　1956 年法拉利 410 跑车

图 6-168　1965 年法拉利 365P2/3

图 6-169　1969 年法拉利 512S

　　图 6-170 所示的是 1964 年生产的装有 V12 发动机的 275GTB/4 跑车，被认为是法拉利中最漂亮的跑车之一。法拉利的"系列""批量"也小到了极限，经常是 2 辆、3 辆甚至是 1 辆。图 6-171 所示的就是只生产了 1 辆的非常特殊的 400i 跑车，它是专门为一位年轻的沙特王子设计的，因为王子希望自己在欧洲能驾驶一辆与众不同的超级跑车。该车由著名汽车设计大师米凯洛蒂设计，水滴造型的车身、纤细的风窗支柱使该车具有鲜明特色。车内装有排量为 4.823L 的 V12 发动机，极速 245km/h，功率可达 231.5kW（315 马力），0～100km/h 加速时间只需 6.9s。

图 6-170　1964 年法拉利 275GTB/4 跑车

图 6-171　法拉利 400i

图6-172为1970年生产的法拉利"迪诺"跑车,该车据称是由恩佐·法拉利的独子迪诺设计的(请注意其车头上的标志,不是法拉利的奔马,而是一块写着迪诺名字的标牌)。它采用了菲亚特制造的2.4L排量的V6发动机,与其他法拉利车型相比,"迪诺"可谓是经济型车了。法拉利的车名无一定规律可循,基本按照不同车身造型和不同发动机配置而定,像这种以V6发动机为动力的跑车常冠以"迪诺"之名。

1976年推出的400GT两门轿车(图6-173)是法拉利首次推出的轿车。在此之前法拉利生产的车型总是建立在竞赛基础上的,其造型以符合竞赛要求为基准。400GT由平尼法连那设计,采用前置5L排量的V12化油器式发动机,1979年改用燃油喷射发动机。1987年为庆祝法拉利公司成立40周年而推出的著名超级跑车F40(图6-174)是恩佐·法拉利见到的最后一个法拉利新车型。该车采用碳素纤维复合材料制造车身,车姿轻盈,前风窗玻璃和楔形车头几乎处于同一平面,巨大的扰流板布置在鱼形车背的尾部,使流经车背的气流产生向下的压力,以便汽车在高速行驶时与地面有较大的附着力。该车装有双涡轮V8增压发动机,最高车速可达327km/h,0~96km/h加速时间为4.2s。

图6-172　1970年法拉利"迪诺"跑车　　　图6-173　1976年法拉利400GT两门轿车

世界上有驾驶一级方程式赛车感受的人并不多。但自从1994年推出F355跑车(图6-175)后,这种情况似乎有所改变。因为F355有多种从一级方程式赛车移植过来的技术,在驾驶F355时会有与驾驶一级方程式赛车类似的感觉。F355车身为整体焊接式,使整车强度更高、更轻盈,全密封式车底可提高气流经过车底的流速,从而降低地面升力,增加与地面之间的附着力。驾驶人可自行选择的双模式悬架装置,按不同车速、负荷、转向角度等工况切换不同硬度的悬架,使该车既舒适又有跑车性能。法拉利公司1994年特地举行了一次F355环球巡游活动,以宣传该车,7月份车队曾到达过北京。图6-176为1995年生产的512M跑车,被称为是法拉利20世纪90年代的新旗舰,它是大量生产车型中速度最高的一款,极速315km/h,0~100km/h加速需4.7s,其圆形尾灯是法拉利的传统造型设计。

图6-174　1987年法拉利F40　　　　　图6-175　法拉利F355跑车

图6-177为2010年法拉利F151,外观延续了法拉利的传统造型,鱼嘴形的前进气格栅,细长水滴状的前照灯,发动机罩上的大进气口,五角星形状的轮毂,以及那火红的"红色外衣",几乎都是法拉利的传统。从车尾部看,F151已经没有了法拉利超级跑车的个性,而看起来更像是一款普通的SUV,宽大的轮眉和笔直的腰线,都让这款超级SUV充满了力量感。

图6-176　1995年法拉利512M跑车　　　　　　图6-177　2010年法拉利F151

2018年举办的日内瓦车展上,法拉利亮相的全新超跑车型488 Pista(图6-178),再次以速度征服世界。法拉利488 Pista的外形十分有战斗范儿,底部硕大的进气口显得非常霸气,增加了黑网装饰,颇有几分神秘感。自上而下眯眼型前照灯,搭配中间的两条颜色带,从正面看上去极具运动感。车身大部分采用了镂空设计,这样不仅可以减轻整车的质量,而且还更加符合空气动力学的设计,进一步提升车辆的速度。从侧面看去,低矮的车身设计颇有跑车的姿态,结合米其林为其量身定做的半热熔轮胎,具有出色的抓地力和稳定性。法拉利488 Pista的内饰风格依旧战斗气息浓烈,转向盘的设计和专业赛车十分相似,集成了换挡提示灯、换挡拨片等多种功能按键,操控性更佳。车内大量采用了Alcantara材质包裹,加上碳纤维装饰,品质感得到了进一步提升。在动力配置上,法拉利488 Pista搭载3.9T V8双涡轮增压发动机,最大输出功率约537kW(721马力),最大峰值转矩为770N·m,百千米加速仅需2.8s,最高时速可达340km/h。再配以专业的侧滑系统辅助,在弯道行驶时将有着出色的表现。

图6-178　2018年法拉利488 Pista

第十二节　菲亚特公司汽车的造型

图6-179为菲亚特公司在成立当年推出的第一个车型3.5马力,该车可乘坐2~3人,为典型的马车造型。车上装有一个排量为679mL的两缸发动机,该车型共制造了8辆汽车,目前仅存3辆,并分别被设在意大利都灵的汽车博物馆收藏、菲亚特历史中心和美国福特博物馆。3.5马力最大功率为3.234kW(4.4马力),最高车速可达35km/h,而耗油量为8L/100km,这在当时已经是先进水平了。图6-180为1925—1929年生产的509型汽车,排量990mL,被认为是第一个批量生产的小排量车,由于价格低廉使其成为市场最流行的车。

图6-179　1899年菲亚特3.5马力

图6-180　1925年菲亚特509型汽车

菲亚特500(图6-181)是世界上批量生产的最小车型,从此开始了菲亚特生产经济型轿车的时代。1936年的绰号"米老鼠"的小型车非常可爱,已具有"甲壳虫形"的车身造型,该车采用排量仅569mL的小四缸机,车身质量仅535kg,车速可达85km/h,从1936年开始一直生产到今天。图6-182是1954年菲亚特研制的欧洲第一辆燃气涡轮机试验车——特比纳,风洞试验表明这部符合空气动力学理论的流线型跑车风阻系数仅为0.14,极速为250km/h。车尾带有巨大的垂直尾翼,黄色车身上漆出红颜色的火焰,更显涡轮机特色。由于发动机转速可达到22000r/min,难以找到适当的冷却材料,所以停留在试验阶段。

图6-181　菲亚特500

图6-182　1954年菲亚特"特比纳"试验车

图6-183为菲亚特1978—1989年生产的X1/9轿车,设计为主要针对美国市场的车型,采用1498mL排量的四缸直列发动机,最大功率为62.475kW(85马力),最高车速180km/h,是一辆漂亮的小型菲亚特轿车,显示出典型的伯托尼的风格,暗藏式前照灯是当时流行的式样。

图6-183　1978年菲亚特X1/9轿车

图6-184为1982年在巴黎展出的菲亚特熊猫牌轿车,这是一个全新的车型,由著名汽车设计大师乔治亚罗设计,全车处处体现出追求经济实用的设计思想。该车最高车速可达90km/h,油耗仅4.8L/100km。

图6-185为1996年推出的双门跑车菲亚

特—库佩。该车曾于1996年在北京第四次国际汽车展中展出,其优美的造型是平尼法连那公司的杰作。与先前菲亚特造型相比,该车造型线条显得更为流畅、活泼。菲亚特－库佩采用先进的可变正时发动机,排量仅2.0L,而最大功率可达102.165kW(139马力)。

图6-184　1982年菲亚特熊猫牌轿车

图6-185　1996年菲亚特—库佩

菲亚特Sedici(图6-186)是由菲亚特与日本铃木联合开发的车型(菲亚特选择长安铃木为其代工)。菲亚特Sedici的设计是典型的欧洲风格,外观时尚,车身线条硬朗。菲亚特Sedici的尾部设计饱满,一体式尾灯组合可以保证消费者在黑暗中行驶时的安全性。特别值得一提的是,菲亚特Sedici的后视镜面积相当大,甚至能够与很多SUV的后视镜相媲美,令其后方视野非常出色。

图6-186　2009年菲亚特Sedici

Sedici在意大利语中的意思为"4的平方"——Sedici的定位就是要成为一款令人喜爱的4×4新款两厢车,除了标准的两驱车型,Sedici更大的魅力在于其四轮驱动版本,它的手动分动系统可以在前轮驱动(2WD)、自适应非全时四轮驱动(Auto)以及四轮驱动锁定(Lock)三种模式间进行切换。前轮驱动模式可以应付大部分行驶工况;大部分驾驶人会在日常驾驶时固定在自动四轮驱动模式下;四驱模式耗油较高。

2018年3月,菲亚特正式发布了一组500 Collezione车型图(图6-187)。该车型采用了复古的灰白配色风格,整体造型依旧延续了圆润可爱的设计风格。外观方面,基于菲亚特500敞篷版车型打造,采用了白色与珠光灰色涂装,同时从发动机舱盖前缘开始的双线条设计贯穿了两侧腰线,非常具有复古气息。同时,发动机舱盖中央、车窗边框处和外后视镜外壳的镀铬沿用了第一代菲亚特500的风格。车内继续采用了复

图6-187　2018年菲亚特500 Collezione

古元素，黑、白、米三色组成的内饰形成了较大的视觉反差；灰色的织物座椅采用了横向的条纹，更加凸显了其复古风格。配置方面，配有自动空调、7英寸大屏多媒体系统和导航等。动力方面，搭载1.4T涡轮增压发动机，其最大功率为100kW（136马力），峰值转矩为203N·m。

第十三节　PAS集团——雪铁龙公司汽车的造型

1936年在董事长博兰格的主持下，雪铁龙公司开始设计一种"人人都买得起的汽车"。就在设计完成，准备投产之即，第二次世界大战爆发了，博兰格的设想被迫中断。

1948年欧洲终于从残酷的战争和战后的经济危机中摆脱出来，雪铁龙的"大众车"可以提供给大众了，他们为它起了一个便于记忆的名字——2CV（即2马力的意思，实际上当时2CV发动机有9个马力，但按照政府的税收计算定为2马力发动机）（图6-188）。这是一种特别的小车：发动机只有600多mL（大部分挎斗摩托都有750mL的发动机）；没有车顶，用一块可以卷起的帆布代替；有一对雨刷、但没有动力，必须手动工作；当然价钱只要750美元。可就这样一个简陋的小玩意正好符合了百废待兴的欧洲市场的需要，一推出便占领了法国、西班牙等半个西欧市场（另外半个被大众"甲壳虫"所统治），为一代人提供了享有自己汽车的机会。正因为如此，2CV不仅成了车主们的工具，而且变成无数车迷的宠物。

图6-189是1955年的雪铁龙DS19轿车，这是汽车史上最伟大的里程碑之一。DS19上所有的技术革命都可以在现代的汽车上看到：先进的空气动力学外形已成为最普通的家庭轿车都有的特性；液压空气悬架系统被从F-1赛车到林肯这样的豪华轿车所吸收，演变成当今的主动悬架系统；它的前轮驱动技术经过奥斯汀-Mini的推广成为现今经济型轿车的必备特征。

图6-188　1948年雪铁龙2CV

图6-189　1955年雪铁龙DS19

图6-190是1935年的标致402跑车，它是欧洲第一种流线型跑车，促进了20世纪30年代后期汽车空气动力技术的发展。

图6-191是大C4毕加索，这个"大"字（英文为Grand）代表了毕加索的结构——从原本五座扩展到七座。体形上，也从一款小型两厢车演变成了一款小型MPV。外形设计向来是雪铁龙的强项，即使是生性沉闷的MPV，落到雪铁龙手里也不会让人失望。大C4毕加索正是这样一款车，外形轮廓鲜明，细节亮丽，摆在眼前，有让人眼前一亮的感觉。

图6-190　1935年标致402跑车　　　　　图6-191　雪铁龙大C4毕加索

大C4毕加索的体形保留了欧洲车应有的紧凑感，4.59m的车身比大众途安略长，但比福特S-MAX要小。

2018年出现的雪铁龙Metropolis概念车（图6-192）的外形设计极具浪漫风情。六边形的"大嘴式"进气格栅把雪铁龙的标志融入其中，并使用镀铬饰条描边，内部是黑色蜂窝状的中网，两侧造型狭长的则是前照灯，整体设计科技感十足。车身侧面拥有流畅的线条，D柱较大的倾斜幅度营造出溜背式的车身，隐藏式门把手搭配对开门的设计。尾部设计造型也非常动感，从D柱开始慢慢向里面收缩，形成一种Y形的尾部，看上去非常有力量感。尾灯则采用LED光源，并且内部灯组的布局层次感十足。动力方面，雪铁龙Metropolis配备了先进的可充电插入式混合动力驱动系统，提供全电力驱动和燃油驱动两种模式。本车的动力系统由一台V6的汽油发动机和95kW的电动机组成，最大功率272kW，最大转矩375N·m，匹配7挡的双离合器变速箱，不仅动力强劲且具有相当好的燃油经济性。此外，它还安装了雪铁龙特有的主动液压悬挂系统。

图6-192　雪铁龙Metropolis概念车

第七章 汽车色彩

　　汽车是人们经常接触的一种重要的交通工具。随着汽车工业的发展和汽车数量的不断增加,汽车的色彩对城市和道路的美化、对人们的精神感染已成为不容忽视的问题。此外,研究驾驶人的色觉,从而为他们提供舒适安全的操作环境也是十分重要的。经典颜色与经典车型,令人一见钟情,汽车在颜色的演绎下,也呈现出千姿百态,迥然不同的韵味。

第一节　汽车颜色的含义

　　汽车车身颜色,不论对使用者还是对外界,或对车辆的视觉感,都是非常重要的。
　　(1)银灰色:最能反映汽车本质的颜色。看见银灰色,人们就想起了金属材料,这种颜色给人感觉整体感很强。
　　(2)白色:白色给人以明快、活泼、大方的感觉。白色是中间色,给人以清洁朴实的感觉,容易与外界环境相吻合而协调,且白色汽车车身较耐脏。另外,白色是膨胀色,容易使小车显大。
　　(3)黑色:一种矛盾的颜色,既代表保守和自尊,又代表新潮和性感,给人以庄重、尊贵、严肃的感觉。黑色也是中间色,容易与外界环境相吻合,但黑色汽车车身不耐脏。
　　(4)红色:红色包括大红、枣红,均给人以跳跃、兴奋、欢乐的感觉。红色是放大色,可以使小车显大。红色是别致又理想的颜色,适合跑车或运动型车。
　　(5)蓝色:安静的色调,感觉非常收敛,个性不张扬,但蓝色汽车车身不耐脏。
　　(6)黄色:给人以欢快、温暖、活泼的感觉。黄色是扩大色,在环境视野中很显眼。
　　(7)绿色:浅淡且颜色鲜艳的绿色有较好的可视性,这是大自然中森林的色彩,也是春天的色彩。

第二节　汽车的流行色彩

　　流行色彩是指在一定的时期内被人们广泛采用的颜色。汽车的色彩具有时间性、区域性和层次性,当然还可以上升到文化的高度。汽车的流行色彩有其自身的发展规律,新鲜感是流行色彩的原动力。如果总是感受同样的色彩,人们就需要新的刺激。大量的资料表明,汽车的流行色彩也呈现出周期性的变化,其新鲜感周期大约为1年半,交替周期大约是3年半。专家研究了流行色彩形成和发展变化的原因,由于传统文化习惯等因素的作用,人们对某种色彩会产生根深蒂固的观念,不会轻易改变,随着社会的发展,流行色彩和常用色彩将相互转化。

一、色彩也是营销

在汽车外形日益趋同的今天,颜色已成为区别汽车造型的关键要素之一,同品牌型号的汽车可能会因车身颜色差异而受到不同程度的关注,销量也会不同。从汽车营销的角度来讲,色彩有时也会"说话"。

汽车色彩对人们购买心理的影响越来越大。无论是生产高端商务用车的厂家,还是生产家庭用车的企业,都逐渐开始注重色彩对消费者的影响,其中也不乏以色彩作为营销手段的。早在2002年,富康就推出了百种颜色定制选择个性化车的营销活动。近年来,厂家在色彩营销方面更是不断提供越来越多的色彩选择,特别是精品小车更是在色彩上做足了文章。

二、如何把握流行色

汽车色彩的推出绝不是根据设计者的喜好,而是根据他们各自的色彩方案。例如:奥迪公司委托英国的环球色彩公司来做汽车产品整体设计,汽车企业选好准备新推出的汽车款式,由专业公司提供10~20种颜色,奥迪公司会根据提供的颜色来确定设计不同颜色的汽车。另外一类是汽车的涂料公司,他们会了解不同国家汽车市场的色彩倾向,然后把这些情报整理之后做出一些色彩的产品方案,提供给厂家。

要想用色彩抓住消费者,就必须准确把握色彩流行趋势,汽车色彩的设计要与产品定位相一致。比如天语两厢的火艳橘,就很好地体现了产品的独特定位和主张。美国通用汽车公司每年都做出调色板,并有计划地变更其中的部分颜色系统。

汽车企业必须真正重视色彩,并跟上流行色彩的"步伐"。首先须完善其色彩管理,在企业内部推行色彩设计,贯彻色彩理念,鼓励员工进行色彩培训,组织新色彩产品对外发布,与消费者真正展开互动。同时,可定期会举办相关的流行趋势研讨会,把最新的国际色彩动向在第一时间带到行业内,一些机构还会对大中城市进行专门的汽车色彩调查。对此,汽车企业首先要大量掌握这些最新信息以及目前的市场现状,同时与自己的产品特点相结合,进行产品开发。

三、引导色彩流行趋势

最能体现购车者个性之处莫过于汽车色彩。面对汽车色彩的流行趋势,业内人士认为,针对不同消费阶层,有两个方面需要企业营销人士关注:一是跟随他们的个性消费理念去做营销,二是创造一种他们能接受的个性消费理念去做营销。因此,色彩营销不仅要把握住流行色,更要引导和创造流行色。比如,汽车企业也应注重一些其他领域的色彩设计,例如服装、家用电器、电子产品等。

汽车的颜色既是消费者决定的,又是厂家引导的结果。尤其是在流行色方面,这就好比服装的流行色,总是由时装大展推出,而不是被动地跟随消费者的潮流。但汽车的色彩和服装的色彩又有所区别。这种"引导"要根据各厂家的实际情况及各车型的具体定位来确定。最重要的是,任何引导都必须建立在对整个市场客观把握的基础上,才可能达成目标。

四、各种车型的流行色彩

1. 经济车型

由于这个价格区间的目标消费群体数量庞大,需求也相对多样。汽车生产厂商一般都为其制定了尽可能丰富的颜色。鲜艳、明朗、轻快、时尚的色彩是这个消费群体购车时的首选,也更能体现出车主的个性。以奇瑞QQ为例,黑、白、银、红、绿、蓝、黄等颜色适合不同颜色喜好者的需求,也能给消费者直接的感官刺激,从而留下深刻印象。

2. 中档车型

在这个价位段,黑色同样受欢迎;深绿、墨绿色的受欢迎程度在中档车型中有所提高;但是鲜艳、夸张的颜色明显减少。由于这一价位段大致为中档轿车、SUV等车型,已逐渐融入了商务用途,颜色过于鲜艳自然与场合不相匹配。所以所选颜色应比一般经济型用车略有收敛,但又不宜过分凝重。

3. 高档车型

高档车一般集家用、商用于一身,所以颜色比较沉稳厚重,以黑、白、银色为主。

第三节 颜色与安全

一般情况下,人们对汽车颜色的选择多是从美观角度来考虑。但是,汽车颜色与交通安全密切相关。有些颜色在汽车遭遇紧急危险时,起到加剧肇事的副作用;相反,还有一些颜色却从某种程度上减弱或者遏制车祸的发生。汽车颜色与安全的关系如下所述。

一、认识

也许有不少购车者在选择汽车颜色时,考虑的仅仅是"我喜欢什么颜色"。的确,颜色是车主个性的体现,能反映车主的情感和身份。红色能激发欢乐情绪;黄色是崇尚大自然的颜色;蓝色表示豪华气派;白色则给人以纯洁、清新、平和的感觉;黑色是一种矛盾的颜色,既代表保守和自尊,又代表新潮和性感;绿色能给人带来沉静和蔼的气氛。

但如果购车者仅仅从喜好的角度来考虑对汽车颜色的选取是不够的。不知你想过这样一些问题没有:什么颜色的汽车发生交通事故最少?什么颜色能使汽车显得大一些?有关人士认为,汽车的颜色已经不仅仅是美观和个人偏好的问题,最重要的是它关系到驾车的安全问题。近年来的科学研究表明,轿车行车安全性不仅受其操作安全视线的影响,而且还受到车身颜色的能见度的影响。心理学家认为,视认性好的颜色能见度佳,因此应把它们用于轿车外部以提高行车安全性。

二、分析

1. 视认性好的颜色安全性强

1)颜色的进退性

颜色具有进退性,进退性就是所谓的前进色和后退色,例如,有红色、黄色、蓝色、绿色共4部轿车与观察者保持相同的距离,但是看上去似乎红色车和黄色车要离观察者近一些,而蓝色和绿色的轿车看上去离观察者较远。这说明了红色和黄色是前进色,而蓝色和绿色就是后退色。一般来讲,前进色的视认性较好。

2)颜色的胀缩性

将相同车身涂上不同的颜色,会产生体积大小不同的感觉。如黄色车身感觉大一些,有膨胀性,故黄色称膨胀色;而同样体积的蓝色、绿色车身感觉小一些,有收缩性,故蓝色、绿色称收缩色。膨胀色与收缩色视认效果不一样,据日本和美国车辆事故调查显示,发生事故的轿车中,蓝色和绿色的最多,黄色的最少,可见,膨胀色的视认性较好。

3)颜色的明暗性

颜色在人们视觉中的亮度是不同的,可分为明色和暗色。明色的视认性较好(红、黄为明色)。从安全角度考虑,轿车以视认性好的颜色为佳。有些视认性不太好的颜色,如果进行合理搭配,也可提高其视认性;如蓝色和白色相配,效果就大为改善;荧光和夜光漆能增强能见度和娱乐气氛,因而被广泛应用于各种赛车、摩托车等,但对于轿车来说,选用这类颜色的仅限于概念车。由于荧光颜色过于强烈,因此在未来应用中必须有适当的管理办法来加以控制。暗色的车型看起来觉得小一些、远一些和模糊一些。

2. 颜色的感知性

如果说车身的颜色选择对驾驶人的行车安全具有举足轻重的作用,那么汽车内饰颜色的选择也同样影响着行车安全,因为不同的颜色选取对驾驶人的情绪具有一定的影响。内饰采用明快的配色,能给人以宽敞、舒适的感觉。有关专家建议,夏天最好采用冷色,冬天最好采用暖色,可以调节冷暖感觉。除去冷暖色系具有的明显的心理区别以外,色彩的明度与纯度也会引起乘坐者对色彩物理印象的错觉。一般来说,颜色的重量感主要取决于色彩的明度,明色给人以轻的感觉,暗色给人以重的感觉。纯度与明度的变化给人以色彩软硬的印象,如淡的亮色使人觉得柔软,暗的纯色则有强硬的感觉等。恰当地使用色彩装饰可以减轻疲劳,减少交通事故的发生。

三、结论

轿车颜色专家认为,哪些颜色有利于行车安全是比较复杂的。比如,红色轿车给人以跳跃、兴奋、欢乐的感觉。红色是放大色,容易从环境中"跳"出来,引起人们视觉的注意,有利于交通安全。但是,红色却不耐脏,驾驶人长时间行车时,红色容易引起驾驶人视觉疲劳,不利于对其他淡色物体的观察。从这一点上讲,又十分不利于安全。

有关人士通过研究可以明确的是,在雾天、雨天或每天清晨、傍晚时分,黄色汽车和浅绿色汽车最容易被人发现,发现的距离比发现一般深色汽车要远3倍左右。因此,浅淡且颜色鲜艳不仅使汽车外形轮廓看上去增大了,使汽车有较好的可视性,而且使反向开来的汽车驾驶人精神振奋,精力集中,因此,有利于行车安全。

据科学家调研发现,银白色汽车是出于安全因素考虑的最佳选择,出车祸的几率最小,而且即使出事,驾驶人受伤程度也相对较轻,在车祸中遭受重伤的比率比开白色汽车的要少50%。

相比之下,驾驶白、黄、灰、红、蓝车的驾驶人受伤的几率大致相同,而黑、褐、绿车最容易发生交通事故,驾车人受伤的几率是开白、黄、灰、红、蓝车的2倍。

第四节 汽车色彩的应用

轿车大多数是单色的,但级别不同,其色彩也是有差别的。高级轿车应该采用较稳重的色彩,如黑色、深蓝色、深灰色;中级及小排量轿车则可采用较活泼的浅色,如淡蓝、淡绿、淡黄、银白色等。深色的车身光学效果特别明显,如果车身表面不顺光,则会损害其完善的外形,浅色的车身却可以缓和高光点的对比,而且太阳不会把车身晒得过热。提倡统一并不意味着千篇一律的单调,而是赞成适度的对比。在深色车身上采用镀金或镀铬的装饰件往往会有华美的感觉。

客车由于大平面较多,因而更应注意比例划分,采用双色最好,只是在色相上不应该采取过强的对比。货车和越野车,因为用途较广,不宜采用太浅的色彩,在装饰上也力求简洁朴素。军用汽车常常采用保护色(迷彩色)。特种车应采用鲜明的对比色彩(如黄色等)。

汽车在使用过程中,已形成惯用色彩。如医疗救护车采用白色;消防车采用红色;军用车辆采用深绿色;邮政车选择绿色;工程车采用黄黑相间的色彩。还有的汽车在底色上采用有功能标志的图案,如白色救护车上的红十字标志、冷藏车上的雪花和企鹅等。

由于不同地区日光照射强度有差别,造成了人们对不同色彩的偏爱。在美国,大西洋沿岸的人们喜欢淡色,而太平洋沿岸地区的人们则喜欢鲜明的颜色;在北欧,人们喜欢青绿色,意大利人喜欢黄色和红色;在伊朗、科威特、沙特、伊拉克等国家,禁忌黄色而推崇绿色。

我国汽车色彩的研究和开发大大落后于国际汽车产业的同行。虽然,例如中国奇瑞汽车对汽车色彩做了积极的探索和大胆的尝试,并取得了成功。但多年来,我国汽车行业一直走着一条模仿国际汽车色彩的路子,尚未形成具有民族特色和中国文化内涵、体现企业文化个性的品牌色彩。

汽车色彩创新设计,最大限度地满足了消费者的个性、审美、情感等精神层面的需求,也将极大地提升汽车的服务附加值。汽车色彩已经成为品牌文化的重要组成部分,在品牌的设计开发、生产制造、营销领域起着越来越重要的作用。

第八章 赛车运动

"赛车"一词来自法文(Grand Prix),意思即大奖赛。在国外,汽车比赛几乎与汽车具有同样长的历史。今天,各式各样的汽车比赛被统称为现代汽车运动,它是世界范围内一项影响较大的体育运动。多姿多彩的汽车运动使这一冷冰冰的钢铁机器充满了柔情蜜意。同时,汽车运动的激烈、惊险、浪漫、刺激,不仅使成千上万的观众为之痴迷,还使世界汽车技术的发展日新月异。汽车运动是集人、车为一体的综合较量,不仅是车手个人技艺、意志和胆量的竞争,同时是汽车设计、产品质量的角逐,体现了人与科技最完美的结合,也体现了人类对自然的征服能力。

第一节 赛车运动的起源

赛车运动是速度的追求。回顾汽车发展的历史,汽车速度纪录的每一次改写,都成了汽车技术发展的里程碑。

19世纪80年代,欧洲大陆出现了最早的汽车。汽车运动也随着汽车工业的发展而兴起。起初,汽车比赛的目的是为厂商检查车辆的性能,宣传使用汽车的安全性和可靠性,因此汽车厂商对此积极资助,以推销其产品。

世界上最早的车赛是在1887年4月20日由法国的《汽车》杂志社主办的,不过参赛的只有1个人,名叫乔尔基·布顿,他驾驶4人座的蒸汽汽车从巴黎沿塞纳河畔跑到了努伊伊。1888年,法国《汽车》杂志社再次举办了车赛,路线为从努伊伊到贝尔塞,全程长20km,结果驾驶迪温牌三轮汽车的布顿获得冠军,第二名也是最后一名为驾驶塞尔波罗蒸汽汽车的车手。

世界上最早使用汽油汽车进行的长距离公路赛,是在1895年6月11日由法国汽车俱乐部和《鲁·普奇·杰鲁纳尔》报联合举办的,路线为从巴黎到波尔多往返,全程长达1178km。获得此次比赛第一名的埃未尔·鲁瓦索尔共用48h 45min,平均车速为24.55km/h。但由于比赛规定车上只许乘坐1人,而他的车上却乘坐2人而被取消了冠军的头衔。结果落后很多的凯弗林获得了冠军。此次比赛共有23辆车参赛,跑完全程的有8辆汽油汽车和1辆蒸汽汽车。

在以后的车赛中,为避免汽车在野外比赛时扬起漫天尘土而影响后面车手的视线,造成伤亡事故,车赛逐渐改为在封闭的赛场和跑道上进行,这就是汽车场地赛的雏形。

最早的汽车跑道赛于1896年在美国的普罗维登斯举行。为了吸引更多的人参加汽车比赛,使比赛更富有刺激性和挑战性,法国的勒芒市在1905年举行了第一次真正意义上的场地汽车大奖赛。从此,汽车大奖赛成为世界体育舞台上一项非常重要的赛事,小城勒芒也因此闻名于世。

每一次车赛都是速度的追求,都是高科技在汽车上的体现,都是人类对自身的挑战和超越。从下面所列举的历史上汽车比赛的速度纪录我们可以清楚地明白这一点。

1894年7月,从巴黎到鲁昂,狄安伯爵驾驶蒸汽汽车获得第一名,参赛的汽油机汽车均名落孙山,榜上无名。

1895年6月,从巴黎到波尔多往返,全程长1178km,这是一次真正意义上的汽车比赛。本次比赛的第一名至第七名全被汽油机汽车垄断。鲁瓦索尔创下平均速度24.55km/h的纪录。

1903年,美国的福特汽车公司制造了一辆装有4缸60kW汽油机的"999"号赛车,在汽车比赛中一举夺魁,创下146.9km/h的时速。

1909年,汽车速度突破200km/h大关,德国的奔驰车创下了202.7km/h的纪录。20世纪30年代,汽车的最高速度达到500km/h。

1964年,美国人创造性地将一台喷气发动机装在一辆后轮驱动的"蓝鸟二号"赛车上,车速达到了令人难以置信的"危险速度"——648.6km/h;次年的11月13日,在美国的犹他州,这一纪录被改写成658.53km/h。

1970年10月23日,一辆用喷气发动机推进的"蓝焰"号特制车在美国犹他州的盐湖跑道上,创下了历史性的1001.63km/h的速度纪录,首次突破1000km/h大关。

1983年,还是在犹他州的盐湖跑道上,使用喷气发动机的英国"推力2号"特制汽车,速度达到了1018.5km/h,这是至今世界上得到正式认可的最高车速纪录。

1904年6月10日,在赛车运动兴盛的法国成立了国际汽车联合会(法文缩写为FIA,当时不是用此名,1946年改为现称),由它负责管理全世界汽车俱乐部和各种汽车协会的活动。国际汽车联合会有一个下层机构叫国际汽车运动联合会(缩写为FISA),成立于1922年,其任务主要是制定有关参赛的车辆、车手、路线和比赛方法等相应规则,对比赛纪录进行认可,并在各地举行汽车赛时作必要的调整或协调。

国际汽车运动联合会由世界汽车运动委员会(World Motor Sport Council)的22个小组掌管,此委员会负责制定、监督和管理全球一切有关赛车的事宜。在国际汽车联合会之下还设有若干具体赛事委员会,协助世界汽车运动委员会处理事务。

中国汽车运动联合会(FASC)于1975年在北京成立,1983年加入国际汽车联合会。

第二节 赛车运动的种类

随着汽车运动的发展,汽车运动种类越来越多,主要有方程式汽车赛、勒芒24小时汽车赛、美国印第500英里汽车大奖赛、汽车拉力赛、汽车山地赛和卡丁车赛等。

一、方程式汽车赛

方程式汽车赛属于汽车场地赛的一种类型。首场汽车场地赛是1905年在法国举行的,当时以及以后相当长的时间内,人们对汽车赛没有做任何限制。比赛的输赢在很大程度上取决于汽车自身的性能,谁的发动机功率大,谁就有可能获胜。1950年,国际汽车运动联合会出于安全和汽车技术发展的需要,颁布了赛车规则,即赛车要根据FIA制定的各种标准进行设计和制造,对汽车自身质量、车宽、车长、发动机功率、发动机排量、轮胎的花纹、尺寸等技术特性参数做出了一系列规定,使车赛更趋于公平,于是便有了"方程式"(Formula)的概念,该词既有方程式的意思,也有准则、方案的含义,联系到车赛,应把它理解为规则、级别更为合理,但人们对方程式汽车赛的叫法已经习惯了。

方程式汽车赛有3个级别:
(1)三级方程式(简称F3)发动机排量为2L,发动机功率为125kW;
(2)二级方程式(简称F2)发动机排量为3L,发动机功率为350 kW;
(3)一级方程式(简称F1)发动机排量为3.5L,发动机功率为440~515 kW。

其中,一级方程式汽车赛是方程式汽车赛中的最高级别。

1950年5月13日在英国的银石赛车场举行了第一次世界一级方程式汽车赛。自那以后,汽车比赛逐步成为一项全球范围内的规范性体育运动。一级方程式汽车赛每年规划有16~19站的比赛,通常约在3月开跑,10月底结束赛季。

二、勒芒24小时世界汽车耐力锦标赛

勒芒位于法国巴黎西南约20km处,是个人口约20万的商业城市。由于1905年在勒芒举行了世界第一次汽车大奖赛,并且自1923年开始(1936年、1940—1948年除外),每年6月份都要在那里举行24小时汽车耐力锦标赛,使勒芒小城闻名于世。

勒芒赛车道全长为13.5km,赛道是将当地的高速公路和街区公路封闭成一个环行路线,单圈长13.5km,采用沥青和水泥路面。比赛一般从第一天的下午四点开始,一直持续到次日的下午四点,历时24小时。

每部赛车由三名赛手分别驾驶(1980年中期以前为两名赛手),采用换人不换车的方法,所有的加油、换胎和维修时间都包括在24h以内,最后行驶里程最多的赛车获胜,一般一昼夜下来,成绩最好的赛车行驶的里程将近5000km。比赛用车有的是原型车改装的,有的是为比赛特制的,有开放式座舱的,也有封闭式座舱的。它们的车轮和普通轿车一样,是有翼子板遮盖的,而不像F1那样暴露在外面。赛车的制动摩擦片由于频繁、大力的制动,会在夜色中如同炼钢炉中的钢水一般眩目,这也是一般赛事的电视画面中无法看到的奇景。比赛的发车办法与F1相同。但有趣的是,各种不同排量和不同组别的赛车同时竞技,只是最后分别计算成绩而已,这也是各种时间长短不一的耐力赛的共同之处。"勒芒24小时耐力赛"每场产生一组冠军,也就是说,同场驾驶冠军赛车的每一位赛手都是冠军。

由于勒芒耐力赛是全球各种耐力赛时间最长的比赛,而且选手驾车在同一环行赛道上要不停地转上350多圈,使比赛显得单调、乏味。不论车手、维修人员还是观众,在下半夜的时候都会变得疲惫不堪。因此这场比赛被称为最辛苦、最乏味的赛事。大多数观众是带着宿营车或帐篷前来观战的,赛场旁的30个大型停车场,每次比赛都停满了10万部汽车。观众最多的一次是1971年的比赛,人数达到了30万。赛场周围还有设施齐备的餐饮、娱乐和休闲场所,以及销售仿制的各大车队服装、帽子的铺位,让车迷们在这里如同过节一样。观众可以在餐厅里一边吃着可口的食物,一边可以看见窗外时速达到300多km/h的赛车飞驰而过。

所谓耐力锦标赛,就是对汽车和赛车手的耐力的极限考验,人们称之为"车坛马拉松",这是一项十分艰苦的比赛。

勒芒大赛之所以在世界上久负盛名,其独到之处在于赛程长,胜过美国印第500英里大赛或其他汽车大赛。一般的耐力赛只有500~1000km,而勒芒大赛约为5000km(这相当于从乌鲁木齐到北京铁路的长度)。

三、美国印第500英里汽车大奖赛

印第500英里汽车大奖赛是美国车坛最重要的赛事,奖金最高,现场观众最多。它是美国方程式锦标赛中的一场,但它又是一场独立赛事,就像勒芒24小时大赛一样。

印第500英里大赛跑道为固定的椭圆形跑道,跑道长4.02km。印第500英里大赛全程应跑200圈。

印第这里即指美国印第安纳州。印第500英里大赛在印第安纳波利斯市举行。每年举行大赛时,都先由一辆先导车在前面慢速引导各参赛车沿赛场行驶一圈来熟悉场地。这辆先导车称为"步行者"。

四、汽车拉力赛

汽车拉力赛属于长距离比赛。汽车拉力赛的"拉力"来自英语"Rally",意思是集合。拉力赛即将参赛的汽车集合在一起进行比赛,然后再集合再比赛,反复进行,最后根据每辆赛车的总成绩排出名次,世界汽车拉力赛通常在世界各地确定若干站,最后一站比赛结束后,根据车手和车队各站比赛的总积分,排定年度冠军手和冠军车。

汽车拉力赛亦称"多日赛",在有路基的土路、沙砾路或柏油路上进行。它是在一个国家内或者跨越数国举行的,既检验车辆性能和质量,又考验驾驶技术的一项长途比赛。比赛在规定的日期内分若干阶段进行,每阶段内设置由行驶路段连接的数个测试速度的赛段,交替进行,每个赛段的长度不超过30km。比赛采用单个发车方法,每个车组由1名驾驶员和1名副驾驶员(领航员)组成。以每个车组完成全部特殊路段比赛的时间和在行驶路段所受处罚时间累计计算最终成绩,时间短者名次列前。比赛对行驶路段的行驶时间有严格限制,车组必须按规定的时间依次到每个时间控制点报到,迟到或早到都会受到处罚。

拉力赛必须使用在国际汽联注册的且年产量超过5000辆的标准4座小客车和旅行车,并按比赛规则改装。发动机最大输出功率不准超过22.05kW(300马力)。

国际汽车拉力赛每年设有世界拉力锦标赛(14站)、欧洲拉力锦标赛(11站,难度系数分20/10/5/2)、亚洲拉力锦标赛(6站)、非洲拉力锦标赛(5站)、中东拉力锦标赛(6站)等众多大型赛事。

正式的汽车拉力赛是在1911年举行的。

巴黎—达喀尔汽车拉力赛是世界行程最长的汽车拉力赛。由法国巴黎出发,乘船过地中海在利比亚登路,在非洲干旱的沙漠、潮湿的热带雨林和各种崎岖路段比赛,途经10个国家,最后迂回到塞纳加尔的达喀尔,行程13000km左右,历时近20天。这一比赛行驶路线长,且选择路段比赛条件苛刻。如1944年,在13319km的赛程中,有21个特殊赛段共4684km,比赛非常艰苦,淘汰率超过一半,出发时有124辆赛车,而到达终点的只有58辆。

雪铁龙车队获得该届冠军。自1995年后，巴黎—达喀尔汽车拉力赛改为格拉纳达—达喀尔汽车拉力赛。在2012年比赛的最后一个赛段(第14赛段)比赛的争夺中，中国长城哈弗SUV车队葡萄牙车手索萨跑出了赛段第四的成绩，他总成绩第六的成绩改写了中国车队参加达喀尔拉力赛以来的最佳战绩。

世界拉力锦标赛(World Championship，简称WRC)是比赛形式最复杂的赛事，在世界各国举行，达14个分站。参赛车辆必须严格按照比赛规定的路线行驶，在规定的时间内，到达每一个封闭路段或维修区域等地点进行规定的比赛和规定时间的维修。由于比赛不仅考验车手的水平，还要考验领航员的配合、车辆的性能以及维修的力量。因此，无论对于选手还是车队，这都是一项无比复杂的综合性考验。拉力赛的赛段为各种临时封闭后的普通道路，包括山区和丘陵的盘山公路、沙石路、泥泞路、冰雪路等，也有无法封闭的沙漠、戈壁、草原等地段。拉力赛是采取间隔发车的形式进行的，世界一级种子选手发车间隔为1min，其他选手为2min。参赛车辆均为各大汽车厂家年产量超过2500辆的原型轿车，只是必须经过不同程度的改装方可参赛。无限制改装的称为A组车，除了保留外形和原厂标志以外，几乎所有的部件都可以改装。经过A组标准改装的赛车，如同坦克一般结实，但费用昂贵，一般都是由汽车厂商直接赞助的职业赛车队才能达到。所谓职业赛车队，就是和那些著名的NBA球队、足球队一样，不论选手还是工作人员，每年的工作任务就是参加比赛，并依靠比赛的收入生活。有限制改装的称为N组赛车，它只允许进行安全改装和有限的性能改装，发动机内部必须维持民用车的标准，不允许改动。由于N组改装费用相对较少，因此多为业余车队和个人选手使用。业余车队和个人参赛的选手等人员，平时都有自己固定的职业，只有在比赛时才会出现在赛车场内。在我国，为了促进民族汽车工业的发展，也为了让更多的车迷能够投入汽车比赛，中汽联还特别制定了S组赛车的参赛办法，即国内选手可以使用国产轿车经过改装后参加比赛，但必须是公安部和原机械工业部颁发的"目录"中的第一类车型，也就是"7"字开头的轿车。目前我国还没有职业的赛车队，选手主要使用的也是N组和S组赛车。

以上的A组、N组或S组赛车，是可以在普通道路上行驶的。每辆赛车必须同时搭乘一名车手和一名领航员。车手仅负责开车，充分发挥自己高超的驾车水平；而领航员的工作就要复杂得多，既要在比赛期间安排好一些生活琐事，而且还要在比赛时为车手指明每一天比赛的正确方位和路线，并在赛段里及时、准确地提供前方的路况，以便车手在看不见前方路况的前提下，可以准确地操作。可以说，一对配合默契的选手，领航员就是车手视线的延伸，不论前方是弯道还是陡坡，只要领航员报得及时准确，车手一样可以放心地驾车。比赛时采取单车间隔出发，跑完规定的十几至二十几个赛段后，根据所有赛段的时间总和，结合在各个集结点有无超时或提早报到等情况的处罚记录，时间最少者获胜。因此，拉力赛的记分方式也是最复杂的。如果将F1赛车与拉力赛车相比，前者车速较高，直线速度可达300km/h以上，但车辆始终在平直路面上高速行驶，而拉力赛一般最高的平均时速达到100km/h以上，直道时也能达到200km/h以上。拉力赛车虽然车速没有F1快，但是车辆驶过时会带起滚滚烟尘，而且还会出现跳跃、侧滑、冲水等漂亮的画面，更具有欣赏性。另外，拉力赛要求车手的驾驶技术非常全面，不仅要有在柏油路面上高速驾驶的技术，还要具备沙石路、泥泞路、土路、冰雪路等各种复杂路况上的高速驾车本领。所以，拉力赛对驾驶者的考验是其他赛事选手所没有的。因此，拉力赛的特殊魅力是吸引许多选手参加的一个重要原因。

拉力赛主要分为两种主要形式。

(1) 第一种为由甲地出发,到达乙地结束,历时五六天甚至十几、二十几天的直线型、长距离马拉松拉力赛(格拉纳达—达喀尔拉力赛、555 港京拉力赛和巴黎—莫斯科—乌兰巴托—北京拉力赛都属于这类比赛),这类比赛每年只举办一次,每次持续五天至二十几天不等。

(2) 第二种为每天行驶的方向不同但均返回同一地点、历时 2~3 天的锦标赛系列赛事,这类比赛每年在不同国家和地区举办数场或十几场。如果把每天的出发和返回的地点看作一个点,那么每天行驶的路线都是以这个点向外辐射的,其形状如同梅花一般,因此,这一类的拉力赛又称为"梅花型"拉力赛,WRC 便是这类比赛。WRC 全年在世界各国举行 14 站比赛,每个分站产生一对车手和领航员分站冠军,全年各分站成绩总积分最高的一对车手和领航员赛手成为当年度的 WRC 世界冠军。1999 年,在北京北部怀柔县、密云县以及河北丰宁县山区举行的"555 中国拉力赛",便是当年 WRC 的一个分站,该次比赛吸引了国外所有顶级拉力赛选手和厂商车队参加。

五、汽车山地赛

汽车山地赛的路线是非封闭型的,赛程最长可达 20km。道路选择在多山地区,一般为多弯道,经常有接近 180°的急转弯。比赛起点在山脚下,道路不断向高延伸,终点比起点需高出 100~1600m。

基于道路条件的限制,汽车山地赛的平均车速不超过 130km/h。为了安全起见,选手们一般都是单人比赛,即在前一名选手跑完全程以后,后面的选手才出发。

六、卡丁车赛

卡丁车赛使用的赛车是轻钢管结构车身,无车厢,采用 100mL、115mL 或 250mL 汽油机的四轮单座位微型车。卡丁车赛是一种场地比赛,赛车在曲折的环形路上比赛车速。

卡丁车运动兴起于 20 世纪 50—60 年代的欧美国家。由于卡丁车不仅尺寸小、安全性强、易于操作且价格便宜,且兼有大型赛车速度快、惊险刺激的特点,既可以从事竞技比赛,又可作为娱乐活动,因而卡丁车赛现已成为全世界参与人数最多的汽车运动项目。

近年来,中国的卡丁车运动得到了较大发展,全国可供比赛的场地有 10 处,仅北京地区已有符合比赛要求的赛道就有 5 条。中汽联十分重视卡丁车运动的发展,1997 年举办了首届中国卡丁车锦标赛,1998 年举办的卡丁车赛由 4 站发展到 6 站,使我国卡丁车运动从车手培养选拔,到运动的组织管理都逐步趋于正规化。

参加比赛的卡丁车须经国际汽联卡丁车委员会(CIK)认证的标准卡丁车,目前国内尚无法生产,一律使用欧洲的标准车型。卡丁车的车身是统一的,可根据需要选择不同的发动机,如 100mL 二冲程发动机、390mL 四冲程发动机等。

按照国际汽联卡丁车委员会和全国卡丁车锦标赛设置的级别,卡丁车比赛组别分为 11 类:超 A 级方程式(FSA)、A 级方程式(FA)、C 级方程式(FC)、E 级方程式(FE)、国际 A 级(ICA)、国际 A 级少年组(ICA/JUN—IOR)、国际 C 级(ICC)、国际 E 级(ICCE)、国家甲级

(NCA)、国家乙级(NCB)和国家少年组(NCJ)。适用于方程式比赛的卡丁车A级和B级执照由中汽联呈报国际汽联卡丁车委员会颁发,适用于其他级别比赛的卡丁车C、D、E级执照由中汽联颁发。

卡丁车是世界方程式赛车的最初级形式,始于1940年。由于许多著名的一级方程式赛手都是从卡丁车起步的,因此卡丁车被视为"F1"的摇篮。卡丁车运动自1995年正式引入中国,随着大众传播媒介的宣传和介绍,该运动在全国范围内正蓬勃发展着。2006年中国各卡丁车场进行娱乐活动的游客总数已达25万人次,部分车迷已开始向卡丁车运动竞赛方面发展。

七、其他车赛

除上面介绍的汽车赛外,还有其他的车赛。

1. 老爷车比赛

英国伦敦市每年都要举行一次老爷车比赛,参加这项比赛的都是过了时的旧式汽车。各种各样的老式车同场参赛,吸引着众多观众到场助威,就连皇室成员也分乘时髦轿车前来观赏。令人忍俊不禁的是某些赛车需由人推行一段路之后才能发动起来。

澳门从1979年开始举办老爷车比赛,1983年被国际汽车联合会列为正式比赛,每年举行一次。

巴塞罗那老爷车比赛,兴起于1959年,每年举办一次,自20世纪70年代后,该比赛规则对参赛车手提出了一个有趣的要求:凡参赛者都要按所驾汽车的年代风尚将自己打扮起来,并且为此专设了一项服装奖。这一规定大受爱好打扮的妇女们的欢迎。

2. 汽车足球比赛

美国和德国等国家兴起一种新式足球运动。参赛的运动员不用脚踢球,而要开动甲壳虫一般的汽车追击足球,把足球撞进对方球门。这种比赛用的球比一般足球大,运动员都戴着头盔,车身周围也加有防护设备,以防相撞时发生意外。

3. 滑稽汽车比赛

日本丰田汽车公司为了鼓励职工充分发挥自己的创造力和想象力,经常举办各种奇特有趣的制作比赛,滑稽汽车表演赛就是其中之一。参赛作品要求是非实用汽车。在历次比赛中,先后出现过"长腿蜘蛛式汽车""无转向盘汽车""没有轮子的汽车""能跳跃障碍的汽车""分体汽车"等。

4. 毁车比赛

毁车比赛于1947年从美国兴起。比赛时,共有8个队参加,每个队可以上场4辆旧的普通型轿车。比赛采取一次性淘汰制,三轮赛出冠军。规则要求,只要参赛两队各自所出的4辆汽车中,能够有一辆最先绕长4000m的跑道跑完5圈到达终点就算该队获胜。因此,在比赛一开始,参赛各队就要采取各种措施来阻止对手的车辆前进,甚至使其瘫痪,以保证自己队的车能通过终点。比赛过程中,险象环生,防不胜防,汽车被对手撞下跑道,甚至两败俱伤的现象司空见惯。到比赛结束时,赛场上大部分汽车被毁,剩下的一两辆勉强行驶,摇摇晃晃开到终点就算获胜。

为了取得比赛的胜利,各队的4名队员一般都有明确分工:一名队员作为奔跑手,任务是避开对手的围追堵截,尽快到达终点;一名队员作为阻挡手,不惜牺牲自己,也要千方百计地阻挡对方汽车,掩护奔跑手跑向终点;另外两名就是撞击手了,任务是一路横冲直撞,尽量多地毁坏对方的车辆。当然,在发生意外的情况下,相互之间的角色也可能转换。

第三节　赛车运动车手、赛车和车队

本节讲述的内容是自1950年以来,一级方程式汽车赛获得冠军的车手、赛车和车队。

一、一级方程式汽车赛世界冠军车手和赛车

1950—2017年,一级方程式汽车赛获得七次世界冠军的有1人,获得五次世界冠军的有1人,获得四次世界冠军的有3人。

1. 七次世界冠军车手

获得七次世界一级方程式汽车赛冠军的车手是德国人迈克尔·舒马赫。他获得了1994年、1995年、2000年、2001年、2002年、2003年和2004年七次世界一级方程式汽车赛冠军。

2. 五次世界冠军车手

获得五次世界一级方程式汽车赛冠军的车手是阿根廷人胡安·凡乔。他获得了1951年、1954年、1955年、1956年和1957年五次世界一级方程式汽车赛冠军。

3. 四次世界冠军车手

获得四次世界一级方程式汽车赛冠军的车手目前有3位。

(1)阿兰·普罗斯特——法国人,他获得了1985年、1986年、1989年、1993年四次世界一级方程式汽车赛冠军。

(2)刘易斯·汉密尔顿——英国人,他获得了2008年、2014年、2015年和2017年四次世界一级方程式汽车赛冠军。

(3)塞巴斯蒂安·维特尔——德国人,他获得了2010年、2011年、2012年和2013年四次世界一级方程式汽车赛冠军。

4. 三次世界冠军车手

获得三次世界一级方程式汽车赛冠军的车手目前有5位。

(1)杰克·布拉海姆——澳大利亚人,他获得了1959年、1960年、1966年三次世界一级方程式汽车赛冠军。

(2)杰克·斯图尔特——英国人,他获得了1969年、1971年、1973年三次世界一级方程式汽车赛冠军。

(3)尼克·劳达——奥地利人,他获得了1975年、1977年、1984年三次世界一级方程式汽车赛冠军。

(4)尼尔逊·皮盖特——巴西人,他获得了1981年、1983年、1987年三次世界一级方程式汽车赛冠军。

(5)埃尔顿·塞纳——巴西人,他获得了1988年、1990年、1991年三次世界一级方程式汽车赛冠军。

二、F1 方程式赛车

F1 方程式赛车是由 FIA 所举办的国际级赛事（F1 是 Formula One 的缩写，中文一般翻译为一级方程式）。这项赛事的全名为 Formula One Championship，一般译为一级方程式锦标赛。F1 汽车大赛是方程式汽车赛的最高级别，也是所有汽车比赛中最精彩、最刺激的赛事。参加赛事的队伍，依照主办单位 FIA 所制定的技术规章与赛事规章，在全球各地进行巡回赛，并依各场比赛的结果排名取得积分，最后在年度比赛结束时，以积分的多少，决定年度名次。

首届世界一级方程式汽车大赛于 1950 年 5 月 13 日在英国的银石赛车场举行，当时只有 7 场比赛，后来场次逐渐增加，最后被限制为 16 场。1996 年重新规定最多为 17 场，现在一般为 16 场，所有比赛均由国际汽车联合会（FIA）安排，赛场遍布全球。一级方程式赛车的车队由三部分组成。一是赛车，它由著名汽车制造厂家研制，一般每个车队有 1~2 辆参赛车辆。二是拥有 FIA 颁发的"超级驾驶员驾驶执照"的车手，全世界每年拥有这种执照的不到 100 人。三是一流的汽车维修人员，负责赛车的维护。

1. F1 赛车——高科技的结晶

根据 FIA 规则，F1 赛车被定义为一种至少有四个不在一条线上的轮子的车辆，其中至少有两个车轮用于转向，至少有两个车轮用于驱动。比赛使用四轮外露的单座位纯跑道用方程式赛车，由底盘、发动机、变速系统、轮胎和空气动力装置等构成，最低质量为 505kg。

F1 赛车主要出自德国保时捷和宝马公司、意大利法拉利公司、美国福特公司和日本丰田公司等几家大公司。目前，由车队制作车架、车壳，由车厂制作发动机已成为赛车制造的主流，只有法拉利是一家既生产发动机又生产车架、车壳的公司。F1 方程式赛车是生产厂家创造力、想象力、技术水平和经济实力的结晶，价值不亚于一架小型飞机。

发动机是汽车的心脏，F1 赛车的发动机是比赛取胜的最关键因素。F1 赛车走过了几十年的历程，变化最大的也是发动机技术。发动机依不同时期的比赛规则而变化，在 20 世纪 50 年代，F1 赛车曾采用过增压发动机，1977—1989 年，则流行涡轮增压发动机。从 1989 年起，FIA 规定禁止使用涡轮增压器，一律使用排量不大于 3.5L（1995 年又限定为 3.0L）、汽缸数目不超过 12 个的自然吸气式发动机（禁止使用转子发动机），并且限制进排气门的尺寸。发动机采用高标号汽油作燃料，并且采用非常先进的计算机控制点火装置。变速器设有 6~7 个挡位，并采用半自动变速系统。机油和水的冷却均靠行驶时产生的气流进行"空冷"。在某些赛车的发动机上，为防止受热后尺寸变化影响进、排气量，每缸均采用了 3 个进气门、2 个排气门。目前，雷诺 V10、法拉利 V12、奔驰 V10、标致 V10、雅马哈 V10、福特 V8、本田 V10 等都是著名的赛车发动机。

F1 赛车的外形是综合考虑减小车身迎风面积和增加轮胎附着力以及赛车运动规则而成型的。车身酷似火箭倒放于 4 个轮子之上，发动机位于中后部。底盘材料采用航空航天设备用的碳素纤维板，内夹铝制蜂窝状结构板，比传统铝板质量小一半而强度高一倍。赛车疾驶时，迎面会遇到极大的空气阻力，为了减小空气阻力，赛车外形要尽可能呈流线型，以获得较小的迎风面积。通过减小迎风面积并采用扰流装置，借以减小空气阻力，提高速度。另外，当赛车高速前进时会产生向上的升力，使车轮与地面之间的附着力减小，导致赛车"发飘",影响加速和制动。在赛车尾部安装扰流装置和后翼子板后,在运动中利用空气动力学的原理产生下压力量,可以增加向下的压力,增加轮胎的附着力,使赛车紧贴地面运动。

轮胎也是赛车的关键部件。为了使发动机的动力能可靠地传递到路面,轮胎制作得相当宽大(前轮约为290mm,后轮约为380mm),用以增加与地面的接触面积。根据天气的不同,赛车选用不同的轮胎。在无雨时选用干地胎,这种胎表面光滑,无任何坑纹,有利于与地面良好贴合;在湿滑条件下则要选用湿地胎,这种胎具有明显的坑纹,有利于排出轮胎与地面之间的积水,保持必要的附着力。比赛前,地面工作人员还要用特制的轮胎毯套对其进行加热或保温,使橡胶具有黏性和韧性,以获得较大的附着力,避免起动或转弯时打滑。比赛中的高速行驶及频繁的强力转向和紧急制动使轮胎磨损极快,经常需要在中途换胎。车赛就是时间的比赛,因此赛车轮胎只有一个紧固螺栓,便于迅速拆装。

正是因为F1赛车具有如此先进的结构和装备,才使它具有了普通汽车所难以达到的良好性能。

2. F1赛车手

据FIA规定,参加F1比赛的选手,必须持有"超级驾驶执照",然而每年全世界有资格驾驶F1赛车的车手不能超过100名。因此,为了跻身F1赛场,每名车手必须过五关斩六将,先是小型车赛,然后是三级方程式,接着是二级方程式,这一切都通过了才能获得"超级驾驶执照",成为F1车手。

F1车赛不仅是车速的比试,同时也是车手体能和意志的较量,所以F1车手必须集身体素质、车技、经验和斗志于一身。比赛中,高速行驶的赛车在转弯时产生巨大的离心力,这种离心力使人感到非常恶心,感觉五脏六腑都与身体骨架脱节。车手首先就必须适应这种难受的反应。为了减少离心力对颈部造成的高血压,车手们在比赛时都戴着护脖套以防头部前冲撞在转向盘上。车手们的肌肉应该是细腻而有耐力的,特别是上体颈部和肩部的肌肉要格外强壮,才能承受高速比赛时所产生的离心力和惯性力的巨大作用。

在某种意义上说,F1大赛是对车手身体的"摧残"。由于车手一直处于神经高度紧张的状态,且赛车内温度极高,所以车手体内的水分、盐分和矿物质消耗得都极快。据统计,在比赛过程中,车手的脉搏达140~160次/min,并且持续5h左右,在比赛高潮中,脉搏甚至高达200次/min。虽然F1大赛非常消耗体力,但车手们却不能随意补充营养、增加体重,原因在于过多的肌肉会消耗体内的能量,比赛时易感到疲劳。

在F1大赛中要取得好成绩,必须具有娴熟的驾驶技术和丰富的赛车经验。掌握转弯时的各种战术,可以说是车手取胜的法宝。在赛车转弯前,各车手都会做好超前的准备,比较常用的方法是掌握赛车转弯时的制动以超过对方。由于F1赛车的车速极高,转弯时转向最容易出现危险。

F1赛事已走过了半个世纪的历程,也涌现出了众多的著名车手,其中以巴西车手埃尔·塞纳(Aryton Senna)和德国车手迈克尔·舒马赫(Michael Schumacher)尤为出色。

埃尔顿·塞纳以其勇敢和智慧,奔驰在赛场上10年,创造出了不平凡的成绩,成为当时世界最优秀的赛车手,被誉为"赛车王子"。1960年3月21日,塞纳出生于巴西的圣保罗市。1973年,年满13岁的塞纳首次参加在家乡举行的小型赛车比赛,初战告捷,从此节节胜利,17岁时便夺得了南美冠军。20世纪80年代末至90年代初是塞纳赛车生涯的辉煌时期,他每站比赛排位几乎总是最前,最先冲刺的也几乎总是他;他三次夺得了F1汽车大赛年度总冠军,成为年薪最高的车手,塞纳一时间几乎成了F1赛事的代名词。1994年5月1日,在意大利的伊莫拉赛道开始了第三站的比赛,塞纳还是排位第一。当赛车行至第7圈时悲剧发生了,在坦布雷罗弯道上,塞纳驾驶的2号赛车因转向力不足,以约300km/h的高速撞上了水泥防护墙,最后车毁人亡。塞纳之死震撼了全世界,许多国家的新闻媒体都进行了大量报道。在巴西,塞纳不仅仅是一名超级车手,他还是国家的象征,民族的骄傲。

当今世界F1车坛最负盛名的要数德国车手迈克尔·舒马赫(Michael Schumacher)。舒马赫1969年1月3日出生于德国(赫尔斯-赫尔姆海姆),他的父亲将一台小发动机装在一辆废弃的卡丁车上给儿子玩,他4岁就开始参加卡丁车比赛。1991年他在乔丹车队首次参加了F1大奖赛,1992年他在比利时获得了第一个分站冠军,并在那个赛季获得了总成绩第三名。1994年他第一次夺得世界冠军,并于次年卫冕成功。1996年他加盟法拉利车队,虽然赛车问题不断,但他还是获得了第三名。1999年赛季对于舒马赫来说是令人失望的。在积分第二,力争为法拉利车队赢得20年来第一个车手总冠军的舒马赫,却在英国银石赛道撞断了腿,他也因此休息了三个月。2000年,舒马赫为法拉利车队夺得车队与车手双料冠军,成为三届世界一级方程式冠军车手,也是法拉利车队21年来的首个冠军车手。2001年,舒马赫再为法拉利车队夺得车队与车手双料冠军。到2005年初,舒马赫共参加了211场F1比赛,获得83个分站冠军,137次登上颁奖台,他的F1总积分高达1186,并创纪录地获得7次年度车手冠军(1994年、1995年、2000年、2001年、2002年、2003年、2004年)。

3. F1车队

1)雷诺(Renault)车队

法国雷诺汽车是F1的常客,贝纳通车队是雷诺车队的前身,贝纳通车队于1986年正式成立,曾拥有著名车手博格(Gerhard Berger),并在成立之年的墨西哥大奖赛上首次赢得冠军。

1994年贝纳通车队中的迈克尔·舒马赫赢取了个人的首次世界冠军,并于第二年拿下车手与车队冠军。到了20世纪90年代后期,车队的成绩下滑到了谷底。

2001年度赛季,车队签下借自于威廉姆斯车队的年轻车手巴顿与费斯切拉搭伴,可是车队成绩仍然排在第七名,赛季结束之后由法国雷诺汽车公司收购并改名为雷诺车队。2002年度赛季,正式打出雷诺车队的旗帜,车队阵容是巴顿与费斯切拉,这年车队的成绩有了大幅的提高,年度跃进到第四名。2003年度赛季,由加诺·特鲁里和被车队老板布里亚托尔誉为迈克尔·舒马赫接班人的费尔南多·阿隆索搭档出赛,阿隆索在年度赛季中夺得匈牙利大奖赛冠军,年度车手排名第六名,总积分55分;车队在2003年度赛季的排名是第四名,总积分88分。2004年车队阵容依旧是加诺·特鲁里和费尔南多·阿隆索搭档。近年来雷诺车队成绩开始获得逐步上升,雷诺车队是测试成绩最好的车队,2005年雷诺车队以总分191分获得年度车队总冠军。车队一号车手阿隆索也于2005年获得最年轻的世界冠军。

2006年依旧是阿隆索和费斯切拉搭档。车队一号车手阿隆索卫冕成功,车队也以206分的高分获得冠军。2007年阿隆索的出走、轮胎的老搭档米其林的退出及车队研发资金的不足,这一系列的问题让雷诺陷入低谷。费斯切拉和小将科瓦莱宁的组合仅仅获得51分。2008年阿隆索回归,车队的二号车手成为皮奎特的儿子小皮奎特。车队在后半赛季稍有起色,并有阿隆索带回来新加坡站和日本站的冠军。2009年,在2008年年底稍有起色的雷诺又陷入低谷。小皮奎特爆出的2008年新加坡站的撞车门也让布里亚托雷离开了车队。车队全年只获得28分,排名第八。2010年,库比卡加入车队,成为一号车手,车队全年排名第5。

2011年车队正式更名为莲花-雷诺GP车队。

2)法拉利(Ferrari)车队

法拉利车队成立于1929年,车队总部在Modena。法拉利车队是F1历史上最具传奇色彩的车队,红色是法拉利车队的标志色。法拉利厂徽"跃马"车标的来由有着一段传奇色彩的经历,这"跃马"是第一次世界大战的意大利空战英雄巴拉卡(Framesco Baracea)家族赠予恩佐·法拉利的礼物,而恩佐则将这荣耀的"跃马"作为了法拉利厂徽。

从1950年F1大奖赛创办时起就开始参赛的法拉利车队,无疑是F1车坛的一块活化石,在半个多世纪的时间里,法拉利人见证了F1大奖赛的兴衰变迁。恩佐·法拉利亲手创办的这支车队,在最初的那段日子里,虽然充满活力,却不幸地与伟大的方吉奥和他的阿尔法·罗密欧车队成为对手。在巨人的阴影下不断抗争,直到1961年,法拉利人才终于拿到了他们第一个年度总冠军。

此后,经历过起伏不定的20世纪60年代,尼克·劳达于1974年的加盟,使法拉利真正成为一支超级车队,1975—1983年的9年时间里,他们包揽了6届F1大奖赛年度冠军。但从此之后,又是一段厄运不断的日子,整整15年里,法拉利人没有拿到一个冠军。

1996年迈克尔·舒马赫来到这里,经过3个赛季的磨合,开始显示出他的王者风范。从2000年开始,意大利这匹红色烈马腾飞上了车队参加F1锦标赛历史上的巅峰,法拉利车队与车王迈克尔·舒马赫蝉联了2000年、2001年、2002年、2003年度的车队与车手世界冠军。

值得一提的是2002年度赛季在F1大奖赛17站的比赛中,法拉利势如破竹地获得了其中的15站冠军,这次迈克尔·舒马赫是第5次夺得F1锦标赛车手冠军。特别是在2003年度的赛季中,迈克尔·舒马赫更是第六次荣登F1世界冠军的宝座。迈克尔·舒马赫这一辉煌的战绩,不仅让所有F1的车手望冠兴叹,而且也为车王迈克尔·舒马赫以及充满传奇色彩的法拉利车队写下了F1历史上最辉煌灿烂的一页。法拉利车队在2004年度车手的阵容,依然是迈克尔·舒马赫与甘为"绿叶"的始终保持第二的车手鲁本斯·巴里切洛搭档。

3)迈凯伦(McLaren)车队

现在的迈凯伦车队是在1980年9月,由迈凯伦车队与Project Four公司合并而成的。Project Four是一家英国公司,老板就是迈凯伦车队现在的车队经理丹尼斯。

成立于1963年的迈凯伦车队由迈凯伦创立,首次参赛是在1966年的摩纳哥大奖赛。迈凯伦车队是F1车坛的老牌强队,他从1966年就开始参加F1大奖赛,一共获得过8次车队总冠军和11次车手冠军。塞纳是曾经在迈凯伦车队效力的最著名的车手,他在迈凯伦夺得了3个世界冠军。

迈凯伦车队2005赛季的高级阵容没有任何变化,但是在车手方面,车队请来了哥伦比亚车手蒙托亚。这样,迈凯伦车队拥有了仅次于法拉利车队的顶级阵容,蒙托亚和雷克南的表现成为迈凯伦车队的最大看点。

4)威廉姆斯(BMW Williams)车队

威廉姆斯车队于1977年成立,该车队是来自英国的弗兰克·威廉姆斯爵士一手创建的

F1顶级队,车队成立初期一共只有17人,其中包括车手人数。威廉姆斯车队一共获得过9次车队总冠军和7次车手冠军。曾经在威廉姆斯车队效力的著名车手包括普罗斯特、塞纳等F1巨星。威廉姆斯车队从设计第一辆FW06赛车开始一直发展到现在,已经成为F1大奖赛上一支不可忽视的劲旅。

在进入2000年之际,威廉姆斯车队与宝马汽车厂家合作,组成了F1威廉姆斯-宝马车队,并在建队的第一年就签下了车手拉尔夫·舒马赫与简森·巴顿,威廉姆斯在2002年取得的成绩,实现了车队所定的年度第二名的目标。2004年,车队更换了车手,被誉为最有天赋的澳大利亚车手韦伯和德国名将海德费尔德将为威廉姆斯车队重振雄风。在2004年1月,威廉姆斯是F1所有车队中第一个发布和推出赛季新款赛车——FW26的车队。

5)英美(BAR)车队

英美(British American Racing,BAR)车队是于1997年底成立的,资金提供者是英美烟草公司。BAR车队的成立,事实上是并购了F1历史上具有深远影响的泰利尔车队。

2001年、2002年赛季,BAR车手阵容为亚克·维伦纽夫与潘尼斯。车队在2001年赛季排名为第五名,在发动机不断出现问题的2002年赛季,车队成绩便滑落到了第八名。2003年车手阵容改为亚克·维伦纽夫与简森·巴顿。在2003赛季中,由于简森·巴顿的优异表现,以及从2003年度新积分制度上的得益,车队年度排名登上第五的位置。然而,因亚克·维伦纽夫成绩不佳,在日本大奖赛开赛之前,被日本车手佐藤琢磨所替代,而佐藤琢磨在日本大奖赛上为英美车队取得了3分的积分,显示了他较强的竞争力。因此,2004年赛季车队阵容是简森·巴顿和佐藤搭档。

2004年是英美车队取得突破的一年,他们在车队积分榜上仅次于法拉利获得车队亚军。2005年初,本田汽车收购了BAR车队45%的股份,并誓要在3年内让BAR车队和巴顿登上冠军宝座。坚信BAR车队会继续保持上升势头并对法拉利构成威胁。

4. F1大赛规则简介

1)F1赛道

F1大赛的准备工作由FIA安排。近年来,随着赛车运动的风靡,申请主办F1大赛的国家越来越多。FIA规定:F1专用赛道均为环形,每圈长度为3~8km,每场比赛距离为300~320km。为安全起见,赛道两旁一般铺设宽阔的草地或沙地,以便将赛道与观众隔开,同时也可作为赛车意外冲出道之后的缓冲区。FIA规定赛场不允许有过多过长的直道,目的在于限制高速,以免发生危险。这些赛场地理环境迥然相异:有的建在高原上,那里空气稀薄,用以考验车手的身体素质;有的则是街道串成的赛场,路面相对狭窄曲折;有的赛车场显得路面宽阔,但有上下坡考验车手的技术;还有的赛场建在葱郁的树林中,那里跑道起伏大,车手很难控制赛车。F1比赛是在世界各地的17个封闭的环行线路(包括专业的环行赛车场和个别封闭后的城市街道)进行的,起终点在一条线上。赛道为改性沥青,每个赛道的周长不等:最短的是摩洛哥的"蒙特卡罗街区赛道",单圈长度为3.3km;最长的是比利时的"斯帕"赛车场,单圈长度为6.9km。FIA要求各赛场的救护人员必须分布在全场的每个角落,争取在出事后尽快跑进现场,进行抢救。F1就是各种方程式赛车中规格最高的赛车,也是全球所有赛车手和车迷梦想中的殿堂。英国银石赛道如图8-1所示。

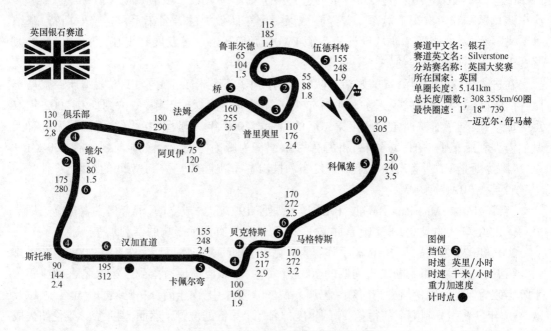

图 8-1　F1 著名赛道——英国银石赛道

2）F1 赛程

每场比赛均分为计时排位赛和决赛两个过程，首先在决赛前两天进行 60min 的计时排位赛，即分别计得每部赛车跑得最快的一圈所用的时间，用时最少的车在决赛中将在赛道上排在前面，其他依此类推。如果两部以上的赛车最快圈所用时间相同，则率先跑完计时赛的赛车占优。赛车在赛道上的排位相当重要，排在前面的将有抢先拐第一个弯的优势。通常在排位赛时有 28~30 辆赛车参加，但最后只取前 26 辆赛车参加决赛。决赛当天，车手先有 23 圈的自由练习，用以检查车子各部位的工作情况。决赛前半小时，各部赛车进入排定的起跑位置。赛前 5min，开始倒计时，当剩下最后 1min 时，发动机开始起动，绿旗一挥，赛车便可起步，进行最后一圈热身赛，但中途不准超车，也不准更换赛车。待所有赛车跑完一圈后仍按原顺序排好，静待即将开始的大决战。几秒钟后，绿灯一亮，决赛正式开始，赛车似脱缰的野马，尽全力向前冲去。

为安全起见，每辆赛车的尾部必须安装一只红色信号灯，而且要求在整个比赛过程中始终开启。在赛程之中，赛车可以更换轮胎，出了故障也可修理，但需占用比赛时间，所以车手在赛车发生故障时，要用无线电话通知维修站事先做好准备。FIA 规定每辆 F1 参赛车最少在每次比赛中，更换 4 次轮胎。如果赛车因故障而停了下来，将会被赛场工作人员（不是车队维修人员）推走，并失去比赛资格。

FIA 允许赛车在比赛期间加油。为了使赛场的大气环境保持清洁，FIA 规定所有赛车只准使用无毒无铅汽油，以取代过去所使用的含铅高辛烷值汽油。

1994 年在 F1 赛场所发生的几起恶性事故，促使国际汽车联合国开始重新审议 F1 安全规则，并于 1994 年下半年实施改良措施，主要改动有如下 10 项：

(1) 赛车进出维修站时车速应小于 80km/h；

(2) 除了为赛车在比赛中更换轮胎及加油的必要工作人员外，所有其他人员不得进入维修站；

(3) 车身底部定风翼全部除去；

(4) 后定风翼的底部需要缩小；

(5) 改造前轮及其附属结构以防止前轮因意外而撞到车手头部；

(6) 全车总质量（包括车子在内）升至 515kg；

(7) 采用普通燃料；

(8) 把因发动机及排挡系统而产生的撞击力效果消除；

(9) 一般早上练习赛，在进入维修站时车速也不能超过 80km/h；

(10) 发动机最大功率降至 441kW（600 马力）。

3）F1 比赛花色旗帜的含义

在精彩刺激的 F1 比赛中，红、黄、白、黑、蓝各色旗帜飘舞在赛场上，担当传递信息的角色。车手和裁判之间的沟通通过不同颜色的旗帜来表达和传递。各色的旗帜表达的具体含义如下。

红旗——表示比赛开始或是赛段提前终止，当车手看到红旗出现，必须在完成当圈后进入修理站，等待命令看比赛是否要重新开始或终止。

白旗——表示前方赛道有慢车，可能是救护车、吊车。当白旗出现时，车子必须小心，并且准备放慢速度。

黑旗——表示被警告的车手在赛道上的行为不规范，必须在当圈完成之后马上回到维修站，黑旗将伴随着车号在起终点处出现，被警告车子将可能受到加时处罚，严重者要取消比赛资格。

黑底红圈旗——此旗常伴随一个号码牌。警告该车手赛车有机械故障（有时车手不知情），可能会造成危险，车手必须在当圈完成后立刻进入修理站。这面旗将会伴随车号在起终点处出现，除非将车辆修复，否则被警告车手将不得回到场上。

蓝旗——表示后方有较快的车辆接近，并且准备超越。假如看到是摇动的蓝旗，前方的车手必须让路给后方较快车手超越。假如不理会蓝旗的警告达三次，不让路的车手将会被判以进站罚停 10s 的处罚。蓝旗在修理站出口摆动，告诉自修理站回到跑道的车手，出口处有车接近，小心驶出。

黄底红条旗——表示前方赛道表面滑溜，路上可能有油，当这面旗出现时，车手必须小心通过。

黄旗——是 F1 比赛中经常出现的旗帜，意为赛道外有事故或危险。黄旗摆动时，告诫车手赛道上有事故或危险应放慢速度，禁止超车，小心行驶。若是车手遇到黄旗摆动时，有意超车，将立即被判黑旗。

双黄旗摆动时，除告诫车子前方赛道有事故或危险外，还意味着赛道因事故被部分或全部阻挡。双黄旗摆动时，通常会伴有安全车或红旗出现。

绿旗——绿旗出现时，表示黄旗摆动时存在的潜在危险已解除，车子可以回复正常速度及赛道。

黑白相间旗——挥动的方格旗表示比赛或赛段终结,这面旗一挥,车子必须随即返回维修区,并且进入围场。这面旗将只对冠军车手挥舞,对其他通过终点的车手固定不动。

4) F1 成绩计算

整场 F1 车赛决赛时间不能超过 2h,进入前 6 名的车手可得分,计分方法见表 8-1。

F1 成 绩 计 算　　　　　　表 8-1

名次	1	2	3	4	5	6
得分	9	6	4	3	2	1

F1 大赛通常每年举行 15～16 场比赛,通过各赛站积累积分。在每一赛季结束后,将车手在全年 16 场比赛中取 13 场最好的比赛成绩相加得出总积分,得分最高者为本年度世界冠军。车队世界冠军的计分方法与车手相同。FIA 规定,如某站比赛发生意外,未完成 75% 的赛程即告终止,则各车手得分减半,如第一名只得 4.5 分,而第六名只得 0.5 分。

5) F1 新规则解说

从 2005 年开始,F1 的比赛规则有了很大改动。

两站赛事使用一台发动机:直到 2004 年为止,规定一站赛事使用一台发动机,但是 2005 年赛季对规则又有了修改,必须使用一台发动机参加两站赛事。这就是"两站赛事使用一台发动机制度"。每站赛事总行驶距离大致为 350km(包括练习赛、排位赛、决赛),反而言之,到 2004 年为止只要跑完 350km,发动机坏了也没关系。但 2005 年必须连续跑完两站赛事,通过简单地计算便可知道,目前的发动机必须具备过去两倍的寿命(700km)。

只能使用一套(四条)轮胎:从 2005 年开始,整个排位赛、决赛只允许使用一套(4 条)轮胎,中途不得"更换轮胎"。约 2h 的决赛,有时一直是晴天,但也有由晴转雨的情况。落在赛道上的树枝、碎片等,紧急制动等过度的操作都会损伤轮胎,这样轮胎的性能就不能充分发挥,成绩也会下降。除了爆胎等受到巨大的损伤和意外事故之外,一旦决定使用了某种轮胎,直到赛事结束为止不得更换。新规则对轮胎的耐久性要求也越来越高。

加油时间的规定:在第二次排位赛开始后,直到决赛开始为止不得加油。也就是说,在排位赛前,需要装载决赛所需要的燃油。燃油少,车体就轻,排位赛会跑得快,决赛的起跑排位就能占先。但是,那样燃油很快就会用尽,在决赛起跑后不久就得回到维修区加油。其他车子正在快速迅跑,而此时停车加油,名次自然就会被拉后。因此,加油时机将决定比赛的胜负。虽然各赛道有所不同,1 次决赛的总距离约为 350km,每辆 F1 车需要加油 1～4 次。因此,各队在排位赛前的加油战略都不尽相同。

2017 新赛季 F1 还进行了技术规则的重大调整,空气动力学的重要性进一步提升。这在一定程度上削弱了梅赛德斯车队的发动机优势,使得其他车队与梅赛德斯车队之间的差距缩小。从揭幕站的结果来看,规则的改革确实有立竿见影的效果,法拉利赛车在速度上相比梅赛德斯已经不落下风,两支车队在比赛中的争夺十分激烈,维特尔最终掀翻了梅赛德斯的统治,帮助法拉利在时隔十年之后再次获得 F1 大奖赛的冠军。

三、车坛明星

1. 迈克尔·舒马赫

迈克尔·舒马赫(Michael Schumacher),1969年1月3日出生于许尔特,德国F1赛车车手,现代最伟大的F1车手之一,在他最初的16年的职业生涯中,几乎刷新了每一项纪录。总共赢得7次总冠军,亦曾是唯一赢得总冠军的德国车手(后被德国车手塞巴斯蒂安·维特尔于2010年刷新)。

2. 胡安·凡乔

胡安·凡乔(1911—1995年)从20世纪30年代到50年代一直是活跃在赛车场上的一名伟大的赛车手,获得5次世界一级方程式汽车赛年度总冠军。他是世界赛车史上一位传奇的人物。

1911年,凡乔出生于阿根廷一个工厂主家庭,1934年进入赛车界。1950年,他代表阿尔法·罗密欧车队夺得世界一级方程汽车赛年度总成绩第二名。1951年,他还是驾驶阿尔法·罗密欧赛车,获得了世界一级方程式汽车赛年度总冠军。1954年,奔驰汽车公司决心参加一级方程式汽车赛,为取得好成绩,奔驰汽车公司请到了凡乔。1954—1955年两年,凡乔驾驶着奔驰W196赛车夺得两届一级方程式汽车赛年度总冠军。1956年,他转入法拉利,并驾驶着新型法拉利赛车第四次夺取一级方程式汽车赛年度总冠军。1957年,凡乔离开了法拉利车队,没有再加入任何一家车队,而是以个人身份驾驶一辆玛莎拉蒂赛车参赛。在这一年的一级方程式汽车赛上,46岁高龄的凡乔写下了他在赛车生涯中最辉煌的一页。1957年8月4日在德国纽柏林赛场内,凡乔在世界难度最大和最危险的赛车道上9次打破世界车赛单圈速度纪录,又夺得他的第五次世界一级方程式汽车赛的年度总冠军。但在这次比赛中,赛车的座椅架折断,使他的膝部受伤,这使凡乔在翌年退出赛车运动。

3. 阿兰·普罗斯特

阿兰·普罗斯特,1955年2月24日生人,共夺得4次世界一级方程式汽车赛年度总冠军,在世界方程式汽车赛的历史上目前居于第二位。

普罗斯特1955年出生于法国的圣日尔曼,早年以卡丁车赛起家。1980年加盟麦克拉伦车队,开始了一级方程式汽车赛的历程。1981年他转入雷诺车队,就在这一年7月5日,夺得了一级方程式汽车赛分站冠军。他在雷诺车队效力的3年期间,成绩不断提高。1984年,普罗斯特又转入麦克拉伦车队,这一年他仅以0.5分之差负于队友尼克·劳达。1985年,他成为法国第一个世界一级方程式汽车赛年度总冠军。接着他在1986年、1989年又两度获得了一级方程式汽车赛年度总冠军。1993年,他加盟威廉姆斯车队,第四次获得了一级汽车方程式汽车赛年度总冠军。

退役后的普罗斯特没有离开汽车运动。1997年,他接受法国政府的邀请执掌法国唯一一家一级方程式汽车赛历基亚车队。因此,该车队也更名为普罗斯特车队。

4. 艾尔顿·塞纳

艾尔顿·塞纳(1960—1994年)被公认为是赛车史上最具有天赋的车手之一。

1960年3月21日,塞纳出生在巴西圣保罗市一个富裕家庭,13岁就参加了卡丁车比赛。1984年,他加盟托勒马车队(即目前的贝纳通车队)。1985年,塞纳转入莲花车队。

1985年4月21日，葡萄牙埃斯托利赛车道因连日的大雨变得异常难行。普罗斯特、毕奇等车手退出比赛，然而塞纳驾驶赛车冒雨比赛，以绝对优势获得了一级方程式汽车赛分站赛冠军。因此，塞纳有"雨中塞纳"之称。

1988年，塞纳加盟麦克拉伦车队。同年，塞纳战胜队友普罗斯特夺得了一级方程式汽车赛年度总冠军。接着他又连夺1990年、1991年2次一级方程式汽车赛年度总冠军，成为第七位头顶"三顶王冠"的车手。人们曾认为，塞纳将成为打破凡乔创下的5次世界冠军车手纪录的第一人选。

1994年，塞纳转入了威廉姆斯车队，决心四次夺冠。然而，他于1994年5月1日在意大利举行的利伊莫拉圣马力诺分站比赛中殉难。

赛车界无不为失去一个天才车手而惋惜。凡乔悲痛地说："塞纳是最有希望打破我纪录的人。"塞纳的遗体运回巴西后，巴西政府为他举行了国葬。

四、冠军车队

自1958起，世界一级方程式汽车赛设立世界冠军车队。1958—2017年，一级方程式汽车赛共举办了60届，历届冠军车队见表8-2。

1958—2017年世界一级方程式汽车赛冠军车队　　　　　　　表8-2

年　份	冠军车队	冠军车队次数	年　份	冠军车队	冠军车队次数
2017	梅赛德斯（德国）	4	1998	迈凯伦（英国）	7
2016	梅赛德斯（德国）	3	1997	威廉姆斯（英国）	9
2015	梅赛德斯（德国）	2	1996	威廉姆斯（英国）	8
2014	梅赛德斯（德国）	1	1995	贝纳通（英国）	1
2013	红牛（奥地利）	4	1994	威廉姆斯（英国）	7
2012	红牛（奥地利）	3	1993	威廉姆斯（英国）	6
2011	红牛（奥地利）	2	1992	威廉姆斯（英国）	5
2010	红牛（奥地利）	1	1991	迈凯伦（英国）	6
2009	布朗（英国）	1	1990	迈凯伦（英国）	5
2008	法拉利（意大利）	16	1989	迈凯伦（英国）	4
2007	法拉利（意大利）	15	1988	迈凯伦（英国）	3
2006	雷诺（法国）	2	1987	威廉姆斯（英国）	4
2005	雷诺（法国）	1	1986	威廉姆斯（英国）	3
2004	法拉利（意大利）	14	1985	迈凯伦（英国）	2
2003	法拉利（意大利）	13	1984	迈凯伦（英国）	1
2002	法拉利（意大利）	12	1983	法拉利（意大利）	8
2001	法拉利（意大利）	11	1982	法拉利（意大利）	7
2000	法拉利（意大利）	10	1981	威廉姆斯（英国）	2
1999	法拉利（意大利）	9	1980	威廉姆斯（英国）	1

续上表

年 份	冠军车队	冠军车队次数	年 份	冠军车队	冠军车队次数
1979	法拉利(意大利)	6	1968	莲花(英国)	3
1978	莲花(英国)	7	1967	布拉汉姆(英国)	2
1977	法拉利(意大利)	5	1966	布拉汉姆(英国)	1
1976	法拉利(意大利)	4	1965	莲花(英国)	2
1975	法拉利(意大利)	3	1964	法拉利(意大利)	2
1974	迈凯轮(英国)	1	1963	莲花(英国)	1
1973	莲花(英国)	6	1962	BRM(英国)	1
1972	莲花(英国)	5	1961	法拉利(意大利)	1
1971	泰瑞尔(英国)	1	1960	库珀(英国)	2
1970	莲花(英国)	4	1959	库珀(英国)	1
1969	马特拉(法国)	1	1958	范沃尔(英国)	1

第四节　赛车运动的魅力

在赛车场,随着一声令下,那些五彩缤纷的赛车竞相出发,开足马力冲向前方。车手们你追我赶的争先表演,赛车如万马奔腾、一泻而过的精彩场面非常壮观,这对20万~30万的现场观众以及数以亿计的电视观众来说极富刺激。

一、有助于改善汽车的性能

汽车赛有助于改善汽车的性能,尤其是它的动力性。汽车诞生百余年来,汽车技术得以不断发展的原因,在很大程度上是根据各式各样车赛所做的大量试验。赛车场是汽车技术创新的"试验田"。汽车赛可以作为试验汽车新构造、新材料等的最重要手段。在比赛中获胜的赛车往往就是制造厂日后生产新车型时参考的样板。20世纪50年代,当日本汽车厂家决定加快汽车生产步伐时,首先选中的"基地"就是赛车场。20世纪60年代,他们又将自己的赛车驶向了国际赛场,向车坛霸主欧、美赛车宣战,在屡败屡战中吸收对手的优点,找到了自身的不足。通过改进,他们不仅在赛车场获得了一席之地,而且为了日本汽车工业的全面崛起奠定了坚实基础。

二、强化的道路试验

汽车赛实质上是一种强化的道路试验。它能够使汽车的所有零部件都处于最大应力状态下工作,将正常使用条件下数年之后才能出现的问题,在短短的几小时之内就能暴露出来,缩短了发现车辆症结所在的时间。

三、动态车展

汽车赛可喻为动态车展。一级方程式汽车比赛现在每年举行16场,分站赛场遍布全世界。赛车几乎总是先进技术的结晶,今天,在汽车大赛中推出的每一部新型赛车,几乎都代表着一家汽车公司甚至一个国家在汽车方面的最新技术水平。不仅如此,赛车还体现了普通汽车发展的方向。比较当代新型轿车与20世纪30年代初的赛车设计,不难发现,它们之间有一些共同点,如较高的发动机转速、较大的压缩比、较小的汽车自身质量和流线的汽车外形等。从某种意义上来说,赛车是汽车发展的先驱。最能代表赛车技术水平的一级方程式赛车,主要出自德国保时捷汽车公司、意大利法拉利汽车公司、美国福特汽车公司和日本本田等汽车公司。福特汽车公司形象地把一级方程式汽车大赛称作高科技奥运会。在汽车大赛中推出的新型赛车,从设计到制造都凝聚着众多研制者的心血。据悉,在德国约有2000多名专门人才直接从事赛车的研究、设计和制造工作,美国约有1万人,日本约有2万人。正是这些专家,使赛车成为代表高新技术的精品。

四、最佳广告

汽车赛是生动真实的广告。一次组织得好的汽车赛,尤其是国际性高水平大赛能够吸引成千上万的观众(每年16场一级方程式大赛能够吸引300多万现场观众和15亿多电视观众)。在比赛中获胜的赛车和车队是汽车制造商和比赛赞助商的最佳广告宣传,可以促进产品销售,为企业带来巨大的经济利益。正因如此,许多车队才高薪争聘优秀的车手,大的实业公司才慷慨解囊赞助大型车赛。

五、促进汽车大众化

汽车赛促进了汽车大众化。除职业性汽车比赛外,世界各地的汽车爱好者们还自行组织进行一些小型的汽车比赛,这对汽车工业的发展有着另外一层意义。许许多多地方性的汽车俱乐部,联系着千千万万名汽车运动爱好者,其广泛性和群众性是汽车大赛所无法比拟的。地方汽车俱乐部组织的汽车赛招徕了大量参赛者和现场观众,通过比赛,掀起了一阵阵汽车热,把众多人吸引到对汽车的兴趣上,传播了汽车技术,扩大了汽车爱好者队伍,培育了潜在的汽车制造、使用、维修方面的人才和汽车市场。汽车赛使许多的人成为汽车迷。

六、集人与车为一体的综合较量

汽车赛是集人与车为一体的综合较量。与通常的体育运动相比,汽车运动不仅是车手个人技艺、意志和胆量的竞争,而且是汽车设计、产品质量的角逐,这种独具特色的双重性运动,更能体现人类精英与高新科技最完美的结合,体现人类对自然的征服能力。

汽车赛是车战、商战、金融战还是科技战,谁也无法说清。它那丰富而又复杂的内涵超过了世界上任何一项体育运动。总之,有了具有高科技产品的汽车公司做后盾,有了拥有雄厚经济实力的大企业集团的资助,再加之热衷于汽车运动人们的积极参与,才使得汽车运动能够经久不衰。

第九章　汽车时尚

第一节　汽车俱乐部

伴随着世界汽车工业的不断发展和驾车人士对汽车的需要和兴趣的不断变化,国内也相继诞生了各种形形色色的汽车俱乐部。其中有从事汽车比赛的俱乐部,有从事汽车越野活动的俱乐部,有从事汽车收藏的俱乐部,也有从事为驾车员提供服务的俱乐部等。前几类俱乐部主要是为了满足汽车爱好者对汽车的不同兴趣爱好而成立的,比如上海333、云南雄风、福建威龙、北京的越野者、蜂鸟、佳兰、广东的四驱、广龙等。而从目前驾车人士的现实需要来讲,除了满足汽车爱好者们不同的兴趣爱好以外,提供全面的汽车服务最为重要,因此,一种既能组织爱好者进行活动,又能够解决驾车人困难的综合性俱乐部最具实际意义。此类俱乐部在国际上统称 AA 组织,即 Automobile Association,有汽车协会、联合会的意思。它是一个不以营利为目的,而专为普通驾驶员服务的组织。全世界各国的 AA 组织共有 2 亿多会员。AA 组织由来已久,1895 年 10 月中旬,美国《芝加哥时报》在"车坛风云"专栏上发表了赛车运动员查尔斯·布雷迪·金格建议成立汽车俱乐部的一封信,成为车迷和驾驶员议论的热门话题。1895 年 11 月 1 日,由《先驱者时报》主办的汽车大赛在芝加哥开幕,全国各地很多驾驶员都赶来参加比赛。其中,有 60 名驾驶员聚会在一家酒店,响应金格的倡议而发起成立了美国汽车联盟,这是世界上最早的汽车俱乐部。

1895 年 11 月 29 日,美国汽车联盟召开第二次会议,选举产生委员会并通过了活动宪章,旨在利用举办报告会等形式,向会员传授汽车工程最新技术,通报汽车大赛动态,并为他们提供紧急公路救援和法律咨询服务,以保障机动车驾驶者的各种合法权益。

同年 11 月 12 日,法国汽车驾驶员则以巴黎普拉斯·德罗佩拉大街 4 号作为活动总部,成立了法国汽车俱乐部。随后,欧美各国都相继成立了为车主和驾驶员服务的汽车俱乐部,使汽车融入了人们的交通生活。

第二节　汽车展览会

汽车展览会带来的许多新车型、汽车展会风格和文化氛围,让人们感受到世界汽车工业跳动的脉搏。汽车展览会是汽车制造商们展示新产品的舞台,在流光溢彩的样车背后,是汽车制造商们为在汽车市场上争夺市场份额而进行的殊死较量。

法兰克福车展、巴黎车展、日内瓦车展、北美车展和东京车展是世界著名的五大汽车展,最短的也有 50 年以上的历史。这些车展都对世界汽车的发展起到了推动和促进的作用,在世界汽车工业发展的历史长河中有着不可磨灭的功绩。这些车展均有鲜明的特色,如法兰克福车展重视汽车文化的传播;瑞士没有自己的汽车工业,但日内瓦车展能为各大汽车厂商提供相对公平的机会;北美车展则把娱乐性贯穿其中,来到车展有如置身于假日聚会。各大车展都有着自己个性鲜明的主题,如1999年的东京车展以"驶向未来、汽车在变、地球在变"为主题,推出21世纪未来型汽车700多辆。世界五大汽车展主要展示汽车技术创新和升级、汽车未来车型,如在2000年举办的巴黎车展上,电子和信息技术被广泛地应用于家用轿车,汽车制造商与电讯公司联手开发的"图文声讯汽车",更是引人注目;1999年,在素有"世界汽车奥运会"之称的法兰克福车展上,推出了质量不足900 kg的奥迪铝壳汽车A2、福特FC5,以及使用天然气、氢气或混合燃料驱动的宝马320G等环保型、节能型汽车,引起人们的极大关注。2000年举办的巴黎车展上,电子和信息技术被广泛地应用于家用轿车,汽车制造商与电讯公司联手开发的"图文声讯汽车",更是引人注目。

一、法兰克福车展

德国是世界最早举办国际车展的地方。法兰克福车展前身为柏林车展,创办于1897年,1951年移到法兰克福举办,每年一届,轿车和商用车轮换展出。法兰克福车展是世界规模最大的车展,有"汽车奥运会"之称。每两年举办一次的法兰克福国际车展一般安排在9月中旬开展,为期两周左右。参展的商家主要来自欧洲、美国和日本,尤其以欧洲汽车商居多。法兰克福地处德国,"唱主角"的自然是德国企业,这似乎与底特律车展、东京车展的地域性同出一辙。德国是现代汽车的发祥地,是奔驰公司、大众公司、奥迪公司等老牌公司的老家,法兰克福车展正是他们一展身手的好机会。

从1897年9月9日起,两年一度的汽车盛会法兰克福国际汽车展(IAA, Internationale Automobil-Ausstellung的缩写)正式拉开帷幕。

1897年,第一届的IAA在柏林的Bristol大饭店举行,当年共有8部"汽车"参展。

1897—1911年,举行IAA已经成为传统,这段时间车展几乎每年举行,大部分在柏林。

1905—1907年,IAA甚至一年举办两次。汽车生产逐渐转为工业模式,其使用也渐渐普及化。

1921年第一次世界大战后首度举办IAA,为第14届。67家车厂展出了90部房车、49部大货车,汽车科技开始以"舒适"为诉求。

1931年,在1929年的全球性经济萧条的影响下,22届的IAA照常在柏林举行,前轮驱动车首度亮相。

1939年,第二次世界大战前最后一届的IAA在柏林举行,这第29届的车展创下825000人参观的新纪录,"甲壳虫"开创了新的里程。

1947—1949年,柏林因战乱,汽车及其配件的生产业者移师汉诺威参加出口货品展的展出。

1951年4月,车展在法兰克福举办,此一盛会吸引了57万参观群众。首部涡轮柴油发动机的大货车问世。同年9月,第35届正宗IAA在柏林举行,参观群众达29万人,这也是最后一届在柏林举办的IAA,此后车展移师法兰克福,并固定两年一次。

1956年,汽车诞生后迈入了第七十个年头。德国汽车生产总数破百万,当年有302000

人靠汽车工业吃饭。德国车厂总数仅次于美国,全球第二。每两部德产车就有一部外销。

1961年,第40届法兰克福车展参观人数创新高,达到了95万。汽车的制造以"安全"为主题,安全带为当时众目的焦点。1965年,日产车首度于车展中亮相。

1981年,第49届IAA的诉求主题为"省油"。

1989年,最后一届房车与货车合办的车展举办,2000个参展单位挤在252000m^{2}的地方,再加上超过120万的参观群众,法兰克福的场地已不敷使用,主办单位不得不将车展分家。

1991年,德国车展一分为二,单数年房车展照常在法兰克福举办,双数年则有卡车展在汉诺威举办。第一届的"纯"房车展有来自43个国家的1271个单位参展,吸引了近百万的参观者。

1992年,第一届汉诺威货车展共有来自29个国家的1284个单位参展,28.7万的观展人中有2/3是专业人士。主办单位的分家行动成效卓越。

1999年末,车展的主题为"未来",新汽车科技的发展以环保与省油为核心。

2000年,由于汉诺威万国博览会,第58届货车展暂借法兰克福会场举行,参展单位提升为1318个,分别来自42个国家,专业参展人的比例也增加到84%。

2005年吉利携旗下5款轿车参加法兰克福车展,实现了中国汽车品牌参加法兰克福车展"零"的突破。

2011年法兰克福汽车展首次设立专门电动汽车(E-Mobility)展厅,囊获了世界各地电动汽车的制造商,包括戴姆勒、欧宝、雪佛兰、雷诺、雪铁龙、三菱、标致,大大支持了电动汽车在全球的推广使用。

2017年法兰克福车展,各大汽车厂商带来了全新车型/换代车型,首发新车型共计63款。

二、巴黎车展

作为浪漫之都的巴黎,它的车展如同时装展一样,总能给人争奇斗艳的感觉。该车展起源于1898年的国际汽车沙龙会,直至1976年每年一届,此后每两年一届。在每年的9月底至10月初举行。1998年10月,巴黎车展恰逢百周年,欧洲车迷期待很久的巴黎"百年世纪车展"以"世纪名车大游行"的方式,让展车行驶在大街上供人观赏。法国的汽车设计一向以新颖独特著称于世,富于浪漫和充满想象力的法国人,总是在追求最别具一格的车型、风一般的速度和最舒适的车内享受,这些法国人的嗜好,都在巴黎车展中显露无遗,使得巴黎车展始终围绕着"新"字做文章。与此同时,巴黎车展也是概念车云集的海洋,各款新奇古怪的概念车常常使观众眼前一亮。第一届巴黎车展共有14万人参加。

2000年,参展人数达到了140万人,其中包括来自81个国家的8500名记者。2008年,巴黎车展迎来了将近150万游客和来自100个国家的13000名记者,还有80多个国家的领导人出席,巴黎车展不再是一个销售汽车的大卖场,而是一场技术盛宴,制造商在这里展示他们的最新理念、最先进的技术和最前卫的设计。2016年,巴黎车展强调"前瞻未来"主题,游客可通过个性化的体验来感受汽车世界,特别汇集了汽车出演的电影和视频游戏,50多辆标志性汽车的历史故事。

三、日内瓦车展

日内瓦国际车展是全世界最有代表性的车展之一,在经历了两次世界大战之后,日内瓦国际车展成为近代全球汽车工业的一个缩影。和五大车展中的其他车展相比,日内瓦国际车展有着"国际汽车潮流风向标"之称,以崇尚技术的革新和概念车多而著称。所以,日内瓦国际车展的高技术和高配置给人以奢侈豪华的印象。

四、北美车展

一年一度的北美国际汽车展的前身是原美国底特律国际汽车展览会,至今已经有近百年的历史,是美国创办历史最长的车展之一。1900年,纽约美国汽车俱乐部召开了第一届世界汽车博览会,1907年迁到底特律汽车城,当时参加的厂商只有17家(车辆仅33辆)。1957年,欧洲车厂远渡重洋而来,车展上首次出现了沃尔沃、奔驰、保时捷的身影,并获得了美国民众的高度重视,底特律车展的"王旗"正式树起。从1965年起,展览移师Cobo会议展览中心。1989年,底特律车展更名为北美国际汽车展,每年1月办展。北美车展每年总能出现40~50辆新车。众多人被吸引到车展的原因,除了对汽车的兴趣外,还因为车展办得像个大的假日集会,吃喝玩乐,热闹非凡。

2016年北美国际汽车展有40余款新车登台亮相,其中90%为全球首发,展品总价值2亿美元,车展展示的无人驾驶汽车技术、混合动力汽车技术、燃油经济性汽车技术和汽车数字化技术代表了未来汽车的发展方向。

五、东京车展

东京车展是五大车展中历史最短的,被誉为"亚洲汽车风向标",创办于20世纪50年代,逢单数年秋季举办。东京车展还是亚洲最大的国际车展。第一次国际汽车展始于1954年。东京对于世界汽车市场有较深的影响,对于亚洲汽车市场更有着重要的意义。该展在日本东京近邻的千叶县举行,其各类电子三维展示装备让车展的参观者有"头晕目眩"的奇妙感。1999年,东京车展创下了参观人数达140万的世界纪录,足见它的热闹程度。与其他西方大型车展相比,日本车展更具有亚洲的东方风韵。日本厂商的多款造型小巧精美、内饰高档的车,总能成为车展的主角。

2017年10月,第45届东京车展在东京国际展示场举办,有15个日本本土品牌以及19个国际品牌在展会上亮相。此外,来自世界10个国家的153家公司和组织,展出了包括乘用车、商务车、摩托车、车窗、车身、零部件以及机械器具、汽车相关的服务。

六、北京车展

北京国际汽车展览会(简称北京车展)于1990年创办,秉承展品精、品牌全、国际化的办展理念和特色,为我国汽车工业的发展,自主汽车品牌的创立和发展发挥了重要的作用。2018年5月(第十五届)北京国际汽车展览会在中国国际展览中心(北京)举办,总展出面积达到22万 m^2,共吸引了来自全球14个国家和地区的1200多家参展商。展会共展出车辆1022辆。本次展出全球首发车105辆(其中跨国公司全球首发车16辆,跨国公司亚洲首发车 30 辆)、概念车 64 辆、新能源车 174 辆(其中国产车企新能源车 124 辆),展区共吸引观众达 82 万人次。在展出品牌和展车数量、展车品质、观众人数等关键指标上继续保持了全球车展领先水平。

七、上海车展

上海国际汽车工业展览会(简称上海车展)创办于 1985 年,是中国最早的专业国际汽车展览会。伴随着中国及国际汽车工业的发展,经过多年积累,上海国际汽车展已成为中国最权威、国际上最具影响力汽车大展之一。随着上海国际汽车展规模扩大及行业影响力深化,为了更好地满足参展企业,提供更卓越的现场服务,2015 上海国际车展移师中国博览会会展综合体全新亮相。展出依托全新的综合体展馆为今后的规模化发展奠定了基础。截至 2017 年,上海国际车展已经成功举办 17 届,影响力正不断扩宽和加深。

第三节　世界十大汽车城

一、美国底特律

底特律是美国汽车城,也是密歇根州最大城市,拥有汽车 1.57 亿辆,平均每 1.5 人就有一辆汽车。垄断美国汽车工业的通用、福特和克莱斯勒汽车公司的总部均设在底特律城,全国 1/4 的汽车产于这里。全城 442 万人口,有 91% 的人在以汽车工业为主的领域工作。汽车制造业是这个城市工业的核心,与汽车制造业有关的钢材、仪表、塑料、玻璃以及轮胎、发动机等零部件生产也相当发达,专业化、集约化程度很高。

二、日本丰田市

丰田市原名爱知县,因丰田公司建于此而闻名于世,有"东洋底特律"之称。全城从业人员均服务于丰田汽车公司,年满 20 岁的职工即可分到 1 辆丰田汽车。丰田市的出口港名古屋,建有世界上第一个最高容量为 5 万辆的丰田汽车专用码头。丰田市拥有 28 万人口,其中丰田汽车公司及其子公司的人员、家属占 62%。丰田公司有 10 座汽车厂,生产几十个系列的轻重型汽车。此外,丰田公司还有 1240 家协作厂。全公司每个职工平均年产值 13 万美元,居世界之首。

三、德国斯图加特

德国斯图加特全城人口 60 万,是生产世界第一辆汽车的戴姆勒 - 奔驰汽车公司所在地。这个以奔驰汽车为旗帜的工业城市基本上就是一个大车间,从城市的富裕程度来看,斯图加特也仅次于慕尼黑,排名第二,这足以令其他城市的德国人又气又羡。劳动创造财富,汽车带动经济,全德国的人都可以嘲笑这个城市没文化,但是却不能否认这里的产业工人最富有。

四、意大利都灵

都灵是意大利汽车城,全市人口 120 万,其中 35 万多人从事汽车工业,每年生产汽车占意大利总量的 75%。菲亚特公司 1899 年在这里创建汽车厂时,仅有 41 名职工,现在已发展为世界第七、欧洲第二大汽车公司。

五、德国沃尔夫斯堡

沃尔夫斯堡是大众汽车公司所在地。大众汽车集团的工厂遍布全球,但其从 1934 年成立以来,总部一直就在德国萨克森州的沃尔夫斯堡市。沃尔夫斯堡也称狼堡,狼堡市民中的 40% 都在大众汽车厂上班。狼堡市民在大众汽车集团上班的达 5 万人,因此可以说狼堡是因大众汽车的存在而存在的。

六、日本东京

日本东京是日产、三菱和五十铃汽车公司所在地。

七、法国巴黎

法国巴黎是标致和雪铁龙汽车公司所在地。

八、英国伯明翰

英国伯明翰是利兰汽车公司所在地。

九、德国吕塞尔海姆

德国吕塞尔海姆是欧宝汽车公司所在地。

十、法国比扬古

法国比扬古是雷诺汽车公司所在地。

第十章 汽车与社会

汽车的诞生和发展给人类社会带来了便利,历经百年的汽车已经深入到人类生活的方方面面,成为现代文明的象征。当然,汽车犹如双刃剑,它在给人类带来便利的同时,也给社会带来了麻烦,如环境污染、交通安全、能源消耗等方面的问题。汽车发展的过程也是人类不断地认识和解决这些问题的过程。

第一节 汽车与环境

汽车给人们带来便利和快捷的生活的同时,其产生的废气及扬起的尘土对自然环境也造成了污染。

一、汽车尾气污染

汽车既是一种无以替代的现代交通工具,同时也是一个流动的污染源。燃油汽车是依靠发动机燃烧燃料产生驱动力而行驶的。在发动机燃烧做功后排放的尾气中,含有 CO 等多种不利于环境和人体健康的气体。随着社会经济和汽车工业的发展,全球汽车数量不断增加。据世界汽车组织统计数据显示,截至 2015 年末,全球汽车保有量 128226.96 万辆,其中,我国汽车保有量居世界第二位,达 16284.45 万辆,占世界汽车保有量的 12.70%。汽车数量剧增,汽车尾气排放不断增加,汽车尾气造成的污染已成为城市环境及大气环境的主要污染源之一。

1. 汽车尾气

汽车尾气是燃油在发动机汽缸内燃烧做功后从排气管放出的废气。根据有关分析,汽车废气中各种气体成分约有 1000 多种,其中对人体健康危害最大的有一氧化碳、碳氢化合物和氮氧化物等,这些有害物质将造成人们的呼吸道疾病、生理机能障碍以及鼻黏膜组织病变、急性污染中毒甚至会导致心脏病恶化而引发猝死等。同时,其中所含的多种致癌物质进入人体后会产生持续刺激,可能引发癌症。汽车尾气主要成分有以下几种。

1) 一氧化碳

一氧化碳(CO)是因为燃料燃烧时空气不足或其他原因造成不完全燃烧时产生的。一氧化碳是无色无味的气体,吸入人体后,易与血液中的红蛋白结合,其亲和能力较氧强 210 倍,故很快形成碳氧血色素,使血液丧失输氧能力,致使人体缺氧,引起头痛、头晕、呕吐等中毒症状,严重时造成死亡。

2) 氮氧化合物

氮氧化合物是被高温燃气氧化成的 NO、NO_2 等氮氧化合物的总称。氮氧化合物由于氧化程度的不同呈白色、黄色到暗褐色。氮氧化合物进入肺后,形成亚硝酸和硝酸,对肺组织产生很强的刺激作用,引起肺炎、肺水肿,吸入高浓度的氮氧化合物后甚至会引起中枢神经的瘫痪。

3) 碳氢化合物

碳氢化合物是指发动机废气中的未燃烧部分,约占有害污染物的55%。近来研究表明,汽车排气中的高分子重芳香烃可使人致癌。碳氢化合物也是产生光化学烟雾的重要成分。氮氧化物和碳氢化合物受阳光照射后发生光化学反应,形成光化学烟雾。

4) 含铅化合物

含铅化合物是作为抗爆剂加入汽油中的四乙基铅生成的化合物,以颗粒状排入大气。铅对人体十分有害,当人体吸入含铅微粒的大气时,将阻碍血液中的红细胞的生长,使心、肺等处发生病变;当其侵入大脑时,会引起头痛、神经麻痹等症状。

5) 碳烟等颗粒物

由于汽油、柴油燃烧不充分,排放出的尾气中含有大量直径等于或小于 $2.5\mu m$ 的细微颗粒物。由于这些细粒很容易随着呼吸进入人体肺部,又被称为"入肺颗粒物"。其中,有30%~50%的元素碳(炭黑)和有机碳长期飘浮在空气中,使空气变得浑浊,对阳光有散射作用,使空气能见度下降。有机碳中大部分为挥发性有机化合物,在紫外线照射下,产生氧化反应,变成醛、酮类化合物,还会生成过氧乙酰硝酸酯和臭氧等氧化物,是形成光化学烟雾的主要物质。1998年,广州等大城市已经出现了光化学烟雾的前兆。光化学烟雾容易刺激人的眼睛和喉头,导致咳嗽、哮喘等疾病。

2. 人类对汽车尾气污染的控制措施

1) 提高汽车尾气排放标准

鉴于汽车尾气的危害,人们认识到需要对汽车尾气中的有害物质加以限制。为此,美国加利福尼亚州(简称加州)在1960年成立了第一个防止大气污染的加州大气资源局(CARB),并于1966年率先实施了防止大气污染的法规。1970年,美国议员马斯基提出了"大气净化法"(该法被人们称为"马斯基法")。"马斯基法"要求从1975年起,强行控制减少汽车排放的有害物质。这一法规于1976年6月正式生效。今天,"马斯基修正法案"已被日本、加拿大、澳大利亚以及欧洲各国参照实施。

为了抑制有害气体的产生,促使汽车生产厂家改进产品以降低这些有害气体的产生源头,欧、美、日都制定了相关的汽车排放标准。目前,国外执行的汽车排放标准主要有欧、美、日三大体系。其中以欧洲标准应用较广,它也是我国借鉴的汽车排放标准。目前国产新车都会标明发动机废气排放达到的欧洲标准。

欧洲标准是由欧洲经济委员会(ECE)的排放法规和欧盟(EU)的排放指令共同加以实现的。排放法规由ECE参与国自愿认可,排放指令是EU参与国强制实施的。汽车排放的欧洲法规(指令)标准在1992年前已实施若干阶段,欧洲从1992年起开始实施欧Ⅰ(欧Ⅰ型式认证排放限值)标准、1996年起开始实施欧Ⅱ标准、2000年起开始实施欧Ⅲ标准、2005年起开始实施欧Ⅳ标准、2009年开始实施欧Ⅴ标准、2015年底开始执行欧Ⅵ标准。

自20世纪90年代以来,我国也将汽车尾气治理提上了日程,治理步伐不断"提速"。1993年,我国颁布了相当于欧洲20世纪70年代的汽车尾气排放标准。汽车排放的国标与欧标不一样,国标是根据我国具体情况制定的国家标准,较欧标低。2000年1月1日,我国汽车尾气排放标准限值提高为20世纪90年代初欧Ⅰ标准,不达标的汽车不得生产销售。2000年9月,新修订的《大气污染防治法》将有关控制汽车尾气排放的内容专门设了一章,从生产、销售使用、进口等主要环节进行监督管理。2003年,北京和上海相继实施国家机动车第二阶段排放标准,该标准相当于欧Ⅱ标准。北京率先从2008年起执行欧洲Ⅲ排放标准。2016年,环保部、工信部公布区域实施机动车国五标准。东部11省市(北京市、天津市、河北省、辽宁省、上海市、江苏省、浙江省、福建省、山东省、广东省和海南省)自2016年4月1日起,所有进口、销售和注册登记的轻型汽油车、轻型柴油客车、重型柴油车,须符合国五标准要求(相当于欧Ⅴ标准)。全国自2018年1月1日起,所有制造、进口、销售和注册等级的轻型柴油车,须符合国五标准要求。

2016年12月23日,环保部正式颁布《轻型汽车污染物排放限值及测量方法》(即国六排放标准),计划于2020年7月1日起实施。

2)研制无污染的环保汽车

鼓励研制和发展环保型汽车,以减少对环境的污染,是当今世界汽车产业发展的一个重要趋势。汽车行业逐渐从传统燃油车到新能源汽车转型。全球新能源汽车市场主要以美国、德国、日本、中国为主。

(1)混合动力电动汽车(HEV)。

混合动力电动汽车指能够至少从可消耗的燃料、可再充电能/能量储存装置两类车载储存的能量中获得动力的汽车。

20世纪90年代,世界各国开始致力于开发更为先进的混合动力电动汽车。自1997年12月全球首款量产油电混合动力汽车丰田普锐斯发布以来,到2016年之前,丰田几乎是混合动力的代名词。但是到了2016年,通用大举进军混合动力领域,推出了凯迪拉克CT6插电混合动力版、别克君越30Hw全混合动力版、雪佛兰迈锐宝XL全混合动力版这三款车型。本田推出了在平顺性和燃油经济性两方面都不逊色于丰田的混合动力版,其动力输出以电动机为主,发动机在大多数时间都用来带动发电机,所以转速保持稳定,实现良好的油耗表现。德系车则专攻中高端的插电式混合动力车型。整个混合动力市场形成了群雄并起的局面。中国品牌在混合动力领域表现略显沉寂。油电混合动力方面,吉利和科力远合作研发了以行星齿轮为核心的双电机混合动力系统。

(2)纯电动汽车(BEV)。

纯电动汽车指驱动能量完全由电能提供的、由电机驱动的汽车。电机的驱动电能来源于车载可充电储能系统或其他能量储存装置。在所有的未来汽车中,纯电动汽车似乎是最被看好的零污染汽车。由于没有汽油发动机的燃烧、膨胀、排气等过程,纯电动汽车的排放物不含有铅、硫、氮的氧化物等有害气体,同时噪声比同等动力的普通汽车低得多。因此纯电动汽车最接近零污染汽车的目标。

世界主要汽车商,如美国的"通用""福特",德国"大众",日本的"日产""本田",韩国的"现代"等,都在电动汽车的研制方面投入了巨资,先后推出了各自的车型。以宝马为代表的德系品牌在新能源领域走的依然是中高端路线,在中国市场推出了740Le、X5、xDrive40e等多款插电式混合动力车型;奥迪 E-tron Quattro 和保时捷 Mission E 宣布投产;2016年,特斯拉 Model X 百千米加速时间仅为3.1s,续驶里程可达542km,成为2016年最受关注的纯电动汽车之一。

2015年以来,我国多家整车企业推出多款A00级纯电动汽车,如江铃E200、长安新奔奔等。此外,上汽、北汽新能源、吉利、华泰等汽车企业也在原有基础上推出了新一代的纯电动乘用车产品。

(3)甲醇汽车。

甲醇汽车是以甲醇作为主要燃料的汽车,也能以汽油或汽油—甲醇混合燃料为燃料。甲醇是主要由煤经过汽化加氢而生成的液体,其性能与汽油接近,也可以用于点燃式的发动机。甲醇汽车的最高时速、动力等性能与普通汽车差不多,但排出废气中的铅、氮的氧化物也减少一半,并且基本不冒黑烟。燃料用的甲醇来源很广,可以从天然气、劣质煤、油砂、木屑等能产生一氧化碳和氢气的物质中提炼出来。而且,甲醇生产具有工艺简单、设备少、运输方便等特点。

用甲醇代替石油燃料在国外已经应用近30年,甲醇汽车控制系统技术都已经很成熟,世界上已有70多个国家,不同程度应用甲醇汽车,有的已达到较大规模的推广,甲醇汽车的地位日益提升。我国开展甲醇汽车研发和应用始于20世纪80年代,不少省、市及企业积极参与,取得了大量的技术成果和宝贵经验,形成了一定的规模。"十一五"以来,甲醇作为车用替代燃料逐步发展,《车用甲醇汽油(M85)》和《车用燃料甲醇》两项国家标准颁布实施,甲醇汽车开发、试验等活动取得积极成果,特别是在柴油机上实现了技术突破,为甲醇燃料代替柴油提供了可能。但由于对甲醇汽车的甲醛排放、安全性等问题目前尚存有争议,总体上进展不大。2012年2月,山西、陕西及上海三地已被列入高比例甲醇汽车试点省市。试点运行活动对甲醇汽车的发展具有里程碑的重要意义,对甲醇汽油新型燃料的推广起到了强力的推动作用。国内甲醇汽车技术日趋成熟,要求将甲醇作为车用汽油的替代品的呼声也越来越高。

2014年7月4日,山西省发布《山西省新能源汽车产业重大项目布局推进意见》,将新能源汽车明确定义为电动汽车、甲醇汽车和燃气汽车,并陆续出台了相应的支持政策。

(4)天然气汽车。

天然气汽车是可以使用天然气燃料的汽车。使用天然气为汽车燃料,可使CO排放量减少97%,CH化合物减少72%,NO化合物减少39%,CO_2减少24%,SO_2减少90%,噪声减少40%。而且CNG不含铅、苯等制癌的有毒物质。目前,天然气被世界公认为是最为现实和技术上比较成熟的车用汽油、柴油的代用燃料,天然气汽车已在世界和我国各省市得到了推广应用。郑州市2012年开始推广应用的是可分别燃用压缩天然气或汽油压缩天然气—汽油两用燃料汽车,简称CNG汽车,指主要由甲烷构成的天然气在25MPa左右的压力下储存在车内类似于油箱的气瓶内,用作汽车燃料。主要工艺过程在CNG汽车站将0.3~0.8MPa低压天然气,经过天然气压缩机升压到25MPa,由顺序控制盘控制,按高、中、低压顺序储存到储气钢瓶组,再由CNG加气机向汽车钢瓶加注。而汽车钢瓶高压气再经过减压装置减压后经燃气混合器向发动机供气。加充一次天然气可行驶200km左右,特别适合公共汽车、市内的士、往返里程不超过200千米的中巴车,面的车以及单位其他车辆。

3)鼓励发展公共交通,减少汽车使用量

要大力发展包括公共汽车、地铁、城铁在内的公共交通,并且提高公交的运行速度,以减少汽车的使用。美国大中城市道路面积一般占城市面积的45%,英国伦敦占35%。而北京的道路面积仅占城市面积的11.4%。因此,更应该实行"公交优先",从交通建设、行车导向、经济措施上真正向运载率高的公交倾斜。东京有400万辆车而较少堵车,就是因为东京的轨道交通十分密集,多数人上班选择地铁等公共交通。

二、汽车噪声污染

1. 汽车噪声

人们生活在声音的世界里,有各种各样的声音,既有动人、悦耳的,也有使人烦恼的。所谓的"噪声",是指人们不需要的,使人们讨厌的干扰声。噪声的种类很多,包括交通噪声、工业噪声和生活噪声。交通噪声是城市噪声的主要来源,约占75%的比例。当人连续听摩托车声8h以后听力就会受损,噪声每上升1dB,高血压发病率就增加3%。噪声影响着人们的神经系统、使人急躁、易怒,也影响着人们的睡眠,让人疲倦无劲。噪声用分贝(dB)来表示。人耳刚刚能听到的声音是0~10dB;人低声耳语约为30dB;大声说话为60~70dB。人耳在60dB以下感觉舒服,从60~110dB开始越来越难受。

汽车噪声一般为80~100dB。人们长期生活在85~90dB的噪声环境中,就会得"噪声病"。到了110dB以上,噪声就会对人体产生损害。声音达到120dB时,人耳将感到疼痛难忍。汽车的噪声不仅跟车辆和发动机类型有关,而且与使用过程的车速、发动机的转速状态、荷载及道路条件有关。汽车噪声包括发动机噪声、汽车行驶的噪声等,有时汽车喇叭噪声和制动噪声也是汽车噪声的来源。

2. 控制汽车噪声的对策

在噪声法规方面,欧、美、日等一些发达国家都颁布了汽车噪声法规,不仅规定了汽车噪声限值和相应的测试规范,还制定了大量的包括发动机等在内的总成噪声试验标准。1964年国际标准化组织(ISO)制定了汽车噪声测定标准《声学—道路车辆加速噪声测量—工程法》(ISO R—362—1964),现为(ISO 362—1981)。我国也于1979年颁布了《机动车辆允许噪声》(GBI 495—1979)和对应的《机动车辆噪声测量方法》(GB/T—1496—1979)。为了治理汽车噪声污染,我国国家环境保护总局和国家质量监督检验检疫总局于2002年1月4日联合发布了强制性标准《汽车加速行驶车外噪声限值及测量方法》(GB I 1495—2002),代替GBI 1495—1979,并于2002年10月1日实施。

在汽车技术方面,汽车上都安装了排气消声器,排气消声器是具有吸声衬单或特殊形式的气流管道,是可有效地降低气流噪声的装置。另外,发展如电能、太阳能等能源的车辆来代替现有的汽车,能大大降低噪声,并可彻底解决现有汽车对大气污染的问题。我国电动汽车正进入试用阶段,太阳能汽车在国外也已研制成功,这是今后噪声控制发展的途径。此外,将现有的道路路面改造成低噪声路面,可以降低车辆轮胎与路面的摩擦噪声。

在市政道路规划和建设方面,道路要尽可能与居民住宅楼、居民小区保持合理的距离。若实在无法避开时,应扩大与人居建筑之间缓冲区的距离。建立道路绿化缓冲带是一个可行的好办法,这样既能减轻交通噪声对周围的影响,同时还改善了道路的景观。在道路两侧的人居建筑处,建立适宜的防噪隔声屏障,这对解决直达噪声比较有效。采用封闭或半封闭隔声屏障,对解决反射噪声和在沿街高层建筑中的噪声较有效。

第二节　汽车与交通

一、汽车与道路交通安全

汽车是一种高速行驶的交通工具，本身又具有较大的质量，在行驶中如果控制不当：就容易撞上行人（包括骑自行车的人），造成对方的伤亡；或者撞上别的物体或其他车辆，或翻到路边，造成车内成员的伤亡。

1899年在美国纽约，一位先生在帮助一名妇女下电车时，不幸被一辆路过的汽车撞死，这是历史上第一起汽车交通事故。汽车刚发明时，车速在20～30km/h，危险性还不太大。后来，随着发动机功率的不断增加，车速越来越快，危险性越来越大，伤亡人数日益增多。汽车交通安全问题引起了人们的关注，它直接关系到人们的生命安全和财产损失。汽车发展的历史同时也是汽车安全性能不断提高的历史。目前，各国都在努力降低交通事故的伤亡率，并且已经取得了显著效果。各主要发达国家每亿车千米死亡人数都在2人以下，1995年美国每亿车千米死亡人数仅为1.1人。在21世纪初，许多先进技术将被引入汽车的安全设计。各大汽车厂家也在提高燃油经济性、降低汽车排放的同时，越来越多地注重提高汽车的安全性能，从而将更加安全的汽车提供给人们。

为了保障汽车的安全性能，减少交通事故的发生，世界各汽车大国基本上都有汽车安全法规。美国是最早进行机动车安全性研究的国家，至今已经拥有一整套详尽的安全法规。国情不同，汽车安全研究的侧重点也不同，美国的道路设施比较好，车、人混杂的路面比较少，车速比较高，发生事故时车内乘员受到伤害的比例比较高，因此就比较注重保护乘员。而在欧洲，由于汽车撞行人的事故比较多，则比较注重保护行人。

当然，汽车本身的安全性能也是不可忽视的因素。汽车安全性能好，往往可以避免或减少伤亡的程度。汽车安全性能主要包括主动安全性能和被动安全性能两个方面。

1）主动安全性能

主动安全性能，又称积极安全性能，是指能预防汽车事故不发生或使其少发生的性能。汽车结构的许多性能与此有关。如前轮主销的偏置距、双管路制动系统、汽车安全警报系统、良好而充分的视野性、轮胎状况、定期检查及正常维修等。

主动安全系统是在车辆有撞击危险之前可以起到防患于未然的系统，其目的是提高汽车行驶的稳定性，减少操控的偏差。例如：防抱死制动系统（ABS），具有防滑、防锁死功能，能有效提高制动性能，防止甩尾、侧滑；电子制动力分配系统（EBABD），能自动调节前、后轴的制动力分配比例，提高制动效能，在一定程度上可以缩短制动距离，并配合ABS提高制动稳定性；驱动防滑装置（ASR），可以避免车辆加速时驱动轮打滑，维持车辆行驶方向的稳定性。此外，还有在车辆行驶中的稳定车辆的安全系统，如：牵引力控制系统（TRC），能使汽车在各种行驶状况下获得最佳的牵引力，减少光滑路面上打滑现象的发生；电子稳定装置（ESP），不但控制驱动轮，而且可以控制从动轮，在转向不足时，还可以校正方向；ESP系统包含ABS及ASR，是这两种系统功能上的延伸，因此ESP称得上是当前汽车防滑装置的最高级形式。车辆稳定控制系统（VSC），可以对因猛打转向盘或者路面湿滑而引起的侧滑现象进行控制。电子辅助制动系统（EBA），能有效降低加速踏板和制动踏板之间切换频率，这些主动安全装置已成为轿车普遍装配的系统。

2)汽车的被动安全性能

汽车的被动安全性能,又称消极安全性能,就是一旦事故发生时,汽车保护内部乘员及外部人员的安全程度。一旦发生汽车撞人事故,车内车外都是同等无价的生命。因此,被动安全性能必须要考虑两方面的问题。一个是汽车外部安全性,它包括一切旨在减轻事故中汽车对外部人员的伤害而专门设计的与汽车有关的措施,例如塑性保险杆、凹进式流水槽、内藏式门把手、减少凸出物体、物体外形采用圆弧形、增大点接触面等。汽车生产厂家也十分强调汽车内部安全性,它包括一切旨在减少在事故中作用于车内乘员的冲击力、事故发生后能提供足够的生存空间而专门设计的防范措施,例如车厢的变形程度、乘员的生存空间尺寸、约束装置(安全带)、转向装置、乘员的解救等。

被动安全系统主要包括以下部分。

(1)安全转向柱:安全转向柱能使转向盘的角度可调,以适应驾车者的不同身高。发生碰撞时,转向柱能伸缩,不至于伤害驾驶人。

(2)三点式安全带:安全带至今仍是主要的被动安全措施。无论是在正面、侧面、追尾碰撞及翻滚中所起的作用都很大。一旦发生紧急情况,三点式安全带会迅速拉紧和锁死,保证司乘人员的安全。

(3)充分的前后碰撞吸能区:前后碰撞吸能区以及装配增厚车身钢板,具有变形缓冲能力,在碰撞时能将碰撞能量吸收,在冲撞事故中确保乘员的安全。

(4)安全气囊:安全气囊作为辅助防护系统可以有效补充安全带功能之不足,保护司乘人员的头部和胸部。这也是汽车厂家纷纷投巨资研究的安全措施。

二、汽车与交通堵塞

20世纪60—70年代,世界经济进入了一个高速增长的时期,汽车保有量急剧增加,导致了已有的道路远远满足不了经济快速发展的需要,交通状况变得日益恶化。为了有效地解决交通阻塞问题,在扩建必要的道路网的同时,世界各国都在不断地探索新的方法,并进行了大量的研究工作,其中美国、欧洲和日本所做的工作引人注目。到了20世纪90年代,计算机技术、信息技术、通信技术和电子控制技术飞速发展,人们意识到利用这些新技术把车辆、道路和使用者紧密地结合起来,将会更有效地解决交通阻塞问题,而且对交通事故的应急处理、环境保护和节约能源等都有显著效果。于是,人们充分利用系统的观点,来重新审视运输系统,进而智能运输系统(Intelligent Transportation Systems,ITS)应运而生。

ITS是将先进的信息技术、计算机技术、数据通信技术、传感器技术、电子控制技术、自动控制技术、运筹学、人工智能等学科成果综合运用于交通运输、服务控制和车辆制造,加强了车辆、道路和使用者之间的联系,从而形成一种定时、准确、高效的综合运输系统。智能运输系统主要由5个子系统构成:先进的交通信息系统、先进的交通管理系统、先进的车辆系统、先进的公共运输系统、商用车辆运营系统。

对ITS的研究,最早可追溯到20世纪80年代,经过几十年的发展,美国、欧洲和日本成为世界ITS研究的三大基地。澳大利亚、新加坡、韩国等地的ITS研究也有相当大的规模,全球正在形成一个新的ITS产业。中国智能运输系统的发展虽然起步略晚,但近几年发展开始加快,每年智能交通建设投资的增速都超过20%。从区域发展情况来看,北京、上海、广州等经济发达城市的智能交通建设已经初具规模,而中西部地区发展较慢。尽管ITS在我国部分城市已开始发挥作用,但目前仍处于起步阶段。我国ITS目前主要集中在高速公路收费系统,城市内部的智能交通系统有待于继续建设和发展。我国已将智能交通系统作为中国未来交通发展的重要方向。我国智能交通市场前景广阔,具有巨大的发展潜力。

2014年9月2日创立的智慧交通是在智能运输的基础上,充分利用物联网、空间感知、云计算、移动互联网等新一代信息技术,综合运用交通科学、系统方法、人工智能、知识挖掘等理论与工具,以全面感知、深度融合、主动服务、科学决策为目标,通过建设实时的动态信息服务体系,深度挖掘交通运输相关数据,形成问题分析模型,实现行业资源配置优化能力、公共决策能力、行业管理能力、公众服务能力的提升,推动交通运输更安全、更高效、更便捷、更经济、更环保、更舒适的运行和发展,带动交通运输相关产业转型与升级。

我国智能交通系统未来的发展趋势如下所述。

(1) 自动驾驶系统。

20世纪80年代,美国、欧洲、日本在智能交通领域展开研究,其也推动了无人驾驶技术的实用化进程。通过一系列演示试验,无人驾驶技术的可行性及实用性已被验证。谷歌的自动驾驶汽车于2012年已获得美国内华达州机动车辆管理部门颁发的驾驶许可证,部分车辆厂商也宣布在未来数年推出无人驾驶汽车。在国内,2011年由国防科技大学研制的无人驾驶汽车红旗HQ3从长沙驶入高速,自行开往武汉,行程286km,自主超车67次,平均时速87km/h,是一次成功的试验。

(2) 大数据与智能交通。

大数据是继云计算、物联网之后IT产业的又一次颠覆性革命。ITS的交通数据来源广泛、形式多样,包括动态的交通流数据、静态的道路基础数据、交通气象信息等。如何从海量交通数据挖掘潜在有价值的信息,成为ITS充分发挥作用的关键。因此,借助于大数据技术解决交通问题,是ITS的内在需求和新技术发展的必然趋势。

(3) 生态智能交通系统。

车辆的尾气排放已成为大气污染的一个主要原因。国外发达国家已相继提出基于ITS的交通节能减排体系及实施项目,如美国IntelliDrive、日本Smartway、欧盟EcoMove等,其目标在于减少环境污染和国家能源消耗,实现交通的可持续发展。由此可见,应用ITS的先进技术实现交通系统的节能减排是未来交通污染控制的发展方向。

(4) 移动互联网与智能交通。

近些年,移动互联网技术已渗透到ITS领域,一些基于移动互联网技术的ITS应用服务相继出现。随着智能手机等移动终端的不断普及,网络通信数据已成为道路交通状态信息采集的一种重要来源。

第三节 汽车与能源

一、石油危机

在汽车诞生之前,人类消耗的能源主要是木材和煤炭。在汽车诞生之后,人类消耗的能源主要是石油。石油是千百万年以前的古生物在地壳变动中埋入地下,逐级演变成有机碳氢化合物的混合物。因此,石油资源是有限的。汽车消耗着大量的石油,每年约占石油消耗量的45%。现在,人们已经意识到能源危机,开始积极探索汽车燃料替代物。

欧洲和日本都是缺油国家,它们需要进口大量的石油来维持大量汽车的使用。因此,他们在汽车设计制造时比较注意汽车的耗油量,相对而言美国汽车却比较耗油。石油危机使得欧洲与日本的汽车凭借其节油的品质打入了美国汽车市场,尤其是日本的汽车一举占领了美国小型汽车的市场。

石油危机后,美国政府认识到美国汽车必须减少油耗。美国政府制定了有史以来第一个油耗法规——《轿车平均油耗法》(CAFE),用以强制性限制汽车的油耗;但是人们认为,法规并没有限制生产和购买高油耗的汽车,有钱的人仍然在购买高油耗汽车,并还在浪费能源。因此,美国政府对豪华轿车(售价高于3万美元)征收10%的奢侈税,并出台了《油老虎税法》。

我国汽车工业是能源消耗和污染物排放"大户",是节能减排工作的重点。近年来,我国汽车保有量大幅攀升,对汽、柴油的需求急剧增加,造成的空气污染也日益严重。同时,随着石油对外依存度的不断提高,能源安全问题也已变得十分突出,加强汽车行业的节能减排工作已经刻不容缓。财政部、国家税务总局发出通知,从2008年9月1日起调整汽车消费税政策。具体包括:一是提高大排量乘用车的消费税税率,排气量在3.0~4.0L(含4.0L)的乘用车,税率由15%上调至25%,排气量在4.0L以上的乘用车,税率由20%上调至40%;二是降低小排量乘用车的消费税税率,排气量在1.0L(含1.0L)以下的乘用车,税率由3%下调至1%。

调整汽车消费税政策,旨在抑制大排量汽车的生产和消费,鼓励小排量汽车的生产和消费,有利于降低汽、柴油消耗,减少空气污染,促进国家节能减排工作目标的实现。

二、替代能源

面对石油危机,除了制定法规和提高汽车技术外,人们越来越重视汽车燃料替代物的研制和开发。下面介绍几种燃料替代物。

1. 燃料电池

燃料电池汽车被认为是当今汽油燃料汽车最好的替代物。在宇宙中,氢气是非常丰富的,石油供应却是有限的。在美国政府的有关报告中说,全球的石油产量在2020年将达到最高峰,2050年全球的石油将枯竭。这意味着,现在最有效率的汽油、电力混合汽车将来有一天也会失去能源的来源。与纯电力的汽车不同,燃料电池车不需要充电,它们可以达到150km/h的速度。全球的汽车制造商都在投资发展燃料电池车和混合燃料汽车,这是为了在日益严格的防污染法规下赢得更多的顾客。美国通用汽车公司技术发展部副主席拉里·贝思说:"我们需要找到一个方式将它改变为一个高增长、高利润的工业,让它成为一个时尚的商业。""通用"称:依靠燃料电池,他们会再次迎来经济的高增长。日本政府非常鼓励发展燃料电池汽车,将对购买燃料电池汽车的消费者提供补贴,每台车补贴200万日元(折合人民币约12万元),该补贴政策旨在推进新能源汽车在日本的普及。本田公司2002年10月7日宣布他们已经向洛杉矶出售了第一辆燃料电池车。丰田公司被看成是环保汽车技术的领导者,在1997年,该公司早在1997年已经把第一款混合汽油电力汽车普锐斯(Prius)投入了市场。

2. 甲醇

甲醇是汽油发动机和柴油发动机常规燃料的替代品。甲醇汽车与汽油汽车相比,污染物全面下降,一氧化碳减少50%~70%,碳氢化合物减少20%~50%,氮氧化合物下降30%~50%,运行费用也比汽油低。甲醇是化学工业的基本材料,广泛地应用于农药、染料、制革等行业。甲醇含氧量高,燃烧效率高,1L甲醇行驶的里程是1L汽油的80%。甲醇又可催化、汽化作燃料,这一优点使得甲醇成为赛车的原料。甲醇还可以作为燃料电池的燃料。燃料电池能量转换率高,实际效率已达到40%~60%,是汽油车内燃机的2.5倍,且无污染物排放,成为汽车动力的主要发展方向。燃料电池常用氢气做燃料,因氢气储运不方便、使用成本高,实际大多采用甲醇作燃料。甲醇可以从许多资源中获得,如可以利用家庭和工业有机垃圾生产。

3. 二甲醚

二甲醚作为绿色新能源,可解决优质石油资源供应不足的矛盾。二甲醚作为燃料,其自身含氧,能够充分燃烧、不析碳、无残液,是一种理想的清洁燃料。作为环保产品,它又可解决煤烟尘污染大气环境和汽车尾气排放超标等问题。二甲醚具有可燃性好、液化压力低、燃烧值高、无毒性等优点。它可替代石油液化气作为民用燃料,也可作为汽油、柴油的替代品,成为新型车用燃料。二甲醚可直接作为汽车燃料,其燃烧效果比甲醇好,除具有甲醇燃料的优点外,还克服了低温启动性能和加速性能差的缺点。据美国相关资料报道,二甲醚具有较高的十六烷值,是柴油发动机的理想燃料。美国一些机构对二甲醚替代柴油的可行性方面做了大量工作,他们对两者进行了燃烧性能对比试验。在中型载货汽车上的试验研究结果显示,二甲醚和柴油在热效率、碳氢化合物、一氧化碳的排放上是具有可比性的。

4. 天然气

天然气汽车的一个突出优点是有害物质排放较少,特别是与传统燃料相比,大大减少了甲烷排放产生臭氧的可能性。目前,优化的天然气发动机的有害物排放量已经大大低于目前世界上最严格的排放法规限制,另外,天然气储备量十分丰富。按照目前石油的消耗速度估算,石油还可以供应大约45年。考虑到原油的发现和新的开发技术的采用及焦油沙层和油母页岩的开发,石油工业甚至还能维持100多年。与此相对照的是,全世界已探明的天然气资源则分布在全球各地。按照今天的消耗速度计算,天然气可以使用约60年。如果把未探明的储量计算在内,天然气的使用年限可以提高到170年。

以气体燃料驱动的汽车发动机不能说成是新技术,因为早在100年前开发的第一台内燃机就是气体燃料驱动的。今天,在全世界范围内大约有100万辆天然气汽车,这些汽车主要集中在天然气资源丰富的国家,或者是在那些在税收上给消费者以减免税优惠的国家。

第十一章　新能源汽车与汽车新技术

当前,世界汽车产业发展出现深刻变化,汽车产业与新一代信息通信、新能源、新材料等技术加快融合,使产业生态发生深刻变革,给产业发展带来全新机遇。一是促进高科技与汽车产业融合,诸如苹果、谷歌等全球知名高科技企业正进入汽车产业寻求新的利润增长点;二是科技革命带来的数字化、智能化技术已经深刻改变着制造业的生产模式和产业形态,网络技术共享、移动性技术和连通性技术,正以前所未有的速度推动汽车制造工艺和创新能力的不断提升,这给那些重视技术创新的汽车企业提供了的机会;三是新材料技术,尤其是纳米技术的发展将推动汽车材质改进、能源存储、零部件生产科技和车辆轻型化技术迅猛发展,促进全球汽车产业持续进步;四是随着互联网技术、汽车电商、汽车金融的发展,汽车商业模式正在经历革命性变化。

我国汽车产业转型升级、由大变强面临着难得的历史机遇。我国在新能源汽车发展成绩显著,支撑汽车智能化、网联化发展的信息技术产业实力不断增强,这两个方向有望成为抢占先机、赶超发展的突破口。

第一节　新能源汽车

新能源汽车是指采用非常规的车用燃料作为动力来源,综合车辆的动力控制和驱动方面的先进技术,形成的技术原理先进、具有新技术、新结构的汽车。新能源汽车包括混合动力汽车、纯电动汽车(包括太阳能汽车)、燃料电池电动汽车(FCEV)、氢发动机汽车和其他新能源(如高效储能器、二甲醚)汽车等。

随着能源紧缺和环境问题的日益突出,开发汽车代用燃料,改善能源结构成为汽车发展的必然趋势。虽然石油依然是汽车的基本能源,但由于天然气汽车、醇类汽车以及电动汽车的迅速发展,石油燃料汽车必将走下坡路。如今,呈现在人们面前的是汽油汽车、柴油汽车、天然气汽车、液化石油气汽车、醇类汽车、电动汽车等多种能源汽车活跃的多极化模式。

一、新能源汽车分类

1. 纯电动汽车

纯电动汽车(Blade Electric Vehicles,BEV)是一种采用单一蓄电池作为储能动力源的汽车,它利用蓄电池作为储能动力源,通过电池向电机提供电能,驱动电机运转,从而推动汽车行驶。

北汽新能源 EV 系列是目前最为常见的新能源汽车之一。北汽新能源在前几天的车展上还展出了 SUV 款的纯电动汽车 EX200。这类车型将会在未来几年快速发展,成为最为值得关注的新能源汽车。

2. 混合动力汽车

混合动力汽车(Hybrid Electric Vehicle, HEV)是指能够至少从可消耗的燃料、可再充电能/能量储存装置这两类车载储存的能量中获得动力的汽车。车辆的行驶功率依据实际的车辆行驶状态由单个驱动系单独或多个驱动系共同提供。因各个组成部件、布置方式和控制策略的不同,混合动力汽车有多种形式。

3. 燃料电池电动汽车

燃料电池电动汽车(Fuel Cell Electric Vehicle, FCEV)是以燃料电池系统作为单一动力源或者是以燃料电池系统与可充电储能系统作为混合动力源的汽车。燃料电池电动汽车实质上是纯电动汽车的一种,主要区别在于动力电池的工作原理不同。

4. 氢发动机汽车

氢发动机汽车是以氢发动机为动力源的汽车。氢发动机使用的燃料是气体氢。氢发动机汽车的排放物是纯净水,其具有无污染、零排放、储量丰富等优势,该类汽车是一种真正实现零排放的交通工具。

5. 其他新能源汽车

其他新能源汽车包括使用超级电容器、飞轮等高效储能器的汽车。

目前在我国,新能源汽车主要包括纯电动汽车、增程式电动汽车、插电式混合动力汽车和燃料电池电动汽车,常规混合动力汽车被划分为节能汽车。

二、新能源汽车发展概况及前景

目前,新能源汽车研发和技术已经取得了巨大进步,全球主要国家已经形成比较完善的新能源汽车购买补贴、推广使用、配套设施建设的政策支持体系,促进了全球新能源汽车产业快速发展。据统计,2017年全球新能源乘用车销量达到122.3万辆,较2016年大幅增长58%,市场份额突破1%。根据中国汽车工业协会2018年1月11日发布的数据显示,2017年我国新能源汽车产销量分别达到了79.4万辆和77.7万辆,同比分别增长53.8%和53.4%,其中新能源乘用车销售56万台,新能源专用车销售15.2万台,新能源大客车销售约10万辆。未来,随着使用成本下降、配套环境日益成熟以及消费者认可程度的提高,预计全球新能源汽车将以每年高于10%的速度增长,远远高于传统汽油车。根据国际能源署(IEA)的预测,传统汽柴油汽车的市场份额将于2020年开始下降,新能源汽车市场份额将持续扩大。

另外,虽然世界各主要汽车生产国车企都十分重视新能源汽车研发,但在选择技术路线方面各有侧重。美国车企的技术路线以发展纯电动和增程式混合动力汽车为主;日本、韩国车企的技术路线以发展混合动力、纯电动和燃料电池汽车为主;德国车企技术路线以发展纯电动和插电式混动汽车为主;我国车企技术路线以纯电动和插电混合动力汽车为主,兼顾燃料电池汽车。

三、我国新能源汽车发展

经过3个"五年计划"的科技攻关,我国掌握了新能源商用车的整车技术,实现了从混合动力向纯电驱动的转型;发展出了独具特色的新能源乘用车纯电驱动技术路线,实现了技术的跨越式发展;燃料电池汽车形成了自主研发能力,实现了与国际技术的基本同步;在关键零部件方面,锂离子车用动力电池技术和电机驱动系统技术取得重大进展;在公共平台技术方面,建立了新能源汽车标准体系和整车、电池、电机测试平台。

1. 纯电动汽车发展

纯电动汽车是我国新能源汽车的主要类型。目前,我国纯电动乘用车整体技术水平已接近国际先进水平,续驶里程、可靠性、安全性不断提高,能效持续优化,完全具备了商业化推广条件,尤其是形成了中国特色小型纯电动轿车技术特色。已建立纯电动客车设计理论与系统集成体系,在高效电驱动系统、整车轻量化、动力电源热电集成和管理技术等方面取得了重大进展,通过关键部件通用化、总成配置模块化、机电接口标准化建立了新能源客车的技术平台,开发出低地板公交车专用电动化底盘,基于平台开发的整车性能优异,12m 公交大客车实际运行百千米电耗在 100kW·h 左右。电动汽车充换电设施技术方面,建立了电动汽车充换电设施仿真平台;研发了基于交流和直流能源供给模式的多种变换容量的充换电设备接口技术、充换电过程控制技术、电能计量技术、安全可靠性技术;研发了 40kW 单口三相交流车载充电技术和 450kW 直流非车载充电技术及产品;新型换电技术可以实现 3min 内更换 11 箱电池。开发了无线充电系统样机,并已开始在整车上进行示范。

2. 插电式混合动力汽车发展

在插电式混合动力乘用车方面,我国已基本掌握了混合动力机电耦合、混合动力系统动态协调控制与能量管理系统等核心关键技术,形成了:以比亚迪秦为代表的 P3 后并联式混合动力系统及在此基础上发展出来的四驱混联系统;以上汽荣威 550 为代表的双电机串并联式混合动力系统;以吉利和科力远联合研制的"CHS"为代表的双行星排功率分流构型混合动力系统。目前已基本打破了日本公司在国际上的技术垄断。近年来,我国企业纷纷发力插电式/增程式汽车,推出了如比亚迪秦、上汽荣威 550、广汽传祺等插电式混合动力车型。其中,比亚迪秦百千米加速时间达到 5.9s,百千米综合油耗低至 1.6L,总体上达到国际先进水平。荣威 550 插电式车型实现了纯电行驶里程 58 km,百千米综合油耗 2.3L(工况法测试),百千米加速时间 10.2s 等先进性能指标。商用车方面,国内基本掌握了混合动力整车控制、高功率电机系统、混合动力自动变速箱及控制、APU 发电单元等关键技术,开发出具有完全自主知识产权的整车系统。具有中国技术特色的直驱混联系统节油率达到 40%。基于自主 AMT 技术的同轴并联混合动力机电耦合系统构型混动模式下的节油率超过 30%。以车载发电装置和储能装置共同驱动电机为特征的新型纯电驱动客车动力系统形成了插电、增程、纯电动、燃料电池等各种技术路线的一体化平台,具有总成模块化、能源多元化、车型系列化的技术特点和优势。

3. 燃料电池汽车发展

中国燃料电池轿车采用独具特色的"电—电混合"动力系统平台技术方案,具有"动力系统平台整车适配、电—电混合能源动力控制、车载高压储氢系统、工业副产氢气纯化利用"的技术特征。近年来,以上汽为代表的汽车集团制定了燃料电池汽车发展的 5 年规划,开始投入大量资金研发燃料电池汽车,完成了第 3 代燃料电池轿车 FCV 的开发。在 2011 年必比登比赛中,上汽开发的 FCV 在燃料电池轿车组别中,名列第三名。中国燃料电池城市客车在三大系统(燃料电池/蓄电池混合动力、电动化底盘、整车控制)和三大技术(燃料电池耐久性、氢电安全性、整车燃料经济性)方面取得重要突破。基于国家标准公交循环的整车氢耗不高于7.5kg/100km,达到国际先进水平。"十二五"期间,以宇通客车为代表的国内领先的新能源客车企业全面介入燃料电池客车研发,开发出获得国家产品公告的燃料电池客车,并制定了"十三五"燃料电池客车商业化计划。中国已基本掌握35 MPa加氢站系统集成技术。加氢站三大关键设备:45 MPa大容积储氢罐、35 MPa加氢机和45 MPa隔膜式压缩机已实现国产化。在2010年上海世博会上,规模化的副产氢气提纯、输送以及由两辆移动车(移动加氢站)和两座固定加氢站构成的小型加氢网络成功为世博园区内外196辆燃料电池观光车、轿车和大巴车提供高压氢气加注服务,安全性和可靠性得到检验。

第二节 汽车电子化、智能化

一、汽车电子化

汽车电子化被认为是汽车技术发展进程中的一次革命,汽车电子化的程度被看作是衡量现代汽车水平的重要标志,是用来开发新车型、改进汽车性能最重要的技术措施。汽车制造商认为增加汽车电子设备的数量、促进汽车电子化是夺取未来汽车市场重要的有效手段。

20世纪90年代,电子技术取得了巨大的进步,电子元器件的体积变得很小,质量减轻,电能的消耗进一步降低。由于微处理器功能的增强,计算速度提高了数倍,价格也变得非常便宜,特别是可靠性得到了极大的提高,为用电子技术改造传统的汽车创造了条件。进入21世纪,汽车设计主要解决的问题是安全和环保。电子技术的快速发展,为汽车向电子化、智能化、网络化、多媒体的方向发展创造了条件。汽车已不再仅仅是一个代步工具,它已同时具有了交通、娱乐、办公和通信的多种功能。

按照对汽车行驶性能的影响划分,可以把汽车电子产品归纳为两类。

(1)一类是汽车电子控制装置。汽车电子控制装置要和车上机械系统进行配合使用,即所谓"机电结合"的汽车电子装置。它们包括发动机、底盘、车身电子控制。例如,电子燃油喷射系统、防抱死制动控制、防滑控制、牵引力控制、电子控制悬架、电子控制自动变速器、电子动力转向等。

(2)另一类是车载汽车电子装置。车载汽车电子装置是在汽车环境下能够独立使用的电子装置,它和汽车本身的性能并无直接关系。它们包括汽车信息系统(行车电脑)、导航系统、汽车音响及电视娱乐系统、车载通信系统、上网设备等。

电子装置的应用改善了排气污染,节省了燃料消耗,提高了驾车、乘车的舒适性。许多操作和控制均可由电子器件自动完成。在高速公路上恒速行驶可不踩加速踏板;行驶中自动报警器会给驾驶人以提示;在车内可享受与家里一样的高仿真音响;当道路堵塞时,车上的电脑可指示如何避开堵塞路段;停车时,自动进入泊车位置;修车可由车内的故障自动诊断系统和维修站功能齐全的智能化检测设备完成。总之,电子技术的应用已成为衡量汽车水平的重要标志。

据统计,从1989—2016年,平均每辆车上电子装置在整个汽车制造成本中所占的比例由30%增至45%以上。一些豪华轿车上,使用单片微型计算机的数量已经达到50个,电子产品占到整车成本的50%以上。目前电子技术的应用几乎已经深入到汽车所有的系统。2015年中国汽车电子市场空间已经接近5000亿元规模,接近智能手机市场的存量规模。美国知名咨询公司IHS预计,到2020年,全球汽车电子市场规模将接近3000亿美元。这些数据都在说明——汽车电子市场蕴含着大量机会。

二、汽车智能化

随着近年来电子信息领域新技术的应用,物联网、大数据、移动互联、自动化、智能化技术迅速发展,这为汽车智能化发展带来良好的技术条件,也形成了汽车智能化发展的拉力和推动力。在此环境下,汽车智能化已经成为行业发展的热点,并且正在引起行业的巨大变革。为此,世界各国纷纷制定出相应的汽车智能化研究计划,欧盟、美国和日本均发布政策法规来推动智能网联汽车发展。中国在《中国制造2025》中也明确给出了汽车智能化技术的总体目标,即到2025年要掌握自动驾驶总体技术及各项关键技术,建立较为完善的智能网联汽车自主研发体系、生产配套体系及产业群。

目前,汽车智能化有2条不同的技术路线:一条是以汽车企业为主的渐进提高汽车驾驶自动化水平;另一条是以科研院所和IT企业为主的无人驾驶技术发展路线。

(1) 逐渐提高汽车自动化水平的技术路线。该路线是汽车企业推动智能化进程的主要思路,推动汽车技术向着辅助驾驶、半自动化驾驶、高度自动化驾驶和完全自动驾驶的智能化方向发展。在辅助驾驶阶段,车辆控制以驾驶人为主,机器辅助驾驶人,降低驾驶负担。目前量产乘用车上装有的辅助驾驶技术,有侧向稳定控制、电动助力转向控制,部分高档车装有自动泊车、自适应巡航、车道偏离预警系统等。在半自动化驾驶阶段,车辆的自动化水平得到进一步提高,在特定工况下可以有短时托管的能力,此时汽车具有一定的自主决策的能力。目前,各大汽车公司投入巨资开发具有特定工况(低速)托管能力的半自动驾驶技术,有防撞紧急制动、手机遥控泊车、拥堵跟车、车道跟踪控制技术等。在高度自动化驾驶阶段和最终的完全自动驾驶阶段,车辆具有高度的自主性,汽车可以进行自主规划、决策和控制,可以实现复杂工况的托管能力甚至完全自动驾驶。

(2) 无人驾驶技术路线。该路线主要特点是跳过汽车自动化逐级发展的思路,直接实现车辆的无人驾驶,其研究主要来自科研院所和IT企业,以展示技术为主,应用领域可以拓展到封闭半封闭的矿山、码头、大型物流场等特殊场景。近年来,美国、欧洲、日本等国家都进行了无人驾驶汽车的研究,且已经取得了一定进展。美国是无人驾驶汽车领域研究最早也是技术最领先的国家。在其国家层面,由国防部高级研究计划局(DARPA)对美国的汽车企业、科研机构和高等院校进行资助,用于研究无人驾驶技术在军事领域的应用,具体项目包括:ALV项目、DEMO-II计划、DEMO-III计划等。谷歌公司是目前国际上无人驾驶汽车领域取得成果最为显著的企业,谷歌无人驾驶汽车已在公路上进行了100多万千米的测试。目前,美国内华达州、佛罗里达州、加利福尼亚州、德克萨斯州、密歇根州及首都华盛顿已立法准许无人驾驶汽车上路,虽然目前还仅限于测试目的。德国也是最早开始研究无人驾驶技术的国家。早在20世纪80年代,德国慕尼黑联邦国防军大学就与奔驰公司合作,开始研发自主驾驶汽车。其代表性成果是奔驰S500无人驾驶汽车,2013年该车在城市和城际道路完成了长距离自主驾驶试验,复制了125年前奔驰夫人贝尔女士的旅程。尽管国外对无人驾驶领域的研究起步早、投入大,但是该领域国内外技术差距并不很大。南京理工大学、北京理工大学、清华大学、中国科学院合肥物质科学研究院、西安交通大学、军事交通学院、上海交通大学、湖南大学等院校在无人驾驶车辆关键技术方面已经取得一系列研究进展。国防科技大学从20世纪80年代就开始无人驾驶汽车研究,2003年成功研制了"红旗旗舰自主驾驶系统",该系统在高速公路正常交通情况下,具有自主超车功能,最高稳定自主驾驶时速达130 km/h;2006年研制成功新一代红旗HQ3无人驾驶轿车,该车在2006年9月参加东北亚投资贸易博览会,并于2007年1月作为中国的先进技术成果参加俄罗斯"中国年"活动;2011年完成长沙到武汉长距离无人驾驶。从这些研究机构和科研院所取得的研究成果来看,中国无人驾驶技术已经取得了很大进展,但是目前面临的困难还有很多,其中技术水平不足、关键零部件依赖进口、政策法规不完善等问题较为突出。虽然无人驾驶技术已得到长期的关注和研究且已取得较大发展,但从实际推广和大批量应用的角度来看,无人驾驶汽车要想成为人类交通工具,将面临法律、事故责任、驾驶乐趣等问题。但无人驾驶技术在汽车智能化进程各阶段可发挥重要作用,如无人驾驶技术中的传感感知、车道跟踪、路径优化、主动避障等场景化的功能和技术,可以移植到渐进式发展路线中的特定阶段中。

第三节　汽车轻量化

汽车的轻量化,就是在保证汽车的强度和安全性能的前提下,尽可能地降低汽车的整备质量,从而提高汽车的动力性,减少燃料消耗,降低排气污染。实验证明,汽车质量降低一半,燃料消耗也会降低将近一半。当前,由于环保和节能的需要,汽车的轻量化已经成为世界汽车发展的潮流。

汽车轻量化主要有以下主要途径。

(1)缩小汽车的尺寸。在内部空间尺寸基本不变的前提下缩小外形尺寸,可减少材料消耗,减小质量,同时还可减少占路面积和停车面积。

(2)采用轻质材料。如铝、镁、陶瓷、塑料、玻璃纤维或碳纤维复合材料等。

(3)采用计算机进行结构设计。如采用有限元分析、局部加强设计等。

(4)采用承载式车身,减薄车身板料厚度等。

当前的主要汽车轻量化措施主要是采用轻质材料。

1. 铝合金

高强钢已经广泛用于车身制造,而铝合金则正在很多部位取代高强钢来进一步减重。铝的质量只有铁的1/3,并且回收利用率高,汽车中的铝有85%是可以回收的,是铁的2倍。但是铝也有很多缺点,比如铝不能够焊接,不容易钣金,喷漆也麻烦,在安全性方面不如钢。因此目前一些厂商只是部分使用铝合金,车身大部分结构还是钢铁的。

1990年,本田推出的NSX跑车是世界上最早量产的使用全铝车身的车型,截至2015年,总共生产了18000辆。

更大规模量产并广为人知使用全铝车身的汽车就是奥迪A8了。1993年奥迪发布了ASF(Audi Space Frame)技术,紧接着奥迪A8诞生。最初奥迪A8使用全铝车身,是因为旗舰车型搭载 quattro 四驱系统,质量比竞争对手重 100kg。为了降低质量,才开发了全铝车身技术。当时奥迪 A8 即使使用了全铝车身,整车质量依然与竞争对手差不多。2006 年推出的超跑 R8,奥迪为了减轻质量,提高性能,将铝合金的使用比例进一步加大。2017 年推出的全新奥迪 A8,在整车质量上也比上一代轻了 28%。

在使用全铝车身的厂商中,捷豹的贡献也很大。捷豹在 2003 年第三代 XJ 车型上首次使用了铝合金车身;在 2006 年发布的 XK 车型上,车身铝合金的比例达到 100%。随着铝面板图层技术和铆钉的使用,捷豹汽车车体 70% 都是铝合金的。2013 年发布的 F-type、2015 年第二代 XE、2016 年 F-pace 也都使用了全铝车身。可以说,捷豹是目前汽车厂商中,推出全铝车型最多的汽车厂家之一。但最近几年特斯拉大有赶超的势头。

2003 年,宝马汽车推出的第四代 5 系(E60)混动版汽车,在车身前半部分使用了铝合金材料,让车身比例达到 50:50。这也是全球第一款使用铝合金材料且比例达到 50:50 的混合动力汽车。

2. 镁合金

镁合金是比铝合金更轻的金属,镁的质量只有铁的 22%,铝的 66%,也是比较容易加工的金属,并且镁能很好吸收震动,回收使用率能达到 100%。但其缺点是价格高、不耐高温、容易腐蚀,因此不能使用在高性能的赛车当中,但可以使用在转向盘等零部件中。现在很多零部件供应商已经开发了使用镁合金的座椅框架,并且于 2006 年,雪佛兰在自家超跑科尔维特的发动机中也使用了镁合金。

最近几年,将这些相对稀有的金属混入钢板,制成的高张力钢板和超高强度钢板被广泛使用。与普通钢板相比,张力提高了 2 倍,质量也有所降低,在扭转刚度和弯曲强度上较普通钢板分别提高了 80% 和 50% 以上。

与这些特殊的材料相比,通过技术工艺的提升,其实也可以提高强度。比如铁板在 900℃ 加热成型之后迅速冷却可以加工成超高强度钢板,达到 1.5Gpa 级别。此外,钢板内的填充物以及结构构造上的升级,也可以在保证强度的情况下减少钢材料的使用,达到轻量化目的。现代汽车目前新款旗舰车型捷恩斯 EQ900,相比老款旗舰雅科仕,使用了 3 倍以上的超高强度钢板,占整车车体的 51%。现代汽车研发的混动车型 IONIQ 整车使用了 53% 超高强度钢。不仅碰撞性能提升,而且可以抵消电池的质量。

3. 钛合金

钛合金具有密度低、比强度高、抗腐蚀性能好、工艺性能好等优点。由于钛的价格昂贵,主要应用在航空航天、医疗领域,用在汽车上的情况还不多见,只在赛车和个别豪华车上少量使用。尽管如此,钛合金在汽车上应用的试验研究工作却不少。例如用 α+β 系钛合金制造的发动机连杆,强度相当于 45 钢调质的水平,而质量可以降低 30%;β 系钛合金(Ti-13V-11Cr-3Al 等)经强冷加工和时效处理,强度可达 2000MPa,可用来制造悬架弹簧、气门弹簧和气门等,与拉伸强度为 2100MPa 的高强度钢相比,钛弹簧可降重 20%。

钛合金应用的最大阻力来自其高价格,丰田中央研究所开发了一种成本较低的钛基复合材料。该复合材料以 Ti-6Al-4V 合金为基体,以 TiB 为增强体,用粉末冶金法生产,已在发动机连杆上应用。

4. 碳纤维

碳纤维(CFRP)的特点是柔软,抗冲击能力很强,质量只有铁的 50%、铝的 70%,强度却是铁的10倍,铝的5倍。目前,碳纤维采用一些含碳的有机纤维(如尼龙丝、腈纶丝、人造丝等)作原料,将有机纤维跟塑料树脂结合在一起,放在稀有气体的气氛中,在一定压强下强热炭化而成。由于制造成本高、产量有限,因此价格也很贵,现在只有少数跑车和赛车上使用。

宝马汽车是在碳纤维领域走在前列的厂商,投入了1亿美元用于建设碳纤维工厂,这是首个汽车制造商建设碳纤维工厂。宝马公司还收购了全球知名的碳纤维生产商德国西格里(SGL)16%的股份。宝马目前在i8和i3电动车上使用了碳纤维作为车身材料,最终效果是i8的车身质量不到1.5t,i3的车身质量1.3t左右。这些在同级别车型中都是很轻的。目前,碳纤维的生产成本是钢铁的20倍,宝马计划今后通过自己建设碳纤维工厂,大规模生产以降低成本,并且把碳纤维材料逐步普及到宝马7系等非新能源车型上。

5. 塑料材料

塑料在汽车行业的应用前景同样被看好。目前世界上不少轿车的塑料用量已经超过120kg/辆,个别车型还要更高(德国奔驰高级轿车的塑料使用量已经达到150kg/辆)。国内一些轿车的塑料用量也已经达到90kg/辆。可以预见,随着汽车轻量化进程的加速,塑料在汽车中的应用将更加广泛。

汽车材料应用塑料的最大优势是减轻车体的质量。一般塑料的比重为0.9~1.5;纤维增强复合材料的比重也不会超过2.0;而金属材料的比重,A3钢为7.6,黄铜为8.4,铝为2.7。这就使得塑料材料成为汽车轻量化的首选用材。从现代汽车使用的材料看,无论是外装饰件、内装饰件还是功能与结构件,到处都可以看到塑料制件的影子。外装饰件的应用特点是"以塑代钢",减轻汽车自重,主要部件有保险杠、挡泥板、车轮罩、导流板等;内装饰件的主要部件有仪表板、车门内板、副仪表板、杂物箱盖、座椅、后护板等;功能与结构件主要有油箱、散热器水室、空气过滤器罩、风扇叶片等。

汽车轻量化,使包括聚丙烯、聚氨酯、聚氯乙烯、热固性复合材料、ABS、尼龙和聚乙烯等在内的塑材市场得以迅速放大。近两年,车用塑料的最大品种——聚丙烯,每年以2.2%~2.8%的速度加快增长。预计到2020年,发达国家汽车平均用塑料量将达到500kg/辆以上。

目前国外汽车的内饰件已基本实现塑料化,塑料在汽车中的应用范围正在由内装件向外装件、车身和结构件扩展。今后的重点发展方向是开发结构件、外装件用的增强塑料复合材料、高性能树脂材料与塑料,并对材料的可回收性予以高度关注。统计显示,全世界平均每辆汽车的塑料用量在2000年就已达105kg,约占汽车总质量的8%~12%。而发达国家汽车的单车塑料平均使用量为120kg,占汽车总质量的12%~20%。如奥迪A2型轿车,塑料件总质量已达220kg,占总用材的24.6%。目前,发达国家车用塑料已占塑料总消耗量的7%~8%,预计不久将达到10%~11%。

6. 其他材料

新能源汽车电池也开始有了轻量化的尝试,沃尔沃研发了一种创新的轻质电池结构,由一种新型纳米材料组成,它包括碳纤维、聚合树脂组成的纳米结构以及植入其间的超级电容器。沃尔沃表示,这种新电池材料成本更低,也更加环保。如果将目前的电动汽车电池全部换成这种新型材料,可以减低车重超过15%。除了质量上的优势,此类电池结构还拥有良好的可塑性,并且强度高。因此,它甚至可被应用于车身面板,布置在车身框架之上。这种新型电池面板可以取代车门、行李舱盖、发动机罩、车顶等。由此看来,新能源汽车可以不用再为电池单独设计存放空间,所有覆盖件均能作为电力来源,减重、不占多余空间,一举多得。但这样的设计势必还要考虑车内乘客的安全性问题。例如:①在发生碰撞时,覆盖件中的电池是否会对乘客造成伤害;②在受到挤压变形后是否依旧能正常运行为车辆提供电力。

如今电动汽车快速发展,汽车的质量已经成为制约电动汽车发展的瓶颈。纯电动汽车特斯拉 model S,在使用了铝合金车身的前提下,质量依然在 2t 左右。如果能再减重的话,那么加速和制动性能还会进一步提升,因此汽车轻量化将会是未来一段时间汽车制造行业中的一个热点课题。

第十二章 汽车花絮

第一节 汽车史传说

一、第一个开车的女人

汽车诞生百年庆典时，在展览大厅挂着本茨之妻贝尔塔·本茨的画像。她是世界上第一位女汽车驾驶人，是第一位试车员，特别是女试车员。

本茨的第一辆汽车因常出故障而遭到人们嘲笑，在关键时刻是他的妻子支持了他。为了向大众公开展示她丈夫研究多年的汽车，她和两个儿子于1888年偷偷地把卡尔·本茨发明的车子从德国的曼海姆开到普福尔茨海姆城里，成为第一个开车的女人。

二、第一个在汽车上使用充气轮胎的人

世界上第一个在汽车上使用充气轮胎的人是法国的米其林兄弟。他们在1894年发明了充气式轮胎，轮胎技术从此带来了新的革命。此后，木制的、金属制的轮胎就被充气轮胎所代替了。

三、第一个试制汽油汽车的人

最早成功试制汽油汽车的是澳大利亚的德国人齐格菲·马克思。1875年他试制成功了汽油汽车，这部车现保存在维也纳博物馆里。

四、第一个使用安全带的人

1902年5月20日，美国纽约举行汽车竞赛。参加竞赛的人中，有一位名叫沃尔特·贝克的工程师，他驾驶了一辆"鱼雷"牌电动汽车。车上除了他之外，还有一个电动机技工。贝克是个细心、慎重的人，他在座位上钉了安全带以防万一。竞赛开始后，正在高速飞驰的"鱼雷"碰到一根露出路面的钢轨，腾空而起，可是贝克和那位电动机技工却安然无恙。安全带的广泛使用，是20世纪70年代之后的事。

五、受冷遇的蒸汽汽车

人们都知道，世界上第一次工业革命是从蒸汽机的发明和实用而开始的。蒸汽机曾被试图用在最早期的汽车上，但这种外燃机由于固有的缺陷——笨重和迟钝，没有能够使汽车走上实用和工业生产的道路。

1769年，法国人尼古拉斯·古诺制成了世界上第一辆蒸汽汽车，然而在试车中它撞到般

圣奴兵工厂的墙上,完全损坏。

19世纪中叶是蒸汽汽车的"黄金时代",当时蒸汽汽车车速最高已达55km/h。起初,英国的蒸汽汽车发展得最快,欧美其他各国也紧随其后。

蒸汽汽车发展引起了马车商人的不满。因为蒸汽汽车比马车拉得多、跑得快,大有取代马车之势,所以马车商人对蒸汽汽车都采取敌视态度。那时候,欧洲各国马车公司的势力都很大,对政府政策的制定起着举足轻重的作用,因此,政府官员也不支持蒸汽汽车。加之蒸汽汽车刚刚诞生,锅炉爆炸事故和车祸不断,许多人把蒸汽汽车视为魔鬼。

英国于1865年颁布了"红旗法",不仅规定在市区、郊区行驶的蒸汽汽车的限速,还规定在蒸汽汽车前方的55m处要有一个车务员手持红旗,以使行人知道将有"危险之物"接近他们。规定还严禁驾驶人鸣笛,以免惊吓马匹;同时规定蒸汽汽车与马车相遇时,要为马车让路。英国的蒸汽公共汽车不久便销声匿迹,在汽车发展史上结束了英国先行的时代。

随后,马车又兴旺起来。但是,历史证明:马车阻挡不了汽车的发展。

六、慈禧太后把汽车打入冷宫

1902年,袁世凯从国外进口了第一辆汽车,供慈禧太后使用。当时中国没有会驾驶汽车的人,慈禧下令招募汽车驾驶员。当时共有11人应试,其中给皇亲国戚赶马车的孙富龄被慈禧选中。

孙富龄是北京市大兴县哈德门人,因聪明好学,能随机应变,在皇亲佣人中,很受慈禧的赏识。孙富龄驾驶汽车后,朝中有一批王公大臣,联名上奏章道"历朝帝王,未闻有轻以万乘之尊,托之被风驰电掣之汽车者……"这些王公大臣生怕翻车送了慈禧的性命。

可是,慈禧一心要以坐洋车兜风为乐。一天,孙富龄将汽车从颐和园长桥开到万寿山下,慈禧望着坐在她前面的驾驶员,忽然想,她的地位至高无上,达官贵人莫不跪拜她的面前,而眼前开车的奴才,竟傲然地坐在她前面,成何体统。慈禧傲慢地问:"你知道你是给谁开车吗?""给至高无上的慈禧太后开车。"孙富龄惊恐回答。慈禧又说:"你得跪着开车!"孙富龄立即下跪,不敢不从。但他手握转向盘,不能代替脚踩加速踏板,汽车开不走,吓得孙富龄出了一身冷汗。他脑子一转,跪拜道:"启禀老佛爷,车子坏了。"从此,这辆汽车一直停放在颐和园中。

孙富龄一家惧怕慈禧降罪,赶着马车,借浓雾掩护,仓皇逃出北京……

孙富龄是我国第一个汽车驾驶员,也是世界上唯一跪着开车的汽车驾驶员。

第二节　汽车分类续谈

我们常能听到汽车正式分类中不包括的一些汽车,例如老爷车、迷你车、出租车、公共汽车、皮卡车、跑车、防弹车和概念车等,下面将对他们进行逐一介绍。

一、老爷车

老爷车是一种怀旧的产物,通常泛指早期使用现在仍可工作的老式汽车。"老爷车"一词,最早出现在1973年英国出版的一本名为《名人与老爷车》的杂志上,尽管它的直译应该是"经典的古老汽车",但由于"老爷车"这个词强烈的拟人色彩,使得此名称很快得到了各国汽车界人士的认可,并迅速蔓延,成为世界各地汽车爱好者对老式汽车的统一称谓。但是,关于"老爷车",至今没有一个公认的标准定义,汽车史学家及老爷车爱好者仍在争论不休。美国老爷车俱乐部把其中意的品牌或车型(如 1925—1948 年间生产的汽车)列为完全古典车(FULL CLASSIC),其取向偏好美国品牌,欧洲产品则有沧海遗珠之憾。并不是每一辆汽车因为旧就有资格成为老爷车,维护完好是成为老爷车的重要的先决条件。市场上,有经典设计的汽车并不多,正如时下大多数汽车都是低成本生产的四门家庭小汽车一样,只是代步工具而已。

世间珍宝的身价奥秘:老爷车在世界上是有市场公价的,主要是根据年份、生产量、当时的市场定位、现存量、维护原装程度和文件是否完整、有没有正式上牌等。有时,车主是否知名也是决定车价的因素。有一些赛车更强调参赛历史,一些越野车则看它是否上过战场。在我国,不少人误以为越旧的车就越值钱,这是错误的。爱上老爷车这意味着注定要十分努力工作赚钱,还要十分了解汽车机械,并阅读大量汽车书,用大量时间来维护爱车。如果没有这些老爷车爱好者,世界就没有这么美,人们就看不到还活着的经典。

随着关注老爷车的人就越来越多,使得老爷车的身价呈戏剧性地增长趋势。例如,一辆 1933 年款式的美国求盛伯格汽车在拍卖行卖到 100 万美元,一辆布加迪老爷车卖到 650 万美元。

下面介绍几种老爷车的划分标准。

(1)美国古老车俱乐部的划分标准。

古董车(ANTIQUE):1930 之前的所有汽车。

量产车(PRODUCTION):1930 之后的所有汽车。

古典车(CLASSIC):1930—1948 年所产的非常优质汽车(EXCEPTIONALLY FINE CAR)。

威望车(PRESTIGE):1946—1972 年所产的优质汽车。

限量车(LIMITED PRODUCTION):第二次世界大战之后小量生产之"特殊兴趣(SPECIAL INTEREST)"汽车。

(2)英国的大不列颠古老汽车俱乐部(VETERAN CAR CLUB OF GREAT BRITAIN)的划分标准。

1918 年前的所有汽车统称为古董车(ANTIQUE),又细分为爱德华七世(EDWARDIAN)及元老(VETERAN)两类。

1918—1931 年的汽车为早期名牌(EARLY VINTAGE)。

1932—1945 年的汽车为名牌(VINTAGE)。

古典车(CLASSIC,1925—1948 年)则以美国老爷车俱乐部的《完全古典汽车名册(FULL CLASSIC LIST)》为准。

第二次世界大战之后有代表性的汽车尊为现代经典(MODERN CLASSIC)。

(3)中国某些俱乐部则简单地将老爷车分为三期。

第一期:古老车(1925 年之前)。

第二期:老爷车(1926—1941 年)。

第三期：战后经典(1945年之后)。

美国是最大的汽车王国，它拥有绝大部分的古典汽车(战前及战后欧洲豪华汽车主要市场都是美国)，而战后美国人以其雄厚的财力物力把欧陆的豪华古典汽车几乎搜刮一空。例如世上最昂贵的汽车极品(Bugatti Type 41 皇室 Royale)，1929—1932 年间共产 6 台，平均售价 6500 英镑，几乎是劳斯莱斯魅映二型(Phantom Ⅱ)的 3 倍或福特 A 形的 90 倍(估计值一亿元人民币以上)，其中一台就被美国人以几台雪柜(冰箱)从保加蒂家族手里换走(战后欧洲物资奇缺，电冰箱是超级奢侈品)，该台配以基尔勒(Kellner)单门车身的保吉地本来存放在美国碧力斯近宁咸汽车博物馆(BRIGGS CUNNINGHAM MUSEUM)，但于 1987 年以 5000000 镑的史上最高价拍卖给一位不知名人士。

在我国南京市东郊的美龄宫里，从 1992 年开始向游客们展示一辆 20 世纪 30 年代的黑色龟壳老爷车，车头上有醒目的飞机商标。蓝色车牌的编号是"军 00385"，这是美国通用汽车公司的早期产品——别克轿车，是蒋介石、宋美龄的专用车。该车的参观者已经达百万。有时，人们甚至还可以在南京宽阔平坦的道路上一睹它的风采。原来，这辆别克轿车经常参加影视剧的拍摄工作，已经成为解放战争时期题材影视剧的明星道具。美国通用汽车公司曾派人到南京，提出用一辆价值百万美元的最新款式别克轿车换回这辆别克老爷车。但是，这辆具有历史价值、名牌价值、鉴赏价值、收藏价值的别克老爷车，现在仍陈列在美龄宫内供中外游客参观。

二、迷你(MINI)车

迷你(MINI)车是指车身短、外形小、百公里油耗在 3.5L 以下的微型轿车。

1956 年苏伊士危机爆发，欧洲各国石油价格猛涨。在严峻的经济形势下，原英国汽车公司(即 BMC，陆虎汽车公司的前身)决定设计一种燃料经济性好的微型轿车，以满足广大普通民众的需求。阿历克·埃斯戈尼斯大胆地选择了新的设计方案，汽车布置形式为发动机前置、前轮驱动。

1959 年，迷你汽车问世，在市场上很受欢迎，目前累积生产量为 530 多万辆。风靡全球的迷你汽车被汽车业界称为"汽车工业技术史上的第五座里程碑"。

1994 年，宝马汽车公司在买下 MINI 成为旗下的一个品牌之后，投注了上百万美元的研发经费，旧 MINI 时代已结束。新 MINI 车系，名字一样，而设计却焕然一新，抛弃了经典的形象，换来新潮格调的设计与包装。

三、出租车

1907 年初春的一个夜晚，富家子弟亚伦偕同女友去纽约百老汇看歌剧。散场时，他去叫马车，车夫竟漫天要价，开出比平时高 10 倍的车钱，两人发生争执，然而亚伦不是马车夫的对手，被打倒在地，伤得很重。被激怒的亚伦发誓：有朝一日定要砸碎马车夫的饭碗。

亚伦伤好后买了一辆轿车，为报复马车夫，他想出了用汽车挤垮马车的主意。亚伦知道在法国有一种根据路程计算出马车费的装置，叫"Taximetre"(计程器)。"Taxi"是法文，源自拉丁文，是收费的意思。后来亚伦请了一个修理钟表的朋友设计了一个计程仪表，并给出租车起名为"Taxi car"，而且把"TAXI"标在车身上。1907 年 10 月 1 日，亚伦的出租车营运典礼揭幕。24辆漆成鲱黄色、中间加一道灰线的出租车成为众人注目的焦点。后来,亚伦吸收不少马车夫当驾驶员。由于出租车不断增多,且优越性大大超过马车,汽车最终击败了马车。

为了复仇,亚伦意外地开创了出租车这一行业。这就是现在全世界通用的"Taxi"(的士)的来历。

四、公共汽车

公共汽车又叫巴士(Bus)。巴士原来是公共马车的名字,最早出现于19世纪初的巴黎。巴士源于拉丁语"奥姆尼巴士"(Omni bus),是"为了大家"的意思。

1823年,巴黎一位名叫斯塔尼拉斯·鲍德雷的商人,重新开创了公共马车事业,用于接送客人到温泉洗澡。他的马车在途中可随时上下车,车费比别的马车便宜,发车准时,非常受欢迎,事业不断扩大。后来鲍德雷想给自己的马车起个让人一听便知的动人名字。这时他注意到了一家店门前写着"奥姆努的奥姆尼巴士"的招牌,而"奥姆尼巴士"含有"为了大家"的含义,非常适合他的公共马车事业,于是他就选择了"奥姆尼巴士"这个名字,后来简化为"巴士"。"巴士"也就理所当然地成为淘汰了公共马车后的公共汽车的名字。

五、皮卡车

皮卡是英文 Pick Up 的中文译音,意为小吨位的载货汽车。这类汽车在汽车分类中不是标准术语,泛指那些发动机前置,额定装载质量在1t以下,具有轿车、载货汽车以及越野汽车多重属性的小型汽车。

六、跑车

跑车也称运动车,它是人们用来游玩、追求刺激和享受驾车乐趣的特殊轿车。

跑车主要有两个特征。一是追求高车速,发动机的功率高,转矩大;同时对汽车的操纵稳定性、制动性也要求很高。二是汽车外形设计要奇特、美观、有"跑味"。所谓"跑味"就是有前冲的气势,流线型体感强烈。

跑车的特殊性决定了它要高于普通轿车。跑车是轿车中的精品,因此要求有更高的设计水平和制造技术。汽车厂家之间的竞争往往通过设计、制造跑车来显示实力和水平,著名的汽车公司都先后推出了跑车的代表作,显示着公司的荣耀。世界上各个时代的跑车,尤其是人们喜爱的佳作,无不显示着设计大师的高超智慧,体现着他们的个性和对车身设计的深刻理解。充满着个性和成功创意的跑车设计,不断丰富着人类这一杰出的艺术宝库。

七、防弹车

防弹车是装有防弹钢板、防弹玻璃、防弹轮胎等,在受到袭击时仍然能继续行驶的汽车。大部分国家元首的汽车都是防弹的名牌轿车。

美国总统用车多为林肯牌轿车,也有用凯迪拉克牌轿车的。1923—1924年,美国总统卡尔文·柯立芝把林肯轿车作为他的坐骑,这是美国第一个拥有林肯轿车的总统。1961年,林肯·大陆轿车经多次改装后具有相当完善的防弹设施,顶篷可拆卸。1963年,肯尼迪总统乘坐防弹车时遇刺。老布什任总统期间的用车是 1989 年的林肯·城市轿车,车身、玻璃、轮胎、油箱均能防弹,该型轿车自身质量为 9.5t。

八、概念车

所谓概念车,就是尚未进入市场的一种设计独特、具有相当超前设计理念的新车型。能称为概念车的,必须是给人以启迪,且能引导新观念的汽车。也许它刚设计出来时,人们的欣赏观念、消费能力还难以承受,但它前卫新潮的外观,以及车身用材、性能发展和车内装饰的大胆设计等,往往预示着一场汽车工业革命的到来。

需要指出的是,并不是每辆概念车都会进入市场,大多数概念车最终也只是个概念。尽管如此,从汽车工业发展意义上看,概念车仍是冲破现实,开创明天的一种物质文化实体。

第三节 汽车命名典故

给汽车命名是一项点石成金的智慧性工作,它不仅关系到汽车形象的塑造,而且也意味着汽车商战的胜败。

一、汽车命名原则

汽车命名应有名有形,以便于呼叫和记忆。奔驰、雪铁龙不仅读起来朗朗上口,而且词汇本身也显得铿锵有力。

1. 汽车命名具有个性

汽车命名需具有独特个性,车名的特色使消费者能够从众多的汽车名称中作出有效的识别。如果某种新车型采用了与别人类似的名称命名的话,那么,它在推向市场以后恐怕就很难被消费者同原来的汽车区分开来,甚至被认为是以假乱真,从而影响销售。例如:野马、烈马、战马、奔马、小马、天马等,如此之多的马牌汽车在同一时期同一地域销售的话,肯定会引起名称上的混乱。

2. 汽车命名具有内涵

汽车命名需具有有文化韵味的深刻内涵。所谓文化韵味,是指汽车名称不仅要成为一个听觉信号、视觉图形,而且还要给人们以艺术上的享受。这样,既可美化人们的生活,又能使汽车平添三分魅力。另外,许多厂家在将自己的产品推向市场时,也希望车名和车标含有吉祥、珍贵之寓意。作为丰田汽车公司的第一代豪华轿车,"凌志"一名是丰田人花了 3.5 万美元请美国的一家取名公司命名的。之所以以此命名,原因在于丰田汽车公司生产该车型的主要目的在于出口欧美,参加世界上最大豪华轿车市场的角逐,与通用、福特、宝马、戴姆勒·奔驰等老牌豪华轿车生产厂家一决雌雄,借以改变丰田汽车公司只能生产中低档轿车的印象。因此,当美国的取名公司将 5 个备选名称提供给丰田汽车公司以后,决策者们选中了该音与英文"豪华"(Luxury)一词相近的"凌志"(Lexus)。"凯迪拉克"本是法国贵族、探险家、底特律城创建者安东尼·门斯·凯迪拉克的名字。凯迪拉克汽车部将自己的高级豪华轿车以他的名字予以命名,既是表示对他的敬意和纪念,也寓意着凯迪拉克汽车部作为汽车业的先驱者,与凯迪拉克建立底特律城同样重要。

二、汽车译名方法

当一种牌号的汽车准备出口时,一定要选择另一种或几种语音的翻译名称。从某种意义上来说,这不亚于对汽车的命名,在汽车命名时没有考虑各国语言文化的差异,待出口遭遇挫折时再起个外国名也常有其事。

翻译家严复先生说过:翻译的标准是信(忠实于原文)、达(通顺畅达)、雅(有文化和美感)。基于这一原则,汽车出口商或进口商应该认真对待汽车的译名,在另一语言文化中创造出形神兼备的称谓。

汽车译名的方法有意译、音译、音意译结合。

1. 意译

皇冠(Crown)、世纪(Century)、云雀(Skylark)等同于意译,它们不仅字数少,朗朗上口,而且揭示了车名文化韵味的内涵。

2. 音译

有时无法采用意译就得采用音译。音译也有许多优秀作品:菲亚特(Fiat)、雷诺(Renault)、桑塔纳(Santana)、雪佛兰(Chevrolet)等就是成功的例证。

3. 音意译结合

有时音意结合的译名会创造出更响亮的车名。奔驰(Benz)、标致(Peugeot)、凌志(Lexus)、夏利(Charade)就是这方面的典范。显然,这种译法要比单纯的音译为本茨、别儒、列克塞斯、夏来多好听也有意义得多。

"奔驰"是音译和意译结合的佳作。看到"奔驰"两个中文字,会立刻在脑海中浮现出一辆风驰电掣的"奔驰"牌轿车,真可谓"奔"腾飞跃,"驰"骋千里。

三、浓缩人类文化的车名

汽车命名题材包罗万象,集中地反映了人类文化。

1. 以人命名

汽车工业早期,一般汽车公司都是以创建者的名字命名。历经沧桑之后,汽车公司又创造出了名车,于是便形成了名人名车相辉映的局面。汽车以公司创始人命名的如福特、克莱斯勒、劳斯莱斯、法拉利等。林肯、凯迪拉克、梅塞德斯等人的名字也为汽车带来了辉煌。

2. 以山河命名

美好的河山为人们欣赏,名河名山自然是汽车命名的对象,如桑塔纳、太脱拉、日古利、泰山、井冈山、伏尔加、卡马兹、黄河、松花江等。

3. 以动物命名

动物充满活力,以动物的名字给汽车命名是汽车厂商的通常爱好,马、虎、豹、狮子、鹰就都被采用过。例如:通用汽车公司的凤凰、火鸟、天鹰、云雀,福特汽车公司的烈马、野马、彪马、雷鸟、眼镜蛇,原美国汽车公司的鹰、金鹰,日产公司的猎豹、羚羊、蓝鸟,三菱公司的奔马,德国大众的甲壳虫,意大利菲亚特的熊猫,阿尔法·罗密欧的蜘蛛等。

4. 以历史背景命名

我国早期的汽车的车名多带有时代特征。我国第一辆载货汽车是随新中国的成立而诞生的,毛主席给车命名"解放"顺理成章;"红旗"轿车诞生在红旗飘飘的年代;南京第一汽车制造厂的第一辆轻型载货汽车名叫"跃进",与时代自然合拍;"东风"本出自于古诗,毛主席关于东风与西风的论断,使东风具有历史背景。中国第二汽车制造厂,正好诞生于东风浩荡的时代,它生产的汽车被顺理成章地命名为"东风"。唐代有"东风变梅柳,万江生春光"的佳句,显然把东风视为春风,赋予它温暖、能使草木萌芽、万物生长的神奇功能。中国人心目中的东风是温暖、有活力的象征。

5. 以神话命名

神话是历史的序幕,是文学艺术不竭的源泉。汽车命名对希腊神话故事中诸神尤为青睐。泰坦(Titan)是希腊神话故事中的大力神,马自达汽车公司生产的一种轻型载货汽车名为大力神。丰田汽车公司生产的一种轻型载货汽车名为戴娜(Dyna),是希腊神话故事中的月亮女神名字。

还有些汽车公司是从幻想、体育等角度给汽车命名的,如鬼怪、险路、短跑家等。

第四节 道路交通管理趣事

一、右行左行趣闻

靠右行还是靠左行,并非一开始就固定的,而是长期演变的结果。在古时,无论中外,道路行走的规范都是相当地方化的,但道路延长,交往扩大,地方性习惯区域化,区域化习惯变成全国性规范。这一时期,世界上较多被采用的,恰是与现在完全相反的靠左行。

按照英国人的说法,他们靠左行可上溯到古罗马帝国。而在中世纪的欧洲,到底靠左还是靠右,最先根据的是骑士们的习惯。一则,人们骑马,习惯是左脚先上镫,右脚再跨上,自然得是在路左上马;再则,骑士的任务是经常为面子、美人策马持矛决斗,而骑士的标准战斗姿势是右手持武器,左手挽盾持缰,要方便地刺杀对手,自然得靠在路左。

日本靠左行的历史缘由与此类似,武士虽不为美人决斗,但和欧洲的骑士一样经常面临决斗。武士长刀在左侧,便于右手拔剑,身体左边是脆弱的空当,自然靠左行才能掩护空当,便于攻击防守,武士靠左走,老百姓不敢右行迎头冒犯,遂举国"咸于左派"。

目前世界上多数国家靠右行驶的缘由与拿破仑有关。法国大革命前,法国贵族的马车同样也是习惯左行。在受尽压迫的底层人民看来,"靠左行"意味着贵族与特权,而"靠右行"则带有"革命"的意义。于是,法国大革命了,车辆右行了。

拿破仑上台后,发动了征服欧洲的战争。法国占领了哪里,就把靠右行的规则带到哪里。

在英国众多的殖民地里,美国是个例外。由于美国经过与英国长年战争才有了国家独立,而法国在其中多少给予了一定帮助,为彻底与英国划清界限,美国在建国伊始便将道路交通的"左派"改为"右派"。

由战争原因改变"左右阵营"的不仅仅是美国,匈牙利、奥地利、捷克就是在第二次世界大战中被德国占领才改为靠右行驶的。

当美国加入到"右倾"阵营后,"左右"的力量对比开始发生明显改变。众所周知,由于汽车驾驶观察路况的需要,靠右行驶和靠左行驶决定了"左驾车"和"右驾车"之别。美国是现代汽车工业的发祥地,美国的"左驾车"源源不断地倾销世界各地,它在相当程度上决定了很多国家靠左走还是靠右走的问题。

中国便是个典型的例子,1945年以前,中国的汽车一律是靠左行驶的。这是因为当时的中国主要处于英国势力范围内。抗战胜利后,美国汽车开始大量进入中国,国民政府下令从1946年1月1日开始,汽车一律靠右行。

瑞典原先是汽车靠左行国家,并曾为"左右"问题进行了公民投票,结果超过80%的国民不同意改革。不过,瑞典国会铁了心要解决和邻国之间的交通问题,甚至动用了军队来维持交通秩序。在这样的强力推行下,瑞典终于改革成功。

相比之下,巴基斯坦就没这么幸运了。20世纪60年代,巴基斯坦政府终于下决心改革。但政府的想法却遭到了很多人的反对,其中最大反对声音居然是因为骆驼。在巴基斯坦,有很多的骆驼车,而骆驼都有走老路的习惯,指望这些倔强的家伙改变行路习惯几乎是不可能的。于是,巴基斯坦政府只好向骆驼"投降"。

二、马路的由来

马路并不是起源于我们这个古老的中国,而是来自于法国。

马路,全称叫马克丹路,马字是外来名词的音译的简称,而不是指汉语中牲畜意义的马。当商品经济在法国还处于萌芽阶段的时候,来往于巴黎、里昂的车辆日渐增多,而道路坑洼难行,下雨时道路更是泥泞不堪。法国工程师皮尔·马克丹因此对道路进行了改造,他把路面由水平改为拱形,并用沙石加面,在两边开挖排水沟,从而开创了现代公路的雏形。

为了纪念这位发明人,法国就把修有排水系统的拱形公路称为马克丹路,而且这种路很快被许多国家推广。后来马克丹路被简称为马路。

三、交通信号灯

1. 起源

19世纪初,在英国中部的约克城,红、绿装分别代表女性的不同身份。其中,着红装的女人表示已结婚,而着绿装的女人则是未婚者。后来,英国伦敦议会大厦前经常发生马车轧人的事故,于是人们受到红绿装的启发,发明了信号灯。1868年12月10日,信号灯家族的第一个成员就在伦敦议会大厦的广场上诞生了,它是由英国机械师德·哈特设计的。该信号灯的灯柱高7m,身上挂着一盏红、绿两色的提灯——煤气交通信号灯,这是城市街道的第一盏信号灯。

在灯的脚下,一名手持长杆的警察牵动皮带负责转换提灯的颜色。后来,信号灯的中心装上了煤气灯罩,它的前面有红、绿两块玻璃交替遮挡。不幸的是只面世23天的煤气灯突然爆炸,使一位正在值勤的警察也因此断送了性命。

从此,城市的交通信号灯被取缔了。直到1914年,在美国的克利夫兰市才又恢复了信号灯的使用。不过,这时的信号灯已是"电气信号灯"。不久后,在纽约和芝加哥等城市也相继重新出现了交通信号灯。

2. 诞生

随着各种交通工具的发展和交通指挥的需要,第一盏名副其实的三色灯(红、黄、绿三种颜色)于1918年诞生。它是一个三色圆形四面投影器,被安装在纽约市五号街的一座高塔上,由于它的诞生,使城市交通状况大为改善。

黄色信号灯的发明者是我国的胡汝鼎,他怀着"科学救国"的抱负到美国深造,在大发明家爱迪生为董事长的美国通用电器公司任职员。一天,他站在繁华的十字路口等待绿灯信号,当他看到红灯而正要过去时,一辆转弯的汽车"呼"地一声与他擦身而过,把他吓了一身冷汗。回到宿舍,他反复琢磨,终于想到在红、绿灯中间再加上一个黄色信号灯,提醒人们注意危险。他的建议立即得到有关方面的肯定。于是红、黄、绿三色信号灯即以一个完整的指挥信号"家族",遍及全世界陆、海、空各个交通领域了。

3. 中国最早的马路交通信号灯

中国最早的马路交通信号灯于1928年出现在上海的英租界。从最早的手牵皮带控制到20世纪50年代的电气控制,从采用计算机控制到现代化的电子定时监控,交通信号灯在科学化、自动化上不断地更新、发展和完善。

四、路标

1. 最早的路标

最早的路标是在汽车运输发展初期出现的。最早的路标设置在巴黎的街道上,那还是1903年的事。当时的9种路标均呈正方形,并均为在黑底上绘白色图案。这些路标十分醒目,人们从远处就可以看清楚。1927年,苏联规定了第一批6种路标。随后,路标的数目不断增加。近年来,为了适应汽车运输量的迅猛增大,苏联在1980年把路标的总数扩大为154种。

1968年,在维也纳缔结了关于公路标志和信号的国际协定,世界上大多数国家都签署了这一协定。这项协定规定使用带图案的路标,而摒弃牌子上写字的路标。这是因为,前者一目了然,司机易于识别,而牌子上写字的路标,需要一定的阅读时间,尤其是在夜晚或是在坏天气里,司机往往不易看清。

美国没有在协定上签字。在美国的公路上可以看到这样的路标:"这不是那条路!向后转!"或是:"此桥40年未修,行车危险!"

2. 稀奇古怪的路标

(1)在开罗的一些公路上,竖立着这样的路标:"注意!危险,因为葡萄汁,路面很滑!"原来,在秋天收获葡萄时,运送葡萄的载货汽车不时把一嘟噜一嘟噜的葡萄掉在公路上。

(2)在瑞士、法国和其他一些西欧国家的许多居民点附近的公路上,竖立着绘有家禽或鸟的图案路标,上面写着:"请减速!谢谢!"这是因为,在西欧的一些公路上,经常有各种家禽和鸟被汽车碾得粉身碎骨。

(3)西德的设计师则把"路标"挪入驾驶室,直接安装在仪表台上。安装在公路旁的自动无线电发报机发出指示,在司机的仪表台上就会闪现出各种信号或是地区的公路全图,它向驾驶人指出该怎样绕路行驶。

(4)在英国的一些公路上,设置了能自动发出闪光的字迹的路标。这是一种红外线特殊装置,利用它可以记录汽车流量和监视行进中的汽车之间的距离。一旦发现某一辆车与前车之间的距离小于许可的规定时,这种路标就会闪现出发光的字,向违章司机提出警告:"挨得太近了!"

(5)在一个三角形的路标上,画着一个正在奔跑的小偷的侧面像,他肩上背着赃物,手中拿着一把百宝箱的钥匙。这样的路标设置在丹麦。路标的意图是警告汽车司机(特别是对外国司机):"在这里的汽车停车场上盗窃案频繁发生。"

(6)在丹麦首都哥本哈根的街道上,还可以看到写有这样字句的路标:"你打算怎样?以40km/h的速度开车活到80岁,还是相反?"

(7)在西德的卡塞尔市,驾驶人会遇到独一无二的路标——两只赤足的印迹。尽管非常可笑,这个路标却十分严厉,它限定汽车不能在个别的街道上行驶,这条街仅供步行人使用。

(8)在瑞士的一个叫马钦根的村庄入口处,有一个使人莫名其妙的路标——一只破靴子。这其实是当地一家制靴厂老板设立的广告牌,他在招徕那些打算修理皮靴的顾客。

五、汽车驾驶考试轶闻

法国是世界上最早进行汽车驾驶考试和颁发驾驶证的国家。1892年,法国政府颁布实施了《巴黎警察条例》,第一次在条例中规定了"凡年满21岁以上的成年人,且通过资格考试并获得驾驶证后,可以在公路上驾车行驶"。当时考试的内容涉及驾驶技术、发动机构造原理和维护技术等方面,所颁发的驾驶证上记录着所有者的姓名、车辆种类以及编号等,还贴有所有者的照片,同时要求驾车人必须随身携带,以备检查。到1898年10月底,巴黎地区共有1795人获得了驾驶证。后来,美、英、德等国纷纷效仿法国,把驾驶考试和颁证纳入日常交通管理范围。

六、汽车牌照史趣闻

1. 德国最早的汽车牌照

德国慕尼黑警察局1899年4月14日颁发的第一个汽车牌照是一块长方形金属牌,上面有个"1"字,这个牌照被保存至今。

2. 美国最早的汽车牌照

1901年,美国纽约州实施《纽约州汽车法规》,该法规对汽车牌照方面,作出了相关规定。那时的汽车牌照是一块铝制图盘,上面印有牌号,并有印有"纽约州汽车法规"的字样。

3. 法国最早的汽车牌照

法国最早的汽车牌照始于1892年,《巴黎警察条例》规定,所有汽车都必须挂上印有车主姓名、住址以及登记号码的金属牌照。

4. 英国最早的汽车牌照

1903年圣诞节前登记的拉塞尔伯爵的纳维亚牌汽车,是英国挂上第一号牌照的汽车,并有A字样。

5. 中国最早的汽车牌照

1901年后,国外汽车陆续进入上海。上海房地产界巨商周湘云以高价购得的"001"号车牌成为中国最早的汽车牌照。当时有一位英国籍医生要回国,便把他拥有的奔驰汽车转卖给了周湘云。周湘云买下这辆汽车后,就到上海工部局申请牌照,但工部局不知道汽车该归于何类,经过研究,决定暂时归在马车项下,每月付银洋2元。

到了1911年,进入上海的外国汽车逐渐多了起来,上海工部局这时才定出章程,决定给汽车发牌照。牌照的式样,私人车为黑底白字,每季度每辆车缴纳税金15两白银。章程颁布后,周湘云捷足先登,取得了"001"号车牌。然而,他为保住牌照却绞尽了脑汁。因为在那时,上海许多有财有势的人物都千方百计地想把这块中国第一号车牌弄到手。工部局的承办人不断受到财大气粗者的包围,被搞得焦头烂额。其中,英国籍犹太人哈同已拿到了中国第一号驾驶证,他还想拿到第一号车牌,于是他先同周湘云商量转让,但周湘云不同意,哈同便恼羞成怒,扬言要以武力抢夺。不久,工部局为了应付哈同的一再催促,便想以周湘云违反交通规则为借口将其车牌加以"吊销"收回。周湘云也使了一个绝招,他干脆把"001"号奔驰汽车锁进车库不让其再露面,而后,他自己另外又买了一辆奥斯汀汽车。这样,上海虽有"001"号车,却从此未见在路上跑。

七、国外处罚交通违章绝招

在美国,驾驶人超速或酒后驾车是道路交通事故的主要原因,但处以罚款等处罚效果甚微。后来,警方根据医生和教育专家的建议,对违章驾驶人实行心理疗法,让肇事者观看惨不忍睹的交通事故电影和交通事故中遇难者的尸体,或者把肇事者送到医院照料那些因交通事故住院的受害者。

在德国,警察一旦发现超速行驶的汽车,就将其拦住,让驾驶人把车停在路旁停车场,然后由警察用警车把驾驶人送到离城10km外的荒郊,让他步行返回。

法国巴黎的交通警察发现驾驶人违章驾车,便将汽车的一个轮子用锁锁上,违章者要到附近的警察所交付罚款后,才能开锁行车。

在巴西的圣保罗市,驾驶人一旦违章行驶,警察局立即派人将他带到幼儿园去接受幼儿教育。在这里,违章者将观看孩子们在画有街道、交通标志的地板上表演汽车游戏。在孩子们一丝不苟的表演面前,违章者内心会泛起深深的自责。

在日本东京以东80km,有一所无设防监狱。监狱周围既没有高墙、电网和岗楼,也没有荷枪实弹的哨兵,只有一道1.5m高的铁丝网。这所监狱名叫"市原交通罪犯监狱",里面囚禁的都是违反交通法规的人。这里的犯人主要进行交通规则和驾驶技术的再学习。狱中还有一座交通事故死者纪念碑,犯人每天都要着素衣衫在碑前鞠躬默哀,反复背诵"深感罪孽深重,定向社会赎罪"的誓言,以求忏悔。犯人平均监禁期为九个半月,出狱前,要经过严格的驾驶技术和交通规则考试,成绩优良者方能获释。

在俄罗斯,驾驶人酒后驾车,若是初犯,取消1~3年驾驶资格;如果重犯,则要受到3~5年不许开车的处罚。对于那些因饮酒造成交通事故的驾驶人,分别给予5年以内不许开车、罚款、吊销驾车执照、剥夺终身驾驶权利等处罚。

在马来西亚,把酒后开车者与他的妻子一起拘留,并令其妻教育自己的丈夫。

在澳大利亚,对饮酒驾驶人,若是初犯,罚款10万美元;若是重犯,就要判处10年有期徒刑。

参 考 文 献

[1] 刘锐.汽车使用与技术管理[M].北京:人民交通出版社,2004.
[2] 张西振,吴良胜.发动机原理与汽车理论[M].北京:人民交通出版社,2005.
[3] 张志沛.汽车发动机原理[M].北京:人民交通出版社,2003.
[4] 杨玉如.发动机与汽车理论[M].北京:人民交通出版社,1994.
[5] 魏庆曜.发动机与汽车理论[M].北京:人民交通出版社,1998.
[6] 余志生.汽车理论[M].北京:机械工业出版社,2006.
[7] 傅立敏.汽车空气动力学[M].北京:机械工业出版社,2006.
[8] 吴建华.汽车发动机原理[M].北京:机械工业出版社,2006.
[9] 冯健璋.汽车发动机原理与汽车理论[M].北京:机械工业出版社,2007.
[10] 董敬.汽车拖拉机发动机[M].北京:机械工业出版社,2005.
[11] 许洪国.汽车运用工程[M].北京:人民交通出版社,2009.
[12] 朗全栋.汽车文化[M].北京:人民交通出版社,2002.
[13] 俞宁,曹建国.汽车文化[M].重庆:重庆大学出版社,2004.
[14] 吕植中.车迷小百科[M].北京:机械工业出版社,1998.
[15] 史文库.汽车构造(第6版)[M].北京:人民交通出版社,2013.
[16] 屠卫星.汽车文化[M].北京:人民交通出版社,2006.
[17] 彭国炎.汽车小百科[M].北京:科学普及出版社,1992.